中古汉语语典词研究

季忠平 著

学林出版社

图书在版编目(CIP)数据

中古汉语语典词研究/季忠平著. —上海:学林出版社,2013.10
ISBN 978-7-5486-0563-8

Ⅰ.①中… Ⅱ.①季… Ⅲ.①古汉语—古词语—研究—中古 Ⅳ.①H131

中国版本图书馆 CIP 数据核字(2013)第 230279 号

中古汉语语典词研究

作　　者——	季忠平
责任编辑——	许钧伟
封面设计——	周剑峰

出　　版——	上海世纪出版股份有限公司 学林 地址:上海钦州南路81号　电话/传真:64515005
发　　行——	中国图书进出口上海公司 地址:上海市广中路88号　　电话:36357888
排　　版——	南京展望文化发展有限公司
字　　数——	23万
书　　号——	ISBN 978-7-5486-0563-8/H・39

(如发生印刷、装订质量问题,读者可向工厂调换。)

喜读季忠平《中古汉语语典词研究》(序)

鲁国尧

一

"喜读",依我之见,即"读书而喜"之谓也,这正是我现时的心情。

何以如此?因为我读了季忠平同志的《中古汉语语典词研究》。

这本《中古汉语语典词研究》是本好书。

说这书好,是因为它有新意,有特色。

"新意"、"特色",都是比较出来的,若无"比较",岂能知"新"和"特"?只有在比较中"新"和"特"才能凸现出来。《中古汉语语典词研究》是本汉语词汇史类的专著,我说它有"新意"和"特色",是在与其他多量的同类论著比较中发现的,这正应了俗谚"有比较才能有鉴别"。

二

依我的观察,无论近六十年,或近三十年,在古代汉语园地里,发表的论文和出版的专著,就数量而言,词汇史要远多于语法史,更多于语音史,这是不争的事实。

词汇史的从业人员估计上百,而产出的博硕士生则为数达几百之多,也许上千,可谓兴旺发达。尤其在这二三十年,近代汉语词汇研究、中古汉语词汇研究、俗语词研究、常用词研究,汉译佛经词语研究,名目颇称繁多,这也是盛况的表现之一。

但是繁花似锦中也难免有少许不惬人意之处。依我浅见浅闻,这多年的专攻词汇史的学人研究的主要是近代、中古的口语词或准口语词,学人们奋力挖掘其新词、新义,方向无疑是正确的,效果是众所公认的。然而诚如《中古汉语语典词研究》所言,近若干年的词汇史研究基本上集中在"字面生涩而义晦"和"字面普通而义别"两类词上。这就不能不出现这种现象:汉语历史长河中的书面语词汇的研究则相当滞后。众所周知,书面语词汇历时绵久,数量巨大,未尝没有开采的资源和耀眼的亮点吧。

特别是典雅的、古意盎然的书面语词,几乎被研究者忽视了。可是在现实生活中,如果研究和教学需要读古书,尤其是历史文献、哲学文献、古典文学的文献,那么就会发现,这些典籍中的典雅的、佶屈聱牙的词语俯拾皆是,这些都是阅读和理解的巨大障碍,其难度之大不逊于那些口语词,说实在的,要研究中国的历史、文化、学术,这些含有众多典雅的书面语词的文献远过于包含口语词的文献,其价值当亦然。

"人弃我取",忠平选择"语典词"作为研究对象,显然是很有见地的。抢占了制高点,先声夺人,就为俘获读者之心赢得了第一役。

忠平研究的是"语典词",孤陋寡闻如我,乍见之下,颇觉陌生(估计多数语言学人也会有同感吧),及至读了他的阐述之后,感到立名之当。读完全书,就觉得"语典词"应该进入学术的视野,应该被接受、被承认,应该成为语言学的百花中的一枝。几个月前,商务印书馆出版了一本《语言学名词》,手头无书,我目前只能揣测,"语典词"一词大概不会收入。如果季忠平等学人不懈地宣传,并且以实绩向世人显示,必能吸引语言学的各分支学科的学人的注意,语典词就很有可能"被联合国接纳为新会员国",那么《语言学名词》的第二版就会补上。

这本书对"语典词"的来源、成词方式、功能、应用、修辞作用、文化意义、实用价值都有充分的阐述,例如关于语典词的来源,本书不仅介绍了先秦经典特别是儒家经典滋生语典词的一般情况,还对这些经典滋生语典词的不同特点作了揭示;又如关于语典词的成词方式,本书列举的八种形式,是第一次对这类特殊词的成词方式的较系统的描述,而其中"节缩"、"约举"、"顺承"、"附益"等方式还鲜见有前人论述;论及语典词表义特点,本书大多有较为细致的分析。如书中通过对有关"兄弟"一义的多个同义词的比较,分析了语典词在语用及深层含义方面的细微差别,便是这方面令人印象深刻的例子。值得一提的是,本书还用两章的篇幅,通过具体的例子,来说明对这类词的研究在词典编纂与古籍整理方面的具体运用,在一定程度上揭示了语典词研究的实用价值。我认为该书材料翔实、可信,对中古汉语语典词研究的分析、解说都很到位、很成功。

"语典词"这一学术术语,它所代表的概念,其内涵和外延,由于忠平的这一专著可以确立下来,这可以说是忠平的功绩。今后人们论及"语典词",必提到忠平的《中古汉语语典词研究》,犹如人们一谈起修辞学,就自然想到陈望道先生的《修辞学发凡》。

三

忠平的《中古汉语语典词研究》引发我将一段"学"与"思"的结果写下来。我仰慕《日知录》、《十驾斋养新录》,受其启迪,试作东施,近年也写了一些所谓"学术札记",名曰《学思脞录》。现在我想抓住为忠平的书写序的机遇,叙述一下我对语言学科甚至人文学科的"忧思","忧从中来,不可断绝"。这十几年来,我跟若干朋友论学时曾谈到过这些想法,那就是近几十年中国人文社会科学学人的古典文化水平的滑坡,尤其是"古学",特别是"先秦之学"的衰敝。当今人们的热门话题是,过分重视英语教育导致从幼儿到硕博士生,掌握母语的能力不敢恭维;知识分子,从持有高学历证书的党政官员到从事人文学科的古典学术研究的教授、研究员,古学水平普遍不振。一个哲学专家论中国哲学史、某某学的兴衰可以头头是道,但是一篇用古文写的哲学文章,未必能全懂,至于先秦典籍,则欲"卒读"而"力不足"。当代中国好多大学,研究唐宋和明清的教授人才济济,而教先秦的教师却寥若晨星,甚或阙如。以至这多年留校或引进的大学教师,讲通论、通史,口若悬河,如果请他讲解先秦古籍,则噤若寒蝉,原因是他们没有读过几本先秦的经书、史书、子书。先秦某一专书,如《尚书》《周易》《左传》《庄子》的课,在今日中国大陆的大多数大学,开不出来,我有时偶发奇想:呼吁建立一个"先秦学"学科。某日精神恍惚:倘有渭阳之遇,官拜教育部长,"一朝权在手,便把令来行",下个红头文件,培养两三个尚有条件的名牌大学的中文系、哲学系、历史系,两年生聚,两年教训,然后开出些先秦学的课程,在现有的几千个博士点中何妨再增加一个"先秦学博士点"?"先秦学",这是干货,因此算不得糜费纳税人所缴的税款。不过,这纯然是南柯呓语,呜呼!

西方有"古典学"(英语:Classics、Classical Studies 或 Classical Philology),是以古希腊、古罗马的语言、文化作为主要研究对象的学科,地位很崇高。2010 年 6 月,北京大学成立实体教学研究机构西方古典学中心,成为西方古典学这一学科在中国正式建立的标志。我认为,我主张建立的"先秦学",相当于西方的"古典学"。对我们中国人来说,倡导以研究自己国家的先秦时期的语言、文化为宗旨的"先秦学",其意义绝不低于"古典学"。可是"西方古典学中心"已经在北大"崛起",而自己的"先秦学"道及者几多?诚可为长叹息者也。

论到咱们的语言学科,可以作"社会学"的调查:一个研究上古音的专家又读了几多先秦古籍?自张相先生《诗词曲语辞汇释》

(1953年)、蒋礼鸿先生《敦煌变文字义通释》(1959年)问世以来，词汇史的教学和研究被带上了一条大道，东汉(含东汉)以下的口语词和准口语词的大道，其研究成了主流。弹指六十载，以至到如今，熟悉先秦典籍及其训诂、词汇的年轻专家数量就必然少之又少了。"事物总有两面性"，诚非虚言。

四

陈寅恪先生《冯友兰中国哲学史下册审查报告》："二千年来华夏民族所受儒家学说之影响，最深最钜者，实在制度法律公私生活之方面。"(《金明馆丛稿二编》，上海古籍出版社1980年，第151页)陈先生之言实为不刊之论。令人高兴的是，季忠平的《中古汉语语典词研究》也有跟陈寅恪先生类似的论述："使用语典词的文体主要有诏、策、令、章、表、议、赋、颂、铭、诔、箴、檄、书、赞等，可以看出，这些文体大部分属于公文。"是的，只要接触过一些有关"制度法律公私生活"的古代文献，就会感觉到大量的缘于先秦儒家经书、子书的语典词不断跳进自己的眼帘。我以前翻阅过若干宋人，如欧阳修、苏轼、苏辙、曾巩、王安石、周必大等人的文集，发现他们为皇帝起草的诏、制、敕书、册文……等都被收入文集，读起来很不好懂，因为里面充盈大量的语典词。还是"近取诸身"吧，我举一个很现代的例子，即我以前有一个同事将自己的散文结集，取名为《跬步集》，后来在书店里我发现了同名的书，而其作者我全然不知。某日我心血来潮，登上某大学图书馆的网站一查，《跬步集》居然有十三种，著者全不雷同。"跬步"源于《荀子·劝学》，历两千余年而仍生机勃勃，作为语典词，"活下来了"，而且"活得很好"。

从古至今，语典词是客观存在，既然如此，就应该研究它，就需要人研究它。

研究语典词，对当今学人来说，最大的困难在搜集语典词，这是我的观点。要搜集，必须辨认。这要求研究语典词的学人对先秦典籍必须很熟悉,尤其是那些"化用"语典而构成的词,例如"茅汇"(表示连类相及,出《周易·泰》"拔茅茹,以其汇,征吉。"),又如"薪构"(表示父业,来自《左传·昭公七年》"其父析薪,其子弗克负荷。"以及《尚书·大诰》"若考作法,既底法,厥子乃弗肯堂,矧肯构。")再如"所天"(表示父亲,依据《仪礼·丧服》"故父者,子之天也。"),等等,更需要学养。我读《中古汉语语典词研究》,感到欣喜的是,忠平研究了语典词,说明他对先秦典籍熟悉的程度。这在当今语言学界,难得的人才,难得的人才。

五

"似曾相识燕归来",从忠平的《中古汉语语典词研究》,我隐约地感觉到,一股"回归"意识的潜流由伏隐而开始显现,久违了五六十年的先秦之学,如今有青年学者从事其词汇的研究,这不是一个吉兆吗?

"一叶落而知天下秋",回归吧,先秦之学!

这该是《中古汉语语典词研究》一书的另一意义所在吧,而且更重要。

我之"喜读",非虚言也,缕述如上,作为序文,请老友吴金华学长和忠平指谬。

六

最后赘言几句:"中古"的上下限,各家有各家的界定,存在的就是合理的,我不敢妄加评论。忠平的说法是"西汉末年王莽时期至南宋末年",那么《中古汉语语典词》研究涉及的史料应该长达千余年,如此大跨度,忠平建构了一个体系,这值得赞许。但我觉得,二十几万字的述论尚不足与之相称。建议忠平再接再厉,"持续发展","更上一层楼"。

七

还有,可否按时间段,编撰《魏晋南北朝语典词词典》、《隋唐语典词词典》、《宋代语典词词典》? 我问忠平。

2011—10—7 草于钱江之滨
2013 年八月修改于金陵南秀村

(忠平谨按:两处年月的格式不同,是否可以改为一致。)尧按,我有意为之,分作两行吧。

目　　录

第一章　绪论 ………………………………………………… 1
 第一节　中古汉语语典词研究的几点认识 ……………… 2
 第二节　相关研究简述 …………………………………… 16

第二章　语典词的产生与发展 ……………………………… 37
 第一节　汉武帝以来的传统教育 ………………………… 37
 第二节　语典词的发端 …………………………………… 39
 第三节　语典词的盛行 …………………………………… 49
 第四节　语典词的衰微 …………………………………… 58

第三章　语典词的来源 ……………………………………… 61
 第一节　《诗经》 ………………………………………… 61
 第二节　《周易》 ………………………………………… 67
 第三节　《尚书》 ………………………………………… 77
 第四节　其他儒家典籍 …………………………………… 82
 第五节　其他经典 ………………………………………… 105

第四章　语典词的成词方式 ………………………………… 115
 第一节　节缩 ……………………………………………… 116
 第二节　约举 ……………………………………………… 122

第三节　截割 ·· 125
　　第四节　组合 ·· 131
　　第五节　顺承 ·· 145
　　第六节　附益 ·· 148
　　第七节　凝固 ·· 153
　　第八节　袭用篇名 ·· 156

第五章　语典词的修辞意义及文化内涵 ······························ 157
　　第一节　避俗 ·· 157
　　第二节　隐喻 ·· 161
　　第三节　委婉 ·· 163
　　第四节　语典词的文化内涵 ···································· 167

第六章　语典词表义特点 ·· 176
　　第一节　语典词的表义特点 ···································· 176
　　第二节　一形多义 ·· 178
　　第三节　一义多形 ·· 187
　　第四节　从语义场的角度看语典词的一义多形现象 ················ 197

第七章　语典词研究与词典编纂 ···································· 200
　　第一节　不明语典词而未揭语源 ································ 200
　　第二节　不明语典词而误释 ···································· 209
　　第三节　不明语典词义而失立义项 ······························ 216
　　第四节　不明语典词义历时演变而释义不全面 ···················· 222
　　第五节　不明语典词表义规律而释义不确 ························ 231
　　第六节　未就语典词作全面调查而失收词目 ······················ 233

第八章　语典词研究与古籍整理 ································· 238
　　第一节　标点 ·· 238
　　第二节　校勘 ·· 254
　　第三节　辨伪与考证 ·· 264

结语 ··· 268

主要参考文献 ·· 270

后记 ··· 275

第一章 绪 论

自汉代以来,汉语词汇发展演变的一个最显著的变化,便是双音节词大量产生,并最终在汉语词汇系统中占据了主体地位。汉语词汇的这种演进,是由汉语自身的发展规律所决定,并随着社会发展而逐步完成的。虽然汉语词汇的这种双音化的历史事实已为今天的语言研究者所了解,但这一过程中大量具体的问题尚有待研究者作出回答。比如先秦经典在词汇的这一变化过程中曾担当了怎样的角色?修辞对于汉语双音节词的创造与使用的影响,其具体情况究竟如何?这些便是值得深入研究的课题。本书试图就这些问题展开研究,探索先秦经典如何为汉语双音节词的产生提供材料,用典这种修辞方式如何推动汉语双音节词的产生与发展。

东汉以来的汉语文献在语言方面往往带有明显的典雅特征,其中的一个重要表现,就是大量使用渊源于先秦经典的具有典故性质的双音节词。这类词作为中古汉语词汇的一个重要组成部分,是由经典文化而滋生的产物,是我国特定历史背景下的语言现象。这类词充分地反映了社会文化对于语言发展的影响,是汉语词汇双音化演变的一个具体表现,不仅是汉语词汇史研究中不可或缺的内容,同时也是普通语言学所应该关注的语言事实。不过,对这类词的研究迄今还没有引起研究者们足够的关注,缺乏将其作为专题进行系统研究的成果。本书把这类词称为"语典词",尝试从汉语词汇史的角度将它作为专题,对它的性质、存在过程、典据来源、成词方式、修辞意义、形义关系等方面作系统研究,以此揭示用典这种修辞手段在汉语词汇双音化过程中所起的具体影响。并在此基础上说明本研究对词典编纂及古籍整理的实践意义。以下先就本专题谈一些初步的认识。

第一节 中古汉语语典词研究的几点认识

（一）研究对象的定义

本书所谓的"中古汉语语典词"，专指东汉至南宋时期汉语书面语中为追求典雅含蓄的修辞效果而利用先秦经典的文句语词创造的具有典故性质的双音节新词。

关于研究对象的这一定义，需要作以下几点说明：

1. 这一类词具有典故的性质。

通常人们所说的"典故"，是指"诗文中引用的古代故事和有来历出处的词语"①。不过，本书的研究，只针对其中"有来历出处的词"，不包括"语"，也不包括其中与"古代故事"相关的部分。

"词语"这样的名称，包括了词和短语。短语是指按照一定的语法规则组合起来的词的组合，是比词更高一级的语法单位。只要是短语，即使于古有征，例如四字格的成语，也不在本书的研究范围之内。

对于"诗文中引用的古代故事"，通常人们也称之为"事典"。事典的表现形式，包括句子、短语，也包括词，但由事典而形成的词，也不在本书的研究范围之内。

本书的研究对象，只限于典故中属于"有来历出处的词"，即一般所说的"语典"。我们只研究具有典故性质的词，即语言系统中有意义的并能独立运用的带有典故性质的最小单位。

---

① 见《辞海》"典故"条。上海辞书出版社，2009。

2. 这一类典故词的典源是先秦经典。

这类词既属典故，便有典源，也就是所谓的"出处来历"。本书所研究的，只限于典源是先秦经典的典故词。具体说来，是根据先秦经典的篇章、句子、短语、词等形成的语典词。凡是利用秦代以后的文献的文句语词所形成的语典词，不在本书的研究范围之内。

这里所说的先秦经典，主要是指传世的先秦的儒家经典，即传统目录学分类中经部的"十三经"，同时也包括像《老子》、《庄子》之类其他部类的先秦经典。

3. 这类典故词主要保存在东汉到南宋之间的汉语书面语中，其使用都带有明显的追求典雅含蓄的修辞目的。

本书将西汉末年王莽时期至南宋末年，即公元1世纪初至13世纪末期，称之为"中古"。

不少研究汉语史的学者都曾对汉语的历史作出过不同的分期。王力的《汉语史稿》将汉语史分成了上古期、中古期、近代以及现代四个时期。其中的中古期包括公元4世纪到12世纪，相当于从东晋到南宋前半朝。与之相比，本书的"中古"，涵盖时间更长，前后将近1300年。造成这种差异的原因主要是分期的依据不同。王力的依据是语法与语音的转变，而本书依据的是实际调查到的书面语中这类源自先秦经典的语典词的萌芽至衰微的大致时间。纳入西汉末年到东晋的这一段时间，是因为这段时间对我们所研究的这一类语典词来说，是其发端的一个重要时期。

本书的"中古"，不仅与王力的分期有所不同，甚至与其他各家的分期也有所出入，但因为其中的大部分时间属于人们通常所理解的"中古"时期，出于方便论述的考虑，本书姑且借用这一称呼。因此，本书的"中古汉语"，并不是指综合考虑了语言诸要素的演变之后作出的严格意义上的汉语史分期，这一点是必须加以说明的。

使用语典词的重要目的是为了追求典雅含蓄的修辞效果，因此，刻意使用语典词的文章总是属于那些本身具有典雅要求的文体。通过对一定数量的语典词的使用情况的考察,笔者认识到,使用语典词的文体主要有诏、策、令、章、表、议、赋、颂、铭、诔、箴、檄、书、赞等,可以看出,这些文体大部分属于公文,从一个侧面反映出语典词使用的社会性。此外,中古时期的诗歌中也有语典词的用例,不过不是普遍的情况。本书的语料,主要来自上述这些文体。

4. 本书所论语典词,只限于双音节词。

刘叔新的《汉语描写词汇学》,将现代汉语的词汇单位,分成词和固定语(词的固定组合体)两类。中古时期汉语的词汇单位也不例外。作为中古时期词汇中词的一部分,语典词是否与其他的汉语词一样,具有单音节词、双音节词、三音节词的区分呢①?

中古时期的单音节词,很难成为语典词。因为从用典的角度看,每一个语典词作为典面,都必须提供与典源发生联系的关键线索,以便建立起与典源唯一的准确的关联,而单音节词缺乏这样的功能。中古时期的单音节词,绝大多数都能在先秦经典中找到不止一个与之同形的用例,因而无法与先秦经典中同形的单音节词建立起唯一的对应关系。单音节词缺乏指索典源的基本功能,很难成为典面。因此,中古时期的单音节词,不在本书的研究范围之内。

中古时期有三音节的语典词,但由于像"履虎尾(出《周易·履》,表示处于险境)""启手足"(出《论语·泰伯》,表示死亡)这样的三音节语典词数量非常少,因此本书暂时也不涉及。

至于短语,尽管其中渊源于经典的,也往往具有某些与语典词类似的特点,但从形态上讲,毕竟与词有着质的区别,因此本书也暂不涉及。

本书选择双音节语典词作为专题的主要对象,出于两个方面

---

① 按照刘叔新的说法,除音译词外,四音节以上的汉语词是极少见的,语典词应该也不例外。

的考虑：一方面,双音节的语典词可以通过词形判定它与经典语句的渊源关系;另一方面,这类词在全部语典词中占有压倒性的比重,对它的系统研究可以大体反映语典词的特点。

5. 本书讨论某个具体的语典词时,除了从语法角度的判定外,注意结合从共时和历时的角度对它的使用情况作调查,根据约定俗成的原则,判定其是否具有词的性质。

由于中古时期所产生的文献有相当一部分已经佚失,因此,即使传世文献中仅有的孤例,在当时也可能是一个通用的词,尽管如此,本书还是尽量避免使用这样的孤例,以免影响论证的可靠性。如果某个据先秦经典文本而形成的双音节词,在我们所调查的文献中具有两个以上的共时或历时用例,并且彼此在意义上相同、相近或有密切的联系,能够体现作为词所具有的社会性,这样的词才是本书据以论述的基础材料。为了尽量体现语典词使用的具体情况,本书利用某一语典词展开论述的时候,除作特别说明外,原则上将尽量提供两个以上不同的用例。对具体词的用例的选择,首先考虑历时使用情况,其次考虑共时使用情况。本书所提供的某一词的用例,将尽可能展示该词在中古文献中大致的历时使用情况。

下面通过具体例子,来对本书的研究对象作进一步的说明。

《唐大诏令集》卷一〇八载唐玄宗开元十六年《兴庆宫成御朝德音》：

> 朕昔在藩国,此维邸第,乾坤未泰,阴阳尚蒙,则有神物劲灵,祥符肇配,飞佳气于在田之际,涌瑞池于或跃之日。

这份诏书中的"在田"、"或跃"二词,便是本书所说的语典词。

要理解这两个语典词的词义,必须明白这两个词的典源,并结合玄宗下此诏的一些历史背景。

《周易·乾》是这两个语典词的典源,其九二爻辞有：

> 见龙在田,利见大人。

九四爻辞有：

> 或跃在渊，无咎。

我们知道，乾卦六爻的爻辞，是以龙的三栖作比喻，说明人的不同境遇。因为龙又是天子的象征，后人也往往将此卦所说与帝王的人生经历对应起来。而在乾卦的六爻中，九五一爻作为阳爻，既得位又得中，是最理想的状态，古人将此看作是帝王即位的象征。九五爻之前的四爻，在古人看来，都象征了帝王登基前的状态。因此，中古时期开始，人们便以乾卦的这些爻辞作为典源，创造出了不少语典词，用以描写帝王登基前的情形，"在田"与"或跃"便是其中的两个。

再来看有关玄宗李隆基此诏的一些背景。据《旧唐书·玄宗纪》记载，李隆基"大足元年，从幸西京，赐宅于兴庆坊"，当时李隆基的身份，是临淄郡王。上述敕诏所云"朕昔在藩国，此维邸第"，指的便是这件事情。即位后，李隆基对兴庆坊的原有建筑进行了扩建，至开元十六年，"始听政于兴庆宫"。上述诏书就是为了庆祝兴庆宫的落成而颁发的敕诏。

玄宗在这份诏书中为其所钟情的兴庆宫赋予了神秘的色彩。上引的这段文字大意是说在玄宗还是藩王的时候，兴庆宫便有一系列昭示其将登上帝位的祥瑞出现。其中"飞佳气于在田之际"、"涌瑞池于或跃之时"两句中"佳气"、"瑞池"便是这样的祥瑞，而其中的"在田"、"或跃"便是指其时李隆基的身份尚是藩王。

王弼将《周易·乾》九二爻辞中的"在田"解释为"处于地上"，而孔颖达疏九四爻辞的"或跃"称"或，疑也；跃，跳也"。在唐玄宗的诏书中，"在田"和"或跃"都显然不再是《周易》中的意思，而是利用了《周易》的内容，表示李隆基未登基的情形。

根据王弼与孔颖达的解释，可以看出，在《周易》中，"在田"不过是一个表示处所的介词短语，"或跃"也只能看作是一个状谓结构的临时组合。但是到了唐玄宗的诏书中,"在田"与"或跃",已不能再作如是观。从其只表示"未登基"之义,而不再与"处于地上"、"迟疑犹豫地跳跃"这样的意思有关来看,与《周易》中的"在田"、"或跃"只是两个单音节词的临时组合不同,玄宗诏书中的"在田"、"或跃",是将原典中的这两个临时组合固定下来,通过与原典的文本的关联,表达与原来的临时组合完全不同的意义,应该可以看作是两个全新的双音节词。

不仅如此,笔者将玄宗诏书中出现的"在田"、"或跃"看作是双音节词,还有另外的理由。"在田"、"或跃"作为固定的组合来表示"未登基(或径指其处于藩王之位)"之意的用例,在中古时期屡见不鲜。

"在田"的用例,如《宋书·后废帝纪》载皇太后令:

> 骠骑大将军安成王,体自太宗,天挺淹叡,风神凝远,德映在田,地隆亲茂,皇历攸归,亿兆系心,含生属望,宜光奉祖宗,临享万国。

所谓"德映在田",意思是安成王的美德,在藩王时便已昭示。

又如《梁书·范岫傅昭萧琛陆杲传论》:

> 史臣曰……琛朗悟辨捷,加谙究朝典,高祖在田,与琛游旧,及践天历,任遇甚隆。

所谓"高祖在田",是指高祖未登基时。

又如《陈书·后主纪论》:

> 高宗爰自在田,雅量宏廓,登庸御极,民归其厚。

所谓"高宗爰自在田",是指高宗未登基时。

"或跃"的用例,如《宋书·武三王·江夏文献王义恭传》:

> 世祖时在新林浦,义恭既至,上表劝世祖即位,曰:"……神祚明德,有所底止,而冲居或跃,未登天祚,非所以严重社稷,绍延七百。"

所谓"冲居或跃",是指世祖辞让,不肯即皇帝位。

又如《旧唐书·封伦萧瑀裴矩宇文士及传论》：

"史臣曰……(萧瑀)及太宗临朝,房杜用事,不容小过,欲居成功,既形猜贰之言,宁固或跃之位。"

所谓"宁固或跃之位",是批评萧瑀虽曾担任太子李承乾的太子少师、太子少傅诸职,然与朝臣不和,不利于太子地位的巩固;贞观十七年的李承乾被废,萧瑀也应当负一部分责任。

又如《旧唐书·睿宗诸子传论》：

让皇帝守无咎于或跃,利终吉于劳谦,其用有光,其闻莫朽。

让皇帝李宪(原名成器)身为长子,在其父睿宗欲建储贰时,竭力将太子位让于辅佐睿宗登基的李隆基。虽终其身未登皇位,但去世翌日,玄宗即下制追为"让皇帝"。所谓"让皇帝守无咎于或跃",是指李宪谦守藩王之位,始终与玄宗和睦相处。

从上面所举的这些例子来看,至少从六朝至隋唐间,"在田""或跃"作为据《周易》而形成的固定组合,表示帝王尚处未登基之时,已被当时的人反复使用。从这一点来看,"在田"、"或跃"新词的性质也很明显。

像玄宗诏书中出现的"在田"、"或跃"这样的利用先秦经典文本而形成的双音节新词,便是本书的研究对象。以下本书中所谓的"语典词",除作特别说明外,只指这一类中古时期利用先秦经典的文句语词形成的双音节语典词。

6. 最后,关于选用"语典词"这样的名称来命名所要研究的对象,还需要作一点说明。在先前的相关研究中,笔者对于这一类的词分别使用过"雅言词"、"典故词"等名称,现在看来,称之为"雅言词",似乎只考虑到了其修辞效果,而未能体现其典故的性质;称之为"典故词",肯定了其典故的属性,但又没能将这类词与同属典故词的"事典词"区别开来,考虑到这类词的特性,本书还是选择以"语典词"来作为其名称。

（二）研究意义

中古时期的语典词系统研究，有利于认识中古汉语书面语词汇发展的具体细节，为全面描写这一时期的词汇面貌提供重要的基础材料；可以在一定程度上揭示传统经典文化对于汉语词汇发展所产生的深刻影响；这一研究对于辞书编纂及古代文献的整理，也具有不可或缺的参考价值。

1. 语典词研究可以为中古汉语词汇史研究提供新的认识。

我国传统的语言研究，在清代乾嘉时期达到了空前的高度。不过当时学者们所做的研究，也即传统的小学研究，正如其中的代表人物王念孙所说的"小学明而经学明"那样①，其主要的目的在于通读儒家经典，因此其中词汇的研究重点，集中在对先秦经典中那些后人难以理解或容易引起误解的词汇作训诂研究上，而对两汉以后的词汇所作的研究工作，则几乎付诸阙如。即使到了近代，由于章太炎等学者的倡导与努力，汉语言文字学得以摆脱经学附庸的地位而成为一个独立的学科之后，学者们对于两汉以后的词汇研究也依然寥寥无几。如同吕叔湘、郭在贻等先生指出的那样，关于汉语词汇史的研究，尤其是中古汉语魏晋南北朝这一段，向来是最薄弱的环节。这种局面，一直要到20世纪中叶以后才开始有所改变。以张相、蒋礼鸿、郭在贻、张永言等为代表的一批学者，开始对中古汉语的词汇展开研究，并取得了丰硕的成果。

不过，以往的研究主要集中在"字面生涩而义晦"和"字面普通而义别"两类词上，这些词中有大部分属于当时的口语词汇，而对于大量存在于中古汉语书面语中并成为中古汉语词汇一个重要特色的语典词，却很少有人关注。20世纪以来，除了王力的《汉语史稿》中有关"成语与典故"的章节中略有涉及以外（有关内容详见下

---

① 见《说文解字注序》。

文介绍"前人研究综述"部分),还有赵克勤的《古代汉语词汇学》,其中提到了古汉语某些复音词的形成,往往跟修辞手法的运用有关。作者从比喻、借代、割裂、用典、委婉等角度分别作了讨论。其中的割裂、用典涉及到了部分语典词造词的内容。另外还有何九盈、蒋绍愚的《古汉语词汇讲话》,其中"固定词组和特殊词汇"的章节,论及由典故而形成的词,也涉及到了部分语典词的内容。不过总的来说,后两种著作所论的内容基本没有超出《汉语史稿》的范围。

2010年出版的王云路的《中古汉语词史》在谈到中古复音词类时,有"凝固式复音词"一节,分"古语跨类凝固成词"与"古语词组凝固成词"两类,其中的有些例子,即属本书所讨论的语典词。同年出版的方一新的《中古近代汉语词汇学》中,辟有专门的章节讨论中古近代汉语新词的构成方式,其中"修辞造词"一节研究了几种通过修辞的方式构词的类型,里面谈到的"截取"、"用典"两类,与我们所讨论的语典词有关。不过,新近出版的这两部中古汉语研究力作,也还没来得及将中古时期盛行的语典词作为一个重点来讨论,书中涉及语典词的篇幅还很有限。

其他有关汉语词汇研究的著作中,史存直的《汉语词汇史纲要》虽然篇幅不大,却能利用丰富的语言材料作不少细致的分析。但在介绍汉魏六朝时代的词汇特点的章节中,作者着力"就农业、工艺和科学的发展来找出这一时代的词汇特点",尽管作者也认为"社会经济的发展必然也会促进精神生活的提高",并以乐府诗为例,介绍了创作者们在造词和选词上所下的功夫,并以此说明这一时期词汇的丰富程度,但对于反映这一时期文人精神生活的语典词,还没有论及。

潘允中的《汉语词汇史概要》,追流溯源,贯通古今。在介绍中古词汇发展特点时,作者认为从西汉到唐代的汉语词汇的发展,表现在以下四个方面:1. 文学语言得到了空前的发展;2. 涌现了一批科学技术方面的新词;3. 词汇新陈代谢;4. 出现外来成分。不过其中也没有涉及体现了这一时期汉语词汇重要特色的语典词的相关内容。

专门研究汉语造词法的著作中,任学良的《汉语造词法》不满足于现成的构词法结论,有意向更深广的天地探寻,对汉语造词法作了大量具体而细致的研究,可以作为研究汉语造词法的代表性专著。作者将造词法与构词法作了区别,强调造词法研究的是用什么原料和方法创造新词。书中辟有专门的章节介绍"造词原料",将造词原料归纳为音节、形态标志、词(包括词组、句子)、老化词等四类。全书从词法学造词、句法学造词、修辞学造词、语音学造词、综合式造词等五个角度,对汉语的造词法作了详细的探讨。但我们注意到,无论是讨论造词的原料,还是研究造词的方法,该书也都还没有论及语典词的内容。

上述介绍古汉语词汇史的著作中,有些也有专门的章节讨论古汉语词汇的构造问题。史存直的《汉语词汇史纲要》从变音别义、联绵字、复合词以及添缀词等四个方面对汉语造词法的发展作了说明。虽然作者在有关复合词的部分指出,两汉以后,复合词在构词方式上有了新的发展,除"联合式"、"偏正式"以外,还产生了"支配式"、"补充式"、"表述式"等新的构词方式,但由于没有对语典词的构词方式予以关注,所列举的这些造词法及构词方式,似乎还不能全面涵盖中古时期词汇演变的所有情况。

潘允中的《汉语词汇史概要》论及"中古汉语构词法的发展"时,认为中古时期的构词法以复合法为主要形式,其次是新兴的附加法,另外双音迭韵构词法也有所发展。在有关复合法的部分,作者以《世说新语》等为例,指出这一时期的复合法构词主要有"联合式"、"偏正式"、"动宾式"、"动补式"、"主谓式"等具体方式,所举的例子以及论及的构词方式也都没有涉及语典词及其独特的方式。

董秀芳的《词汇化:汉语双音词的衍生和发展》一书,对汉语词汇中双音节词的产生和发展作了深入的研究，不过，作者在谈到研究方法时明言："由于考虑到共时与历时的相关性，本书所选择的双音词一般都是在现代汉语中还存在的，那些只在历史上的某个阶段中出现，但后来又从词汇系统中消失，未能在现代汉语中保留下来的双音词，基本不在本书的研究范围之内，只是在极个别的情况下，顾及到类型的全面性，才偶而涉及这类词。"①事实上，全书也确实只有在论及"修辞中产生的跨层粘合"时，才以很少的篇幅列举了一小部分语典词，且只限于陈望道所说的"藏词"一类，并承认，这种双音词的产生渠道与其他跨层结构的词汇化有着本质的不同，与其他跨层结构的词汇化往往由于较高的使用频率不同，这一类词的成词因素与使用频率无关。

综上所述，由于以往对表现了中古时期词汇特点的语典词的研究还没有深入展开，因此介绍汉语词汇史以及研究汉语词汇构造的主要著作中，我们还很少甚至无法见到有关这一部分的专门内容。本书希望通过对语典词的系统研究，为汉语史的调查填补新的内容，为全面描述汉语词汇史作一些基础的工作。

作为复音节词，语典词的成词方式是汉语在发展过程中创造新词的独特形式。王力先生在其《汉语史稿》中认为："汉语复音词的构成，可以分为三大类：（一）连绵字；（二）词根加词头、词尾；（三）仂语的凝固化。"语典词的独特构词方式已出乎这三类之外。

就拿《汉语史稿》提到的"友于"②一词来看，这个为东汉以来的文人所频繁使用的典型的语典词，既不是连绵词，也不属于词根加词头、词尾，也不能算是仂语的凝固化，其构词方式不属于《汉语史稿》所说的任何一种情况。

---

① 见《词汇化：汉语双音词的衍生和发展》P22，四川民族出版社，2002。
② 见《汉语史稿》P539，中华书局，1980。

有些语典词,虽然从外形上看,与其所渊源的经典中的旧词语相同,但其意义主要来自原典的文本内容,而不是通过旧词语意义的引申而获得。业师吴金华先生曾撰《略说古汉语复音词中的典故词》①一文,通过来自《论语》的"浸润"与来自《诗经》的"赫斯"、"棠棣"等三个语典词,很好地说明了语典词在构词表义方面的特点。文章指出,在《诗经》中,"浸润"是由两个单音节词构成的仂语,本义是沾濡、滋润;"赫斯"可以看作是由词根加词尾构成的复合词,表示怒气很盛的样子;而"棠棣"则属于连绵词,是植物名。但是,就中古时期人们使用这三个字的例子来看,"浸润"的含义已变成了"谮言"、"谗言","赫斯"则变成了"天征","棠棣"成为了"兄弟"的代名词。中古时期出现的这三个词,其内部结构已不能像在《论语》、《诗经》中出现时那样可以分析,而其各自的意义,都是相关的《论语》、《诗经》的文本内容赋予的,它们是由典词构词法产生的新词。

笔者觉得,像吴先生提到的"浸润"、"赫斯"、"棠棣"等,一旦成为语典词,它们所表达的意义,完全取决于其所渊源的经典文本的内容,而跟与之同形的旧词语的意义几乎没有关系。它们虽然是复音词,但若撇开其据以成词的经典文本不论,则其外部面貌很难直接提供理解该词的有效信息,对其结构作任何分析也无助于认识其意义。其独特的成词方式,无法与上述《汉语史稿》中的三类构词方式任何一种相匹配。仅从这几个例子来看,本专题的研究对于进一步充分认识汉语的构词方式也有着重要的理论意义。

2. 语典词研究有利于汉语词汇学的其他相关研究。

语典词的研究,对于汉语词汇学中其他领域的研究也有重要的参考价值。比如对于中古汉语同义词的研究来说,语典词所蕴

---

① 吴先生所说的"典故词",其性质与本书所论的"语典词"相同。

含的深层意义及语用区别，正是体现同义词之间在意义、语用上的细微差别的地方。例如中古时期人们利用《诗经·小雅·蓼莪》"无父何怙，无母何恃"两句创造的语典词"怙恃"，作为"父母"的代名词，常见于中古时期的文献中。但如果我们仔细研究"怙恃"这一语典词的典源及使用的具体场合，则可以发现，中古时期的人们所使用的"怙恃"，实际上是指已丧亡的父母，一般只用于叙述父母已去世的情况。当我们在对中古时期有关"父母"的同义词作比较研究的时候，从语典词的角度作分析，往往会让我们对同义词之间的区别理解得更为清晰深刻。

3. 语典词研究可以揭示文化对于词汇发展的深刻影响。

对双音节语典词的研究，可以让我们了解这一类词的来源及其表意特点，这有助于我们更全面地了解汉语中双音节词的产生机制，尤其是其中体现了受独特文化背景影响的那一部分。

通过对中古时期数量众多的语典词的创造与使用情况的调查，可以为我们了解先秦传统经典对于汉语词汇发展所起的影响提供大量材料，使我们对先秦传统经典在汉语发展过程中所起的作用有更具体深刻的认识。

语典词的大量使用，在一定程度上反映了中古时期受过传统经典教育者的贵族意识。作为一种交际工具，语典词的创造、使用、接受、理解，都需要参与者熟悉先秦经典，具有很高的文化素养，这实际上严格限定了这类词的使用者的身份。这种只限于某一社会阶层使用的特殊词（当然主要是在书面语中），最足以标志这一阶层人的身份。

语典词本身也反映出了中古时期的文化特点。例如大量有关父母、兄弟的语典词的创造与使用，便是中古时期崇尚孝友的真实反映。又如大量来自《尚书》、《诗经》等旨在美化帝王的语典词，则可以让我们看到中古时期君权至上的思想对于词汇发展的具体影响。

4. 语典词研究可以为大型辞书的编纂修订提供新的认识与材料。

语典词的研究,可以为反映了 20 世纪汉语词汇调查成果的《汉语大词典》做大量纠谬补缺的工作。通过对《汉语大词典》中有关语典词的条目的调查,我们发现《汉语大词典》中有关语典词方面至少存在着以下六个方面的问题:一、不明语典词而未揭语源;二、不明语典词而误释;三、不明语典词而失立义项;四、不明语典词义历时演变而释义不全面;五、不明语典词表义规律而释义不确;六、大量失收语典词。

另外,迄今为止出版的有关典故的辞书,绝大多数都偏重于对事典的搜集,即使有语典词,其所占的比例也都非常有限。对中古时期语典词的系统研究,可以为这类辞书增加大量的材料。

有关这方面的具体情况,详见本书第七章的相关内容。

5. 语典词研究可以为古籍整理提供重要的参考。

作为曾一度盛行但今天已退出历史舞台的较为特殊的词,中古时期的古籍中大量的语典词对于今天的整理者来说,多少会有陌生感。如果整理者不能清楚地了解这类语典词的性质与特点,在从事古籍整理的过程中予以足够的关注,那么无论是标点还是校勘,难免会留下这样那样的遗憾。例如在中华书局点校本二十四史中,由于整理者对来自《诗经·秦风·渭阳》的"渭阳"一词的性质认识不清,出现了给这个语典词加标书名线与地名线的错误做法,如果我们从语典词的角度加以考察的话,就会发现二十四史中的绝大多数的"渭阳"用例都属语典词,那么上述的错误处理便可以得到纠正。

作为东汉以后出现的新词,中古时期的语典词较为鲜明的时代性,对于古文献的辨伪也有参考的价值。例如对于一些伪托东汉以前的人的作品,从语典词的角度,我们可以提供较有力的辨伪的证据。

有关这方面的情况,详见本书第八章的相关内容。

第二节　相关研究简述

前人对语典词的系统研究,迄今为止还没能见到,即使是对语典词的零星论述或局部调查,也寥若晨星。但正因为不多,更值得我们关注。

前人涉及语典词的研究,动机及角度各有不同:有的是从文学创作所使用的语言出发;有的是出于训释典籍的需要;有的是因为时过境迁造成了语言隔阂而产生的好奇与不解;有的是对某一类语典词的特别关注;还有的是为了诗文创作等的需要,而对语典词作一定的搜集。总的说来,围绕这一类词作深入研究的还不多。

现在可知较早从文学理论的角度对语典词予以关注的是南朝的刘勰,他在《文心雕龙·事类》中写道:

> 事类者,盖文章之外,据事以类义,援古以证今者也。昔文王由《易》,剖判爻位,《既济》九三,远引高宗之伐;《明夷》六五,近书箕子之贞:斯略举人事,以征义者也。至若胤征羲和,陈《政典》之训;盘庚诰民,叙迟任之言;此全引成辞,以明理者也。然则明理引乎成辞,征义举乎人事,乃圣贤之鸿谟,经籍之通矩也。《大畜》之象:"君子以多识前言往行",亦有包于文矣。
>
> 观夫屈宋属篇,号依诗人,虽引古事而莫取旧辞。唯贾谊《鵩赋》,始用鹖冠之说;相如《上林》,撮引李斯之书:此万分之一会也。及扬雄《百官箴》,颇酌于《诗》、《书》;刘歆《遂初赋》,历叙于纪传:渐渐综采矣。至于崔、班、张、蔡,遂捃摭经史,华实布濩,因书立功,皆后人之范式也。

刘勰从文学创作的角度,说明了利用前人的"成辞"以明理的重要性,同时他还回顾了在文章中运用"成辞"的这种创作风气产生形成的过程。从刘勰所举的具体例子来看,他所谓的"成辞",其中有一部分应该就相当于我们所要讨论的"语典词"。

继刘勰之后,注意到语典词并为之做了大量调查工作的是唐代的李善。在《文选注》中,为了准确训释《文选》中所涉及到的语典词,李善对所有文章中出现的语典词基本上都做了溯源的工作。

这里就拿李善对任彦升《齐竟陵文宣王行状》一文所作的注,选几个较为典型的例子,来说明李善对文中出现的语典词所作的溯源工作。

[例一] 敦悦

> 东夏形胜,关河重复,选众而举,敦悦斯在,除使持节都督会稽东阳临海永嘉新安五郡诸军事、辅国将军、会稽太守。

李注"敦悦":

> 《左氏传》曰:晋蒐于被庐,谋元帅。赵襄曰:"郤谷可,臣亟闻言矣,说礼乐而敦诗书,君其试之。"

李注揭示了"敦悦"这一语典词的典源是《左传》,不仅如此,通过此注,我们还可以看出任昉用"敦悦"一词,有赞美主人公敦诗悦礼为人举荐与郤谷相似的意思。

[例二] 藩屏

> 太祖受命,广树藩屏,公以高昭武穆,惟戚惟贤,封闻喜县开国公,食邑千户。

李注"藩屏":

> 《左氏传》:富辰曰:"昔周公故封建亲戚,以藩屏周室。"

由此注可以看出,"藩"、"屏"在《左传》中都属动词性质,意思是保卫。到了任昉笔下,"藩屏"已成为了一个名词性质的语典词,通过联系原典可知,这个"藩屏"实际已成了受封建的诸侯的代名词。所谓"广树藩屏",即众建诸侯。

[例三、四] 枢机　丝纶

　　献纳枢机,丝纶允缉。

李注"枢机"、"丝纶":

　　《周易》曰:言行,君子之枢机。《礼记》曰:王言如丝,其出如纶。

据此注,可知任文"枢机",是"言行"(此偏指言)的代名词,"丝纶"是"王言"的代名词,这里指天子诏书。

　　从这些例子中可以看出,李善对于这几个词的语典词性质非常清楚,他知道要使读者正确理解这些语典词的含义,揭示其典源是关键所在。《文选》所收录的作品,其创作时间绝大部分处在我们所说的中古时期,其中语典词几乎比比皆是,李善不厌其烦地一一揭示其出处,可谓是注其所当注,这也正是李注的价值的体现。他的注文有利于后人了解中古时期人们使用语典词的各种情况。不少学者能像李善这样在为中古时期的文献作注疏时,注意揭示语典词的典源,例如唐代的李贤,他在注《后汉书》的时候,对其中的语典词也作了一些揭示典源的工作。

　　宋代以后,尽管语典词还被很多文人大量使用着,但随着时间的推移,也有一些文人学者对语典词产生的原因及其修辞意义已不甚明了,因而这些文人学者对别人文章中出现的某些语典词,感到困惑、不解甚至误解,在一些随笔札记中,记录下了他们对语典词的认识。

　　例如宋洪迈《容斋五笔》卷八"承习用经语误"条:

　　　经传中事实,多有转相祖述而用,初不考其训故者。如《邶·谷风》之诗为淫新昏弃旧室而作,其词曰:"宴尔新昏,以我御穷。"宴,安也,言安爱尔之新昏,但以我御穷苦之时,至于富贵则弃我。今人乃以初娶为"宴尔",非惟于诗意不合,且又再娶事,岂堪用也。《抑》之诗曰:"吁谟定命,远犹辰告。"毛公曰:"吁,大也;谟,谋也;犹,道也;辰,时也。犹与猷同。"郑笺曰:"犹,图也。言大谋定命为天下远图庶事,而以岁时告施之,如正月始和布政也。"案此特谓上告下之义,今词臣乃用于制诏,以属臣下,而臣下于表章中亦用之,不知其与"入告尔后"之"告"不侔也。《生民》之诗曰:"诞弥厥月。"毛公曰:"诞,大也;弥,终也。"郑笺言"后稷之在其母,终人道,十月而生。"案训"弥"为"终",其义亦未易晓。至"俾尔弥尔性,似先公酋矣",既释"弥"为"终",又曰"酋,终也",颇涉烦复。《生民》凡有八"诞"字,"诞寘之隘巷","诞寘之平林","诞寘之寒冰","诞实匍匐","诞后稷之穑","诞降嘉种","诞我祀如何"。若悉以"诞"为"大",于义亦不通。它如"诞先登于岸"之类,新安朱氏以为发语之辞,是已。莆田郑氏云:"弥只训满,谓满此月耳。"今称圣节曰"降诞",曰"诞节",人相称曰"诞日","诞辰","庆诞",皆为不然。但承习胶固,无由可革,虽东坡公亦云"仰止诞弥之庆",未能免俗。书之于此,使子弟后生辈知之。

洪迈的这条札记,对人们误用经传中的"宴尔"、"诞弥"等语词作了批评,甚至认为连苏轼这样的大家,也未能免俗。但是他也同时承认,由于约定俗成的关系,"承习胶固",这种用法已为人们所接受。这一方面可以推知当时文人创作中使用语典词的情况,另一方面也可以看出,即使是洪迈这样博学的学者,对于语典词产生的原因、规律及其修辞意义也不是完全理解。

近人对于语典词,也有一些值得注意的论述。

例如章太炎的《国故论衡·辨诗》:

然唐人喜造辞,近人或以为戒……若其明达雅故,善赴曲期,虽造辞则何害?不然,因缘绪言,巧作刻削,呼仲尼以"龙蹲",斥高祖以"隆准",指兄弟以"孔怀",称在位以"曾是",此虽原本经纬,非言而有物者矣。

又如黄侃的《文心雕龙札记·练字》:

然文人好尚,复有乖违,或是古而非今,或慕难而贱易,或崇雅而鄙俗,或趋奇而厌常,矫是四弊,亦恒有过其直者,斯用字所以愈益纷纭也。略举其族,盖有数焉:一者,字必夐长之书,训必《苍》《雅》所载,攀援之字,必写从艹,恒久常语,必改为烝尘,甚至摹经典者,弃子史之成文,拟《史》《汉》者,摈晋宋之代语。上自相如《封禅》摹拟《诗》《书》,下至近代文家步趋韩、柳,高低有判,为弊不殊。二者,文阻难运,彦和之说言,字贵易识,隐侯之卓识。而亭林顾君讥人舍恒用字而借古字之通用者为自盖其俚浅,亦沈、刘之意也;然人情见诡异而震惊,亦见平庸而厌鄙,故难易之宜,至今莫定,此如黾勉密勿,本是一言,黾勉习见,故密勿为难;差池柴虒,字义无二,以差池过常,则柴虒为贵,假令时人所行,虽逸籍亦成恒语,故三豕别风,举世莫之敢议,如时人所废,虽雅诂亦为奇侅,故《汉书》《庄子》,有时视为僻书,然则难易之分,徒以兴废为断耳。三者,易抚盘为推案,变脱帽为免冠,子玄所讥,于今未改。故饮茶或曰饮荈,垂脚或云危坐,驰铁道曰附轺车,乘轮舟曰附番舶,苟俗间所恒用,必须易以故言,纵令为实有殊,不复勘其名义……

又《文心雕龙札记·指瑕》:

案晋来用字有三弊:……三曰用典饰滥。呼征质曰周郑,谓霍乱为博陆,言食则糊口,道钱则孔方,称兄则孔怀,论宴则宴尔,求莫而用为求瘼,计偕而以为计阶,转相祖述,安施失所,比喻乖方,其亦彦和所云文浇之致弊也。

两位各自从文学批评的角度对中古时期的语典词的使用作了批评。值得指出的是,章太炎称"唐人喜造辞",当然是就唐人而言,实则这种行为,不仅汉魏六朝以来的作者乐此不疲,即唐以后的两宋,尤其是北宋,好之者也大有人在。黄侃所批评的是古非今、慕难贱易、崇雅鄙俗、趋奇厌常四弊,确是那个时代的事实,这也正是语典词大量产生的重要原因。

另外,吴金华先生《世说新语考释》一书中,也注意到了六朝时期的这一类词的特殊性。书中的"晚成"、"瞻送"、"克终"等条都属于语典词的例子。例如其"瞻送"条:

(谢公)后出为桓宣武司马,将发新亭,朝士咸出瞻送。(《排调》二六"谢公在东山"条)

"瞻送",送别。这也是晋宋之语,但辞书迄未收录。又如:

及丧下江陵,士女老幼皆临江瞻送,号哭尽哀。(《晋书》卷七四《桓冲传》)

庐陵内史周朗以正言得罪,锁付宁州,亲戚故人,无敢瞻送。(《宋书》卷五七《蔡兴宗传》)

旧本《宋书》原作"瞻送",中华书局标点本校改为"瞻送",可从。

六朝文人创用新词,大抵多有典故可据。效原送别谓之"瞻送",渊源很古:

燕燕于飞,差池其羽。之子于归,远送于野。瞻望弗及,泣涕如雨。(《诗经》卷二《邶风·燕燕》)

旧说这是春秋时代"卫庄姜送归妾"的诗歌,全诗共三章,上面是第一章,第二章有云:"之子于归,远于将之(郑玄笺:"将亦送也");瞻望弗及,伫立以泣。"第三章有云:"之子于归,远送于南;瞻望弗及,实劳我心。"其中的"远送"和"瞻望",在咏唱中反复出现,"瞻送"连文,显然取义于此。

文章指出"瞻送"一词所依据的是《诗经》,不仅有助于正确理解该词的意义,同时也为《宋书》的校勘提供了有力的旁证。更重要的是,文章指出"六朝人创用新词,大抵多有典故可据",这对于六朝词汇的研究,尤其是语典词的研究具有重要的指导意义。

化振红著《〈洛阳伽蓝记〉词汇研究》,也注意到了这类词的存在。他在谈到典故词的时候,列举了书中出现的来自《左传》、《周易》、《诗经》等书的语典词的例子。另外需要指出的是,该书在介绍《洛阳伽蓝记》中的文言词语时,有"雅言词语"一类,不过,从列举的例子来看,其书所谓的"雅言词语"主要是指沿用上古汉语典雅词语的部分,虽然其中有一小部分,确属语典词,但多数的词则并不具备本书所说的语典词的性质。

万久富的《〈宋书〉复音词研究》一书,对《宋书》中的复音词展开了系统的研究,其中"《宋书》复音词中的古语词"一节,对《宋书》复音词中来自古代经典的语词有所论述,其中对语典词也有所涉及,值得注意:

> 这里所说的古语词,是从复音词来源的角度来认识的,一是指那些在上古文献中习用的复音成分,在中古汉语中被继承下来,在结构上固定化,在意义上具有特定的涵义,包括了一般词汇学著作所划定的"传承词"和"古语词"。二是指典出于上古文献,在中古汉语中逐渐形成的双音成分,有的是割裂原典的两个语义不相连属的单音成分凝合而成,也有的是另造双音成分寄托原典的意义,还有缩略原来的多音成分成双音组合的,这三种情形的双音成分,具备了约定俗成的特殊内涵,属于"新造词"。具有古语和新词双重性质,是中古复音词中的特殊的一类,凸现了中古复音词发展的阶段性特征。在中古汉语,特别是书面语中俯拾皆是的,《宋书》中使用频率尤高,是中古汉语词汇特别是《宋书》复音词研究必须涉及的重要内容。这种古语词,有些学者从不同的角度称之为"成词"、"割裂词"、"缩略词"等。我们所说的古语词有别于学界的一般定义。张永言(1982)说:"词汇学上所说的古词,就是指那些仍然保存在语言里但是平常口语已经不用的旧词,它们所代表的概念已另有别的现代词来表示。"张振德等(1995)认为:"词汇学中通常所说的古语词,是指那些仍然保留在语言里的平常口语已经不用的旧词,这些旧词所表达的概念已由

相应的现代词来表达。"颜茂洽(1997)认为:"这里所说的承古词,指的是出现在先秦两汉文献典籍中的书面语词。"这些说法归纳起来有这样三层意思:一是古代文献中已使用过;二是当时口语中一般不用;三是当时口语中有与之相对应的同义词。显然这种界定与前面我们对《宋书》复音词中的古语词的界定有区别。一是我们强调的是复音词;二是有些复音词原型未出现在先秦,而是割裂融合而成的;三是这些复音古语词仍然活跃在六朝书面语乃至口语中;四是研究复音古语词,强调的是它的典据性质,如与《尚书》、《诗经》、《左传》、《易经》等经典文献有关联。普通意义上的承古词不在此列,如"太官"("御厨",秦汉已设)、"天子"、"小人"、"君子"、"司徒",等等。

文章接着着重对"在上古文献中有典故或根据,中古习用,意义或沿用,或有所发展,中古却(笔者按:"却"字疑为"后"字之印刷错误)逐渐消失"的一部分词语展开了具体的研究,共胪列了"登庸"、"不遑"、"崇朝"等 50 个词语,逐一对其典据、词义进行了考释。通过对《宋书》中这类词语的具体调查,作者总结了"古语词"的三个特点:

1. 典雅文章中,如:《武帝纪》载十二年《策》就出现了五分之一篇幅的古语词,如:滔天、薄伐、生民、虔刘、草偃、投袂、星言、来苏、赫然、风靡、黔首、九服、爰定、懵焉、百揆、稼穑、式遏,等等。《文帝纪》载元嘉二十六年《诏》有:追远、罔极、永言、聿宣、覃被、沾锡,等等。谢灵运《撰征赋》、《山居赋》,鲍照《河清颂序》也有很多。有一些出现在文人、士大夫的口语中,往往具有特殊含义,不是字面义的简单组合,意义较上古有所发展。

2. 复音古语词因为具有典据性质,内涵丰富,适量适体的运用,既可以节约篇幅,又可以使得行文简洁明了,增强表现力,表义更准确、更贴切,语言生动活泼,丰富多彩,是修辞的需要。

3. 复音古语词,既体现了汉语词汇的传承性,又反映了汉语词汇的创新性,是目前汉语词汇史研究中的薄弱环节,有待系统深入的研究。

文章中所提到的"古语词",在很大程度上相当于本书所说的"语典词"。这是目前为止笔者所见到的针对中古汉语语典词所作的有一定规模的具体的研究。文章指出了这类词语的部分成词方式以及某些表义特点,对这类词的修辞意义也有所认识。这一研究,可以让我们对语典词有一个初步的认识,当然,由于其语料只局限于《宋书》,因而很难从系统研究语典词的角度对其研究求全责备;不过文章认为对这类词语的研究是目前汉语词汇史研究中有待系统深入研究的薄弱环节,则确实是做过一番具体调查之后的真切认识。

2008年出版的唐子恒《汉语典故词散论》,从词汇学的角度对汉语的典故词语作了考察,对典故词语与典源的关系及其语音形式、语法构成、表义方式、词义的形成和发展演变等作了探讨,归纳了典故词语的部分特点与规律。这是新近推出的研究典故的一部重要著作。作者所说的"典故词语",是指用典形成的词语,即不论是属于事典还是语典,也不论是词还是短语。书中涉及到了一些语典词,但多数情况下是与事典词及具有典故性质的短语相提并论。还没有专门的章节从词的角度将语典所形成的词作为专题来讨论。

近年来围绕这一类词作深入研究的,有业师吴金华先生和朋友姚尧。

吴师先后于《语言研究》2007年第1期、《古汉语研究》2008年第2期发表了《略说古汉语复音词中的典故词》、《〈三国志〉双音节语典词散论》两篇专门讨论这一类词的文章,通过具体的例子,对这一类词的构词方式及表意特点,作了深入的分析。

姚尧在撰写其博士学位论文《〈公羊传〉语言研究》时,曾以本书的初稿作为其参考材料。该文有专门的章节,结合相关的语言学理论,对语典词(姚文称为"典故词")的表义特点作了阐释。

另外还有一些有关典故的论文,也有一些涉及语典词的内容,但这些论文或者重在从修辞学的角度作讨论,重在典故词语的又往往既不分事典和语典,也不作词与短语的区别,其中真正属语典词的例子也很有限,这里就不一一介绍了。

以上是前修时贤涉及到语典词的一般调查与研究。此外,前人还有针对某一类语典词的专门论述,即对由割裂而造成的语典词的局部研究。

北齐的颜之推是现在所知最早关注这种特殊形式的古代学者。他在《颜氏家训·文章》中说:

> 自古宏才博学,用事误者有矣。百家杂说,或有不同,书佚湮灭,后人不见,故未敢轻议之。……《诗》云"孔怀兄弟",孔,甚也;怀,思也,言甚可思也。陆机与长沙顾母书,述从祖弟士璜死,乃言:"痛心拔脑,有如孔怀。"心既痛矣,即为甚思,何故方言"有如"也?观其此意,当谓亲兄弟为"孔怀"。《诗》云"父母孔迩",而呼二亲为"孔迩",于义通乎?

在这段话里,颜之推对陆机的文章中语典词的用法提出了批评。他对于陆机书信中出现的"孔怀"一词用法的疑问,反映出他对语典词的某些特殊形成方式似乎难以理解。这是很值得注意的。因为颜之推的时代,正是语典词盛行之时,他的这种批评,至少说明了语典词的某些特殊的成词方式不能为当时所有的文人所接受。

唐代的文献中,虽然可以发现大量地通过割裂这种方式制造的语典词,但未见有相关的论述,这也许是因为对于唐人来说,这种形式已司空见惯。

宋代以后,随着语典词使用的逐渐消歇,人们对这种成词方式也渐渐产生了陌生而好奇的感觉。他们根据这些词的特点,取名为"歇后语",并因此而留下了不少研究札记。

北宋末年的洪刍,是现在所知最早将这种语典词称为"歇后语"的。洪刍字驹父,所著《洪驹父诗话》已佚。他关于"歇后语"的论述,见于后人的札记。如宋吴曾《能改斋漫录》卷八"友于"条:

  《洪驹父诗话》谓世以兄弟为"友于",子姓为"贻厥",歇后语也。

洪刍所谓的"歇后语",是指人们割裂经典中的"友于兄弟"、"贻厥子孙",取前面的"友于"、"贻厥"表示后面的"兄弟"、"子孙"。

洪迈的《容斋四笔》卷四"杜韩用歇后语"条,也对这一类词作了进一步的探讨:

  杜韩二公作诗,或用歇后语,如"凄其望吕葛"①、"山花山鸟吾友于"②、"友于皆挺拔"③、"再接再砺乃"④、"童仆诚自郐"⑤、"为尔惜居诸"⑥、"谁谓贻厥无基趾"⑦之类是已。

其中的歇后语,分别是"凄其",出自《诗经·邶风·绿衣》"凄其以风";"友于",出自《论语·为政》"友于兄弟";"砺乃",出自《尚书·费誓》"砺乃锋刃";"自郐",出自《左传·襄公二十九年》"自郐以下无讥焉";"居诸",出自《诗经·邶风·柏舟》"日居月诸";"贻厥",出自《尚书·五子之歌》"贻厥子孙"。

吴曾《能改斋漫录》卷八"友于"条,也有进一步的论述:

  《洪驹父诗话》谓世以兄弟为"友于",子姓为"贻厥",歇后语也。杜子美诗云"山鸟山花皆友于",子美未能免俗,何耶?

---

① 见杜甫《晚登瀼上堂》。
② 见杜甫《岳麓山道林二寺行》。
③ 见杜甫《奉赠太常张卿二十韵》。
④ 见韩愈、孟郊《斗鸡联句》。本句实为孟郊所作,洪适误系于韩愈。
⑤ 见韩愈、孟郊《秋雨联句》。
⑥ 见韩愈《符读书城南》。
⑦ 见韩愈《寄卢同》,今本作"岂谓贻厥无基址"。

> 予以为不然,按《南史》刘湛"友于素笃",《北史》李谧"事兄尽友于之诚",故陶渊明诗云"一欣侍温颜,再喜见友于",子美盖有所本耳。子美上太常张卿诗亦云"友于皆挺拔"。

有意思的是,杜甫用"友于"来表示"兄弟",原是避俗求雅的修辞所致,但洪刍身处北宋末年,已嫌其"未能免俗"。这从一个侧面反映出人们对语典词认识的历史变化。

王楙《野客丛书》卷二〇"诒厥友于等语"条,又在前人研究的基础上有所发现:

> 洪驹父云世谓兄弟为"友于",谓子孙为"诒厥",歇后语也。子美诗曰"山鸟幽花皆友于",退之诗曰"谁谓诒厥无基址",虽韩杜未能免俗。吴曾《漫录》乃引《南史》刘湛等"友于"之语,以证子美所用为有自。仆谓《漫录》所引未也。仆考诸史自东汉以来多有此语,曰"居诒厥之始",曰"友于之情愈厚",西汉未之闻也,知文气自东汉以来寖衰。不特是也,如言色斯、赫斯、则哲之类甚多。此语至入于诗中,用可见后世文气日不逮古如此。近时四六多以"爰立"对"具瞻"作宰相事用,所谓"爰立"者训"于是乎立"耳,不知所立者何事,而曰"即膺爰立之除,式副具瞻之望","除"即"立","瞻"即"望",头上安头,甚可笑也。仆又考之,曹氏命司马氏文曰"违兆庶具瞻之望",桓豁疏曰"愿陛下追收谬眷,则具瞻革望",魏晋人已有此谬。

这一条札记非常重要,不仅是因为作者在前人的基础上揭示了更多的歇后语例子,更因为它还透露出以下两方面的信息:一、通过对"友于"等词的历时调查,王楙得出了"东汉以来多有此语",而"西汉未之闻也"的结论。如果我们将这类的歇后语作为在一定程度上的语典词的代表的话,那么王楙可以说是较早明确认识到语典词发生时间上限的学者。二、从王楙将这类词的使用看作是东汉以来"文气""寖衰"的结果,尤其是将这种用法称为"谬"来看,身处南宋中期而博学有"讲书君"之称的王楙①,对这类词的使用者当初的求雅的修辞用意也颇不以为然。

金代的王若虚在其《滹南集》卷三三对歇后语也有所论述:

> 自东汉以来史传文集中往往以"贻厥"为子孙之名,"友于"为兄弟之名,至有谓"隆于友于""传诸贻厥"者,公然相袭,恬不知怪,近世或辨其缪矣。然不特此也,《书》称"知人则哲",而范晔云"则哲之鉴,惟帝所难",宋文帝云"吾无则哲之明",沈约云"有以见武皇之则哲"。《诗》称"王赫斯怒",而薛综上孙权疏云"抑雷霆之威,忍赫斯之怒",又有言"发赫斯之命"者。《论语》称"色斯举矣",左雄上疏有云"或因罪而引高,或色斯以求名"者,范文正《秋香亭赋》云"资土爰之正味",刘平等传引云"钟鼓非乐云之本",孔子曰"盍各言尔志",又曰"君子于其所不知,盖阙如也",梁简文论古今文体不同则有"俱为盍各"之辞;司马贞讥《史记》不传季札则有"何为盖阙"之语。呜呼!学者于义训幽深隐奥者,容有差误,至于此类,如辨白黑矣,而卤莽若是,其与蒙瞽何异哉!东坡诗云"圣善方当而立岁,乃翁已及古希年",此则滑稽以为嬉笑者耳,而《艺苑雌黄》与"友于"、"贻厥"同讥,过矣!

王若虚对于前人使用歇后语的动机也缺乏正确的认识,以至于将范晔、沈约等文章作手的精心之作视为等乎"蒙瞽"的"鲁莽"所为。与王楙相比,王若虚对于歇后语的批评有过之而无不及。

从洪刍、王楙到王若虚等人对歇后语的认识中,我们可以看出,到了宋、金时期,一定程度上可以作为语典词代表的歇后语所隐含的修辞意义已逐渐不能为后人所理解,这从一个侧面反映出,语典词确已进入了逐渐衰微的时期。

到了明代,杨慎的《丹铅余录》卷一四对于歇后语也有所论:

---

① 见《四库全书总目》卷一一八《野客丛书》提要。

文章有似歇后语处,如渊明诗"再喜见友于",《南史》到荩从武帝登楼赋诗,受诏即成,帝谓其祖覬曰:"荩实才子,却恐卿文章得无假手于贻厥乎?"又称兄弟为"在原"、"天属",称故乡为"维桑之里",称师曰"在三之义",称子曰"则百之祥",皆是类也。

方以智的《通雅·释诂》中,也有对"歇后"的论述:

　　渊明诗"再喜见友于",杜亦用之。《到荩传》"得毋假手于贻厥乎?"六朝用"盍各"、"则百"之语,皆歇后也。

与宋人的相比,杨慎和方以智除了增加了一些例子外,没有什么新的内容。他们虽然没有对这种现象提出批评,但他们将这种现象特意记录下来,也反映出当时的人们可能对这种现象已有了陌生的感觉。

清魏际瑞《伯子论文》①中也涉及到了这一类词语:

　　今俗人作古人地名官名之属,务称古号以为新别,而复多错谬,否则杜撰拈合:如称给事中为"给谏";状元官修撰者为"殿撰",三孤三公,保其一也,而通曰"宫保"。牵强支离,竟不成语,著于文章之内,真所谓金瓯玉盏盛狗矢也。又如"日居月诸","居"、"诸"乃语词,而称日月为"居诸";"刑于寡妻"、"友于兄弟","于"亦语词,而曰"刑于"、"友于"。司马迁、诸葛亮,复姓也,而曰"马迁"、"葛亮"。则古人先以不通,时俗又何足怪乎? 鄙背之远,不能不望于君子。

与上述王楸等人的观点相似,魏氏也同样对这类词不以为然。

　　在前人的基础上,对这一类词作的专门研究并详细说明它的成词规律的,那已是20世纪中叶的事情了。这方面的研究以陈望道、王力等学者为代表。

---

① 转引自《古汉语修辞学资料汇编》509页,文后注出自世楷堂《昭代丛书》乙集《伯子论文》,魏集有《魏伯子文集》,道光二十五年谢若庭绂园书塾重刊宁都三魏文集本。

陈望道的《修辞学发凡》,将古人曾使用的这种构词方式称之"藏词",并举例作了说明:

要用的词已见于熟习的成语,便把本词藏了,单将成语的别一部分用在话中来替代本词的,名叫藏词。例如成语中有:

（一）兄弟见于　　友于兄弟(《尚书·君陈》)
（二）孙字见于　　贻厥孙谋(《诗·文王有声》)
（三）黎民见于　　周余黎民(《诗·云汉》)
（四）日月见于　　日居月诸,胡迭而微。(《诗·柏舟》)
（五）祸福见于　　祸兮福所倚,福兮祸所伏。(《老子》第五十章)
（六）三十见于　　三十而立(《论语·为政》)

修辞的现象中就有:

（一）"友于"代"兄弟"——(例)一欣侍温颜,再喜见友于。(陶渊明《庚子岁从都还》诗)

（二）"贻厥"代"孙"——(例)(溉孙)荩早聪慧。……溉每和御诗,上辄手诏戏溉曰:"得无贻厥之力乎?"(《南史·到溉传》)

（三）"周余"代"黎民"——(例)慄慄周余,竟沈沦于涂炭。(《晋书》六十四论赞)

（四）"居诸"代"日月"——(例)岂不念旦夕,为尔惜居诸。(韩愈《符读书城南》诗)

（五）"倚伏"代"祸福"——(例)畔回冗其若兹兮,北叟颇识其倚伏。(班固《幽通赋》)

（六）"而立"代"三十"——(例)阿Q本来也是正人,我们虽然不知道他曾蒙什么明师指授过,但他对于"男女之大防"却历来非常严;也很有排斥异端——如小尼姑及假洋鬼子之类——的正气。……谁知道他将到而立之年,竟被小尼姑害得飘飘然了。(鲁迅《阿Q正传》)

这里"友于""贻厥""周余""居诸""倚伏""而立"便都可以称为藏词语。中间却也略有分别：如"友于""贻厥""周余"之类，本词都在后半截，话中藏了这个后半截的，可以称为"歇后藏词语"，就是前人说的"歇后语"；如"居诸""倚伏""而立"之类，本词在前半截，话中藏了这个前半截的，依照前例可以称为"抛前藏词语"，以前有人称为"藏头语"。

文章通过具体的例子，分析总结了"藏词"的成词规律及两种不同的成词形式。

王力的《汉语史稿》第六十一节《成语和典故》中也有所论及：

在汉语文学语言史上也曾经有过反动的潮流，就是尽量脱离人民口语而句句用典。文人所用的成语有时是割裂的，所用的典故有时是堆砌的。割裂成语的风气开始于六朝。举例来说，"于""也""而"等字本来是虚词，它们和实词结合不能构成名词性仂语、形容词性仂语等。但是，在六朝以后竟然有下列的这些成语：

1. "友于"，指兄弟或兄弟间的情谊：
陛下隆于友于，不忍遏绝。（《后汉书·史弼传》）
朱鲔涉血于友于。（《文选》丘迟《与陈伯之书》）
["涉血"，喋血。]

夏方盛彦，体至性以驰芬；庾衮颜含，笃友于而宣范。（《晋书·孝友传序》）

（这是仿用《论语·为政》"惟孝友于兄弟"而加以割裂。）①

2. "赤也"，指羊舌赤：
斯乃赤也所以去鲁，孟尝所以出秦。（萧统《七契》）

---

① 作者原注："曹植、陶潜、高适、杜甫等人的诗文中也都有'友于'，这是风气使然，我们不必为他们隐讳。"

(《左传》襄公三年有"赤也可"一句话)

3."而立",指"三十岁":

侍者方当而立岁。(苏轼诗)

(《论语·为政》有"三十而立,四十而不惑"的话)

后人谈到"夫唱妇随"叫做"刑于之化"(仿用《诗经·大雅·思齐》"刑于寡妻"[刑,法也。原来是"以礼法对待其妻"的意思]),谈到夫妻恩爱叫做"于飞之乐"(仿用《左传》庄公二十二年"凤凰于飞"),也都是不顾词的虚实,生硬割裂而成的。

另外一些割裂成语的例子,虽然不一定用虚词,但是,如果不知道它的出处,也就无从知道它所表达的是什么。例如:

在具瞻之地,自有国容;居无事之时,何劳武备?(《唐语林·政事上》)

嗟尔小子,亦克厥修。(《唐语林·文学》)

曝山椒之畏景,事等焚躯;起天际之油云,法同剪爪。(《剧谈录》)

在上面的句子里,用"具瞻"表示政治上崇高的地位,是取自《诗经·小雅·节南山》:"赫赫师尹,民具尔瞻";用"厥修"表示继承祖父的德行,是取自《诗经·大雅·文王》:"无念尔祖,聿修厥德";用"油云"表示兴起的云朵,是取自《孟子·梁惠王》:"天油然作云"。这一些从古人语句中重点割取而成的"成语",虽然不含虚词,但它也和"友于"之类一样,两者都是不合语法的,更是不会为人民大众所接受的。

文章举"友于"等为例,论述了由割裂而形成的语典词的一些特点。不过由于时代的原因,作者批评这种语言现象是"不合语法的,更是不会为人民大众所接受的"。从语言学研究的角度来看,作为一种曾在本民族历史上存在了千年之久,为当时的知识分子广泛使用,并因此而产生了大量词语的独特的构词方式,它本身已成为了汉语词汇学、修辞学乃至整个汉语史的一个重要组成部分,将它作为汉语史中一个客观存在的研究对象,对它作全面客观的调查,并进而研究其规律,也应该属于汉语史研究的一个内容。

李维琦的《修辞学》,论及"藏词"时说:

> 藏词以掌握习熟语为条件,而习熟语对于古代文人来说,限于少数几部儒家经典。如果对《诗》、《书》、《论》、《孟》这些书不熟悉,若使用藏词法修辞,人家便莫知所云。所以古人的藏词法有很大的局限性,为历代留心语言使用的人所非难。以"友于"称兄弟,"贻厥"称子孙,"则哲"称知人,"色斯"称荐举,事理上确实是说不通的,藏词唯一的积极作用是在避免直露,在说(写)听(读)双方都掌握了同样习熟语的情况下,用藏词法开开玩笑,逗逗乐趣,便无可指责。

作者肯定了"藏词"有避免直露的修辞作用,同时也认为它有很大的局限性。

常棣、蔡镜浩的《文言修辞概要》,论及"割裂与省称"时说:

> 古代有将现成词语、字句加以割裂使用的修辞现象。这种表达方式往往会使语意不明,但有时它又有一定的修辞作用。它主要有割裂语句、割裂专名、析字析数等三个类型。

其中与语典词有关的是第一类,文章接着通过具体的例子予以说明:

> (一)割裂古书中的语句。
>
> 此类大都是将《尚书》、《诗经》、《论语》等儒家经典中的语句割裂使用,也有割裂其他古籍的。例如:
>
> 1. 一欣侍温颜,再喜见友于。(陶潜《庚子岁从都还》)
> 2. 愿言之怀,良不可任。(曹丕《与朝歌令吴质书》)
> 3. 发赫斯之怒。(《后汉书·曹节传》)
> 4. 搴要其为誓,子升笑曰:"但知劳于便是,何劳旦旦!"(《北史·孙搴传》)
> 5. 君匪从流,臣进逆耳。(萧统《文选序》)

6. 居诸不息,寒暑推移。(梁简文帝《善觉寺碑铭》)

以上各例,1割裂《尚书·君陈》"惟孝友于兄弟"中之"友于",表示"兄弟"之意。2割裂《诗经·二子乘舟》"愿言思子,中心养之"中的"愿言",表示"思子"之意。3割裂《诗经·皇矣》"皇赫斯怒,爰整其旅"中的"赫斯",表示"王",4割裂《诗经·氓》"信誓旦旦"中之"旦旦",表示"信誓"。5割裂《左传·成公八年》"从善如流"中之"从"、"流"合成一词,表示"从善如流";割裂《孔子家语·六本》"忠言逆耳而利于行"中之"逆耳"表示"忠言"。6割裂《诗经·邶风·柏舟》"日居月诸,胡迭而微"中之"居、诸",表示"日、月"。

割裂是毫无准则的。或割取前两字,表示其后的语意,如例12(也叫"歇后藏词");或割取后两字,表示其前的语意,如例34(也叫"抛前藏词");或摘取首尾两字,表示整个语句的意思,如例5"从流"。有的甚至隔句摘取。如将《诗经·行苇》"戚戚兄弟,莫远具尔",割裂下句之"具尔",表示上句之"兄弟";将《诗经·蓼莪》"无父何怙?无母何恃?"两句各摘一字,用"怙恃"表示"父母"。有的语意还要引申。如"居诸",例6表示"日、月",但又可以表示"光阴、时间"(见韩愈《符读书城南》)。又有各人割裂不同的语句,表示同一意思的,如"友于"、"具尔"、"孔怀"(《诗经·常棣》:"兄弟孔怀")均表示"兄弟"。

这种表达方式在魏晋南北朝时比较流行,当时就有人对此进行指责,后来也有人批评。但流风所及,后代仍有人偶尔运用。其中有少数割裂用语,如"而立"表示三十岁,"不惑"表示四十岁(《论语·为政》:"三十而立,四十不惑……"),"贻厥"表示孙子(《诗经·文王有声》:"贻厥孙谋"),以及"友于"、"从流"、"居诸"等,由于使用较广,为人们所习见,而进入文言词汇之列。这类割裂都是书面语,有典雅庄重的修辞色彩,有时可以适应押韵的需要,有时可以起变换词语的作用(如例4,上文有"为誓",下文用"旦旦"可免重复)。

作者认为这种表达方式往往会使语意不明,实际上,对于当时通过这种表达方式来交流的人们来说,写作与阅读的双方都对所据以割裂的经典文本非常熟悉,因此产生这种情况的可能性应该是很小的;不过,同时作者也指出,这类词汇具有典雅庄重的修辞色彩,在前人的基础上有所推进,这是值得肯定的。

也许是因为通过截割而形成的新词,具有较为别致的词形,很容易引起了研究者的注意,从北齐的颜之推到当代的学者,对这类特殊的词语做了不少调查研究的工作,仰赖他们的研究,我们对于这类特殊的词语有了一个基本的了解。

除了上述这些研究以外,前人关于语典词还有一项重要的工作值得介绍,那就是对语典词的搜集与编辑。从现存文献来看,至少唐代人已有意识对语典词作搜集编纂的工作,这方面的代表主要是一些为文学创作而编纂的类书,例如《初学记》、《白氏六帖》之类。这些类书都辑录了不少来自先秦经典的语典词,也都注意揭示其典源。值得我们注意的是,作者所辑录的这些语典词,随着唐以来文献的佚亡,有不少今天已难以在传世的文献中找到用例。从这个意义上讲,这些类书中所记录的语典词,对于我们全面了解中古时期语典词的具体情况具有特殊的材料价值。

唐代以后,这种性质的类书的编纂仍代不乏人。其中较有代表性的如宋代的《事类赋》、清代的《佩文韵府》、《骈字类编》等。

除了这些类书以外,现代编纂的收录汉语词汇的大型辞书,如《大汉和辞典》、《中文大辞典》和《辞源》、《汉语大辞典》也在前人的基础上收录了大量语典词。此外,还有一些有关典故的辞书,对这一类词也有所收录。不过,总的说来,这些有关典故的辞书,一般都偏重于事典,所收录的语典词也还是很有限。

以上所介绍的各个时期的研究者所留下的涉及语典词的研

究,以及前人对于语典词的搜集工作,是我们今天作进一步全面系统研究所必须关注并尽量借鉴的。这些有关语典词的研究与搜集的成果,其数量总的来说还有限,论述大多零碎粗浅,材料也谈不上全面。不过,有限的成果也意味着在这个专题上还有着较大的研究空间,我们希望能在前人研究的基础上,努力将语典词的研究向前推进。

第二章 语典词的产生与发展

语言是社会的产物。社会的发展总是使语言的诸因素呈现出新的气象,其中表现最为充分的便是词汇。中国古代自汉武帝开始,历代统治者将儒家思想作为其统治的主要思想基础,儒家经典因此成为了读书人尤其是有志于从政的读书人接受教育的核心内容。儒家思想的这一统治地位的确立,对此后中国社会文化的各个方面的发展产生了深远的影响。作为中古汉语词汇的一部分,语典词的产生、发展大致反映了这一社会变化对于词汇演变的具体影响。

儒家经典在传统教育体制中核心地位的确立,为语典词的产生与使用提供了必要的前提条件,而中古时期的文学的演变发展,人们对于文学语言的不同理解与追求,对于语典词的发展起着重要的决定作用。

第一节 汉武帝以来的传统教育

汉武帝以来所推行的独尊儒术的治国及教育方针,为语典词的产生提供了前提条件。

汉朝初年,特别是经过了著名的"文景之治"之后,当政者依靠清静无为的黄老治国思想,逐渐去除了秦朝苛政引起的凋敝,治愈了战争带来的创伤,使社会经济获得了长足的发展,到了汉武帝的时代,"京师之钱累巨万,贯朽而不可校;太仓之粟陈陈相因,充溢露积于外,至腐败不可食"①。但是,强调"无为"的黄老思想,虽然在恢复经济方面获得了巨大的成功,但其姑息妥协的一面,也使汉政府的统治面临着新的挑战。尤其是内部贵族官僚甚至大地主等势力膨胀,外部匈奴不停侵掠,都给中央政权带来了威胁。这使得汉朝政府必须考虑采用更强有力的集权统治,以改变原本由"无为而治"而形成的软弱妥协的局面。汉朝政府为这种统治政策的改革所寻找的理论基础便是儒家的思想体系,因为与其他学说相比,当时的儒家学说更适合于加强中央集权,巩固封建大一统的需要。

汉武帝在即位之初,便开始推行其罢黜百家、独尊儒术的新政治措施。建元五年春,汉朝始"置五经博士"②。所谓的"五经",就是儒家的《诗经》、《尚书》、《周礼》、《周易》、《春秋》等五部重要经典。博士的职责是教授、课试,或奉使、议政。朝廷设立五经博士,以及稍后董仲舒著名的"天人三策"的发表,标志着儒家学说已开始成为官方统治的思想基础。

除了设立五经博士外,武帝还通过开设太学、为博士置弟子员以及完善察举制度等措施来进一步强化儒家思想在政治思想中的地位。无论是太学的教育,还是察举的标准,儒家思想都是最关键的内容。

武帝时开始设立的太学,实际上是一所专门传授儒家经典的国立学校。两汉太学中先后设立博士的经学共有十四家,它们分别是"鲁诗"、"齐诗"、"韩诗"、"欧阳书"、"大夏侯书"、"小夏侯书"、"大戴礼"、"小戴礼"、"施氏易"、"孟氏易"、"梁邱易"、"京氏易"、"严氏公羊"、"颜氏公羊"等。

---

① 见《史记·平准书》。
② 见《汉书·武帝纪》。

除了在中央设立太学以外，汉朝还逐步在郡国甚至郡国以下的各级行政单位设立地方官学。不过，所有的官学入学都有一定的条件，因此，很多读书人选择以私学的方式完成学业，但无论是官学还是私学，其基本的教育都围绕着儒家的经典展开，所有的受教育者都必须熟读儒家经典，才能在政治上获得出路。正如班固在《汉书·儒林传赞》说的那样：

> 自武帝立五经博士，开弟子员，设科射策，劝以官禄，讫于元始，百有余年，传业者寖盛，支叶蕃滋，一经说至百余万言，大师众至千余人，盖禄利之路然也。

这一种"独尊儒术"的文教制度，进入东汉之后，又得到了一定程度的加强，并最终奠定了中国传统教育的基础。这种制度一直为后来的历代王朝所沿用，由此带来的结果是，在受教育者的知识背景中，儒家经典成为了极其重要的核心内容。这一种局面对于语典词的产生和流行提供了不可或缺的条件。

第二节　语典词的发端

人们通过使用语典词来达到使文词典雅的修辞效果，这种情况至迟在西汉末年便已开始出现。出现这种情形不外乎两个方面的原因：

一、儒家经典教育的普及

西汉末年时，从武帝时开始的"独尊儒术"的政策推行了一百多年，儒家经典已为一般受教育者所熟知，成为了受教育者共同的知识背景，这使得语典词的产生与使用具备了必要的条件。

二、尚古求雅的文风

这种风气的形成，两汉之交是一个关键。

我们知道，王莽虽然建立了名之为"新"的政权，却实施了大量恢复古制的行为。他对汉朝原有的政治、经济、文化等方面实行了一系列的改制。例如在官制与官名的改易方面,早在王莽封安汉公辅政之后,就据《尚书·尧典》设羲和官,到了始建国元年称"真皇帝"后,他更是依据《尚书》、《周礼》等儒家经典中相关记载,对官制与官名作了大量的改易。从王莽改制的具体内容来看,他的这一系列行为都是在恢复古制的思想指导下实施的。而王莽的这种复古思想,在他的诏书行文也有一定程度上的体现,那便是使用源自古代经典的词语。我们看《汉书·王莽传中》所记载的这份诏书:

予前在大麓,至于摄假,深惟汉氏三七之厄,赤德气尽,思索广求所以辅刘延期之术,靡所不用。

其中的"大麓",出自《尚书·舜典》:

纳于百揆,百揆时叙;宾于四门,四门穆穆;纳于大麓,烈风雷雨弗迷。

"大麓"原意不过是大山丛林,"纳于百揆"、"宾于四门"、"纳于大麓"是尧准备禅位给舜前对舜所做的三重考验,王莽据此,将"大麓"作为其所任的大司马宰衡的代名词①。当然,王莽通过使用"大麓"这一语典词,主要是想委婉地将自己与舜并提,以暗示自己代汉自立的性质等同于舜受禅于尧,从修辞的角度看,客观上也起到了使文词典雅的效果。

王莽的恢复古制的改制活动,虽然以失败告终,但是,这种复古的风气,却在一定程度上影响了这一时期的文人的创作。例如这一时期最著名的文学家扬雄,便是一个典型的例子。他的复古倾向,不仅表现在其模仿《周易》写作《太玄》,模仿《论语》写作《法言》上,也表现在其文章中使用不少渊源于先秦经典的语典词

---

① 颜师古注:"大麓者,谓为大司马宰衡时。妄引'舜纳于大麓,烈风雷雨不迷也。'"

方面。

如《国三老箴》:

> 负乘覆餗,奸宼侏张。(《文选》卷二五刘琨《答卢谌诗》李善注引)

其中的"负乘"、"覆餗"都属于语典词。"负乘"来自《周易·解》六三"负且乘,致寇至"(见前文),后来便作为语典词,表示处非其位的意思。"覆餗"来自《周易·鼎》九四"鼎折足,覆公餗",原表示鼎因不堪其容而折断了鼎足,倾覆了其中的食物。后来作为语典词,表示任职者不堪其任的意思。

而在《剧秦美新》中,还有更多的用例,如:

> 臣伏惟陛下以至圣之德,龙兴登庸,钦明尚古,作民父母,为天下主。

其中的"登庸"、"钦明",都属于语典词,分别出自《尚书·尧典》中"畴咨若时登庸"以及"钦明文思安安"。"登庸"原只是选拔任用之意,在这里已变成了登上帝位的代称。"钦明"则原是称颂尧的词语,扬雄使用这两个词语的心理应该与上面所举王莽使用"大麓"的心理异曲而同工。又如:

> 来仪之鸟,肉角之兽,狙犷而不臻。

其中的"来仪",也是语典词,出自《尚书·益稷》"箫韶九成,凤皇来仪",作者在这里使用的是截割的方式,截取"来仪",以表示凤凰。又如:

> 厥被风濡化者,京师沈潜,甸内匜洽,侯卫厉揭,要荒濯沐。

其中的"厉揭",也是语典词,出自《诗经·邶风·匏有苦叶》"深则厉,浅则揭"。这里是以"厉揭"来形容受风化影响的程度不同。

值得注意的是,扬雄的《剧秦美新》是对王莽新朝的阿谀奉承之作,按理说,进入东汉之后,这样的文章应该遭到唾弃才是,可实际的情况恰恰相反,扬雄的这一篇文章在后来广为传诵,在东汉时甚至被当时人认为是文章的典范。出现这样的情况，恐怕是因为当时的人们以这种古雅的文章风格为时尚的结果。

论及语典词的萌芽时期，不能不提到扬雄之后东汉时期的另一位重要作家，那就是班固。班固对扬雄的文风很推崇，曾步扬雄的后尘，在其所写的与《剧秦美新》类似的文章《典引》中，通过大量使用语典词以追求典雅的效果。在序文中班固说明了写作此文的原因与动机：

> 臣固言，永平十七年，臣与贾逵傅毅杜矩展隆郗萌等，召诣云龙门，小黄门赵宣持《秦始皇本纪》问臣等曰："太史迁下赞语中，宁有非耶？"臣对："此赞贾谊《过秦篇》云：'向使子婴有庸主之才，仅得中佐，秦之社稷未宜绝也。'此言非是。"即召臣入，问："本闻此论非耶？将见问意开寤耶？"臣具对素闻知状，诏因曰："司马迁著书成一家之言，扬名后世，至以身陷刑之故，反微文刺讥，贬损当世，非谊士也。司马相如浮行无节，但有浮华之辞，不周于用，至于疾病而遗忠，主上求取其书，竟得颂述功德，言封禅事，忠臣效也。至是贤迁远矣。"臣固常刻诵圣论，昭明好恶，不遗微细，缘事断谊，动有规矩，虽仲尼之因史见意，亦无以加。臣固被学最旧，受恩浸深，诚思毕力竭情，昊天罔极。臣固顿首顿首。伏惟相如《封禅》，靡而不典；扬雄《美新》，典而亡实。然皆游扬后世，垂为旧式。臣固才朽不及前人，盖咏云门者难为音，观隋和者难为珍。不胜区区，窃作《典引》一篇，虽不足雍容明盛万分之一，犹启发愤满，觉悟童蒙，光扬大汉，轶声前代，然后退入沟壑，死而不朽。臣固愚戆，顿首顿首。

从这段序文来看，班固之所以要写《典引》，一个重要的原因是因为在他看来，司马相如的《封禅文》以及扬雄的《剧秦美新》两篇文章都没有达到最高的境界。前者虽然是忠臣之作，但"靡而不典"，铺张过甚而欠缺典雅；而后者则"典而亡实"，虽然考虑到了典雅,但由于是歌颂王莽的新朝,因而其内容不过是不符实际情况的吹捧。仔细品味班固对两位前辈作家的相关作品的评价,不难体会出他对典雅风格的重视程度。他的《典引》在用词上充分体现了对这种风格的追求:

> 太极之元,两仪始分,烟烟煴煴。有沈而奥,有浮而清,沈浮交错,庶类混成。肇命民主,五德初始,同于草昧。玄混之中,踰绳越契,寂寥而亡诏者,系不得而缀也。厥有氏号,绍天阐绎,莫不开元于太昊皇初之首。上哉夐乎,其书犹得而修也。亚斯之代,通变神化,函光而未曜。
>
> 若夫上稽乾则,降承龙翼,而炳诸典谟,以冠德卓绝者,莫崇乎陶唐。陶唐舍胤而禅有虞,有虞亦命夏后。稷、契熙载,越成汤、武,股肱既周,天乃归功元首,将授汉刘,俾其承三季之荒末,值亢龙之灾孽。县象暗而恒文乖,彝伦斁而旧章缺,故先命玄圣,使缀学立制,宏亮洪业,表相祖宗,赞扬迪哲,备哉粲烂,真神明之式也。虽皋、夔、衡、旦密勿之辅,比兹褊矣。是以高、光二圣,宸居其域,时至气动,乃龙见渊跃。拊翼而未举,则威灵纷纭,海内云蒸,雷动电燡,胡缢莽分,尚不荏其诛。然后钦若上下,恭揖群后,正位度宗,有于德不台渊穆之让,靡号师矢敦奋执之容。盖以膺当天之正统,受克让之归运,蓄炎上之烈精,蕴孔佐之弘陈云尔。洋洋乎若德,帝者之上仪,诰誓所不及已。铺观二代洪纤之度,其赜可探也。并开迹于一匮,同受侯甸之服,奕世勤民,以方伯统牧,乘其命赐彤弧黄钺之威,用讨韦、顾、黎、崇之不恪。至于参五华夏,京迁镐、亳,遂自北面。虎螭其师,革灭天邑,是故谊士华而不敦,《武》称未尽,《护》有渐德,不其然欤?然犹于穆猗那,翕纯皦绎,以崇严祖考,殷荐宗配帝,发祥流庆,对越天地者,乌奕乎千载,岂不克自神明哉!诞略有常,审言行于篇籍,光藻朗而不渝耳。矧夫赫赫圣汉,巍巍唐基,沂测其源,乃先孕虞育夏,甄殷

陶周,然后宣二祖之重光,袭四宗之缉熙,神灵日照,光被六幽,仁风翔乎海表,威灵行乎鬼区,匪亡回而不泯,微胡琐而不颐。故夫显定三才,昭登之绩匪尧不兴;铺闻遗策,在下之训匪汉不弘。厥道至于经纬乾坤,出入三光,外运浑元,内沾豪芒,性类循理,品物咸亨,其已久矣。盛哉皇家帝世,德臣列辟,功君百王,荣镜宇宙,尊亡与亢,乃始虔巩劳谦,兢兢业业。贬成抑定,不敢论制作,至于迁正黜色宾监之事,涣扬宇内。而礼官儒林纯用笃诲之士,不传祖宗之仿佛,虽云优慎,无乃蒽与!于是三事岳收之寮,佥尔而进曰:"陛下仰监唐典,中述祖则,俯蹈宗轨,躬奉天经,惇睦辨章之化洽,巡靖黎蒸,怀保鳏寡之惠浃,燔瘗县沈,肃祇群神之礼备。是以来仪集羽族于观魏,肉角驯毛宗于外圉,扰缁文皓质于郊,升黄辉采鳞于沼,甘露宵零于丰草,三足轩舊于茂树。若乃嘉谷灵草,奇兽神禽,应图合牒,穷祥极瑞者,朝夕坰牧,日月邦畿,卓荦乎方州,羡溢乎要荒。昔姬有素雉、朱乌、玄秬、黄蓼之事耳,君臣动色,左右相趋,济济翼翼,峨峨如也。盖用昭明寅畏,承聿怀之福,亦以宠灵文武,贻燕后昆,覆以懿铄,岂其为身而有颛辞也?若然受之,亦宜勤恁旅力,以充厥道,启恭馆之金縢,御东序之秘宝,以流其占。夫图书亮章,天哲也;孔繇先命,圣孚也;体行德本,正性也;逢吉丁辰,景命也。顺命以创制,因定以和神。答三灵之蕃祉,展放唐之明文,兹事体大而允,寤寐次于圣心,瞻前顾后,岂蔑清庙、惮敕天命也?伊考自遂古,乃降戾爰兹,作者七十有四人,有不俾而假素,罔光度而遗章,今其如台而独阙也。是时圣上固已垂精游神,苞举艺文,屡访群儒,俞咨故老,与之斟酌道德之渊源,肴核仁谊之林薮,以望元符之臻焉。既感群后之说辞,又悉经五繇之硕虑矣,将骈万嗣,扬洪辉,奋景炎,扇遗风,播芳烈,久而愈新,用而不竭,汪汪乎丕天之大律,其畴能亘之哉!唐哉皇哉,皇哉唐哉!"

第二章 语典词的产生与发展

在这一篇与司马相如《封禅文》及扬雄《剧秦美新》同样属于有关"符命"的文章中①,"被学最旧"的班固,"毕力竭情",分别使用了下列渊源自先秦经典的词语以达到典雅的修辞效果:

1. 庶类。出《国语·郑语》:"夏禹能平水土,以品处庶类者也。"
2. 混成。出《老子》:"有物混成,先天地生。"
3. 草昧。出《周易·屯》:"天造草昧,宜建侯而不宁。"
4. 熙载。出《尚书·舜典》:"有能奋庸熙帝之载?"
5. 股肱。出《尚书·益稷》:"臣作朕股肱耳目。"
6. 元首。出《尚书·益稷》:"股肱喜哉!元首起哉!百工熙哉!"
7. 三季。出《国语·晋语一》:"虽当三季之王,不亦可乎?"
8. 亢龙。出《周易·乾》:"上九:亢龙有悔。"
9. 县象。即"悬象",出《周易·系辞上》:"悬象著明,莫大乎日月。"
10. 彝伦。出《尚书·洪范》:"帝乃震怒,不畀洪范九畴,彝伦攸斁。"
11. 玄圣。出《庄子·天道》:"以此处下,玄圣素王之道也。"
12. 迪喆。即"迪哲",出《尚书·无逸》:"自殷王中宗及高宗,及祖甲,及我周文王,兹四人迪哲。"
13. 密勿。通"黾勉",出《诗经·小雅·十月之交》:"黾勉从事,不敢告劳。"《汉书·刘向传》引其诗作:"密勿从事,不敢告劳。"
14. 龙见。出《周易·乾》:"见龙在田,利见大人。"
15. 渊跃。出《周易·乾》:"或跃在渊,无咎。"
16. 钦若。出《尚书·尧典》:"乃命羲和,钦若昊天,历象日月星辰,敬授民时。"

---

① 《文选》卷四八"符命"类收入了这三篇文章。

17. 克让。出《尚书·尧典》:"允恭克让。"
18. 炎上。出《尚书·洪范》:"火曰炎上。"
19. 一匮。通"一篑",出《论语·子罕》:"譬如为山,未成一篑,止,吾止也。"
20. 天邑。出《尚书·多士》:"肆予敢求尔于天邑商。"
21. 于穆。出《诗经·周颂·清庙》:"于穆清庙,肃雍显相。"
22. 猗那。出《诗经·商颂·那》:"猗与那与,置我鞉鼓。"
23. 翕纯。出《论语·八佾》:"乐其可知也:始作,翕如也;从之,纯如也,皦如也,绎如也,以成。"
24. 皦绎。出《论语·八佾》:"乐其可知也:始作,翕如也;从之,纯如也,皦如也,绎如也,以成。"
25. 殷荐。出《周易·豫》:"先王以作乐崇德。殷荐之上帝。以配祖考。"
26. 对越。出《诗经·周颂·清庙》:"对越在天,骏奔走在庙。"
27. 神明。出《周易·系辞上》:"圣人以此斋戒,以神明其德。"
28. 重光。出《尚书·顾命》:"昔君文王武王,宣重光。"
29. 缉熙。出《诗经·大雅·文王》:"穆穆文王,于缉熙敬止。"
30. 海表。出《尚书·立政》:"方行天下,至于海表。"
31. 鬼区。相当于"鬼方",出《诗经·大雅·荡》:"内奰于中国,覃及鬼方。"
32. 三才。出《周易·说卦》:"兼三才而两之。"
33. 昭登。通"昭升",出《尚书·文侯之命》:"父义和,丕显文武,克慎明德,昭升于上,敷闻于下。"
34. 铺闻。通"敷闻",出《尚书·文侯之命》:"父义和,丕显文武,克慎明德,昭升于上,敷闻于下。"

35. 在下。出《诗经·大雅·大明》:"明明在下,赫赫在上。"
36. 劳谦。出《周易·谦》:"劳谦君子,有终吉。"
37. 三事。出《尚书·立政》:"任人、准夫、牧,作三事。"
38. 岳牧。出《尚书·周官》:"内有百揆四岳,外有州牧侯伯。"
39. 天经。出《孝经》:"夫孝,天之经也。"
40. 惇睦。出《尚书·皋陶谟》:"惇叙九族。"以及《尚书·尧典》:"以亲九族,九族既睦。"
41. 辨章。通"平章",出《尚书·尧典》:"平章百姓,百姓昭明。"
42. 怀保。出《尚书·无逸》:"怀保小民,惠鲜鳏寡。"
43. 鳏寡。出《尚书·无逸》:"怀保小民,惠鲜鳏寡。"
44. 来仪。出《尚书·益稷》:"箫韶九成,凤皇来仪。"
45. 丰草。出《诗经·小雅·湛露》:"湛湛露斯,在彼丰草。"
46. 轩翥。出《楚辞·远游》:"雌蜺便娟以增挠兮,鸾鸟轩翥而翔飞。"
47. 坰牧。出《尔雅·释地》:"邑外谓之郊,郊外谓之牧,牧外谓之林,林外谓之坰。"
48. 邦畿。出《诗经·商颂·玄鸟》:"邦畿千里,维民所止。"
49. 济济。出《诗经·大雅·棫朴》:"济济辟王,左右奉璋。奉璋峨峨,髦士攸宜。"
50. 翼翼。出《诗经·大雅·大明》:"惟此文王,小心翼翼。"
51. 峨峨。出《诗经·大雅·棫朴》:"济济辟王,左右奉璋。奉璋峨峨,髦士攸宜。"
52. 昭明。出《尚书·尧典》:"百姓昭明,协和万邦。"
53. 寅畏。出《尚书·无逸》:"严恭寅畏,天命自度。"
54. 聿怀。出《诗经·大雅·大明》:"昭事上帝,聿怀多福。"
55. 宠灵。出《左传·昭公七年》:"今君若步玉趾,辱见寡君,宠灵楚国。"

56. 贻燕。出《诗经·大雅·文王有声》："贻厥孙谋,以燕翼子。"

57. 后昆。出《尚书·仲虺之诰》："以礼制心,垂裕后昆。"

58. 懿铄。出《尔雅·释诂》："懿、铄,美也。"

59. 金縢。出《尚书·金縢》："公归,乃纳册于金縢之匮中。"

60. 东序。出《尚书·顾命》："大玉、夷玉、天球、河图,在东序。"

61. 蕃祉。出《左传·昭公二十年》："其所以蕃祉老寿者,为信君使也。"

62. 寤寐。出《诗经·周南·关雎》："窈窕淑女,寤寐求之。"

63. 遂古。出《楚辞·天问》："遂古之初,谁传道之。"

64. 降戾。出《国语·周语下》："古者,天灾降戾,于是乎量资币,权轻重,以振救民。"

65. 如台。出《尚书·汤誓》："夏罪其如台。"

《典引》的正文,字数不过1300多字,这65个本自先秦经典的词,就占了其中的10%,由此可见班固是何等的刻意经营。这种在文章中通过大量运用本自先秦经典中的语词以追求典雅的修辞效果的做法,必然会导致我们所说的语典词的产生。就拿班固的这篇文章来说,其中的"龙见"、"渊跃"、"天邑"、"猗那"、"翕纯"、"来仪"、"贻燕",已可以看作我们所说的语典词。从这几个词可以看出,班固在运用本自先秦经典的词语的时候,已不满足于直接使用经典中现成的词,他或者赋予旧词(短语)以新的意义,如"天邑"(原指天子都邑,班文直接作为"商"的代名词)、"来仪"(原指凤凰来舞且有仪容,班文直接作为"凤凰"的代名词),或者干脆直接利用经典的文本创造新词,如"龙见"、"渊跃"、"猗那"、"翕纯"、"贻燕"。

刘勰在《文心雕龙·才略》中谈到两汉作家时,曾这样说道:"然自卿渊已前,多俊才而不课学;雄向以后,颇引书以助文。"他的意思当然可能主要是指刘向、扬雄文章中有直接引用经书的成分，也就是说，从刘向、扬雄等开始，作家们注意借助经书来写作文章。不过，除了那些直接引用的文句外，使用来自经典的"语典词"，未尝不可以看成是"引书以助文"的另一种方式。

扬雄、班固是汉代杰出的文学家，他们创作的作品，自面世以来，一直是后代作家模仿学习的对象。他们在作品中使用语典词的做法，对于后世语典词的创造与使用，无疑有着积极的推动作用。

第三节 语典词的盛行

两汉之交萌芽的这种通过使用语典词而使文章典雅的修辞方式，逐渐盛行而成为一时的风尚，应该是从东汉末期以后的事情了。

三国时期，虽然战争频繁，社会局势动荡不安，但述作之事未曾稍息，其中尤以曹魏一方为盛。以曹氏父子及建安七子为代表的创作者，为我们留下了大量的作品。其中有不少文章出现了语典词的用例。下面以这些重要作家为例，来说明当时文人刻意使用语典词的情况。

1. 曹操

作为三国时期重要的政治人物，曹操不仅"外定武功"，还"内兴文学"①，一方面，他利用自己的政治地位，为建安时期的文学发展提供了一个较为稳定的外部环境；另一方面，他还身体力行，创作了大量诗文，成为建安风骨的倡导者，他所创作的散文，直抒胸臆的同时，也不乏文采，表现之一便是使用本自先秦经典的语

---

① 见《三国志·魏志·荀彧传》注引《彧别传》。

典词。

例如《三国志·魏志·武帝纪》载曹操修学令：

  其令郡国各修文学，县满五百户置校官，选其乡之俊造而教学之。

其中的"俊造"出自《礼记·王制》：

  司徒论选士之秀者而升之学，曰俊士。升于司徒者不征于乡，升于学者不征于司徒，曰造士。

又如《魏志·武帝纪》注引《褒赏令》：

  奉命东征，屯次乡里，北望贵土，乃心陵墓，裁致薄奠，公其尚飨！

其中的"乃心"，出自《尚书·康诰》："虽尔身在外，乃心罔不在王室。"《尚书》中"乃心"之意不过是"你的心"的意思，而在曹操的文章中则是怀念、心系的意思，其性质已由名词而转为了动词。

2. 曹丕

陈寿在《魏志·文帝纪》中称赞曹丕"天资文藻，下笔成章，博闻强识，才艺兼该"，从曹丕创作的文学作品来看，陈寿的评价不能算是溢美。他在文学理论与创作两方面都达到了很高的境界。在其著名的文学批评著作《典论·论文》中，曹丕认为不同的文体应有不同的修辞，并明确指出"奏议宜雅"，认为像奏议这样用于朝廷庙堂的文章，必须体现典雅的修辞风格。他的这一类文章中所使用的语典词，正是他的文学主张的一个具体表现。

例如《魏志·任城威王传》载文帝诏：

  先王之道，庸勋亲亲，并建母弟，开国承家，故能藩屏大宗，御侮厌难。

其中的"庸勋"、"亲亲"均出自《左传·僖公二十四年》："庸勋、亲亲、昵近、尊贤，德之大者也。""藩屏"出自《左传·定公四年》："选建明德，以藩屏周。""御侮"出自《左传·僖公二十四年》："其怀柔天下也，犹惧有外侮，捍御侮者，莫如亲亲，故以亲屏周。"

又如《魏志·邓哀王冲传》注引《魏书》载文帝策：

　　昔皇天钟美于尔躬，俾聪哲之才成于弱年，当永享显祚，克成厥终，如何不禄，早世殒昏！

其中的"不禄"，出自《礼记·曲礼下》："寿考曰卒，短折曰不禄。"曹冲年十三而病死，"不禄"正是根据《礼记》之文称其夭折。而"早世"出自《左传·昭公三年》："则又无禄，早世殒命，寡人失望。""殒昏"则出自《左传·昭公十九年》："寡君之二三臣，札瘥殒昏。"杜预注："短折曰殒，未名曰昏。"

又如《吴志·孙权传》载九锡文：

　　以君绥安东南，纲纪江外，民夷安业，无或携贰，是用锡君大辂、戎辂各一，玄牡二驷。

其中的"纲纪"出自《诗经·大雅·棫朴》："勉勉我王，纲纪四方。""携贰"出自《国语·周语上》："其刑矫诬，百姓携贰，明神不蠲。"

3. 曹植

曹植"年十岁余，诵读诗论及辞赋数十万言"①，又具有杰出的文学天才。三曹之中，以曹植的文章使用语典词的倾向最为明显。其语典词用例不胜枚举，这里只选取其中较有代表性的例子作一说明。例如《庆文帝受禅章》：

　　陛下以圣德龙飞，顺天革命，允答神符，诞作民主。乃祖先后，积德累仁，世济其美，以暨于先王。王勤恤民隐，劬劳戮力，以除其害，经营四方，不遑启处，是用隆兹福庆，光启于魏。陛下承统，缵戎前绪，克广德音，绥静内外，绍先周之旧迹，袭文武之懿德，保大定功，海内为一，岂不休哉！（《艺文类聚》卷一三）

其中的双音节语典词有：

---

① 见《三国志·魏志·陈思王传》。

1. 龙飞（《周易·乾》："飞龙在天,利见大人。"）
2. 顺天（《周易·革》："天地革而四时成,汤武革命,顺乎天而应乎人。"）
3. 革命（同上）
4. 民主（《尚书·多方》："天惟时求民主,乃大降显休命于成汤。"）
5. 劬劳（《诗经·小雅·鸿雁》："之子于征,劬劳于野。"）
6. 戮力（《左传·成公十三年》："昔逮我献公,及穆公相好,戮力同心。"）
7. 缵戎（《诗经·大雅·烝民》："缵戎祖考,王躬是保。"）
8. 德音（《诗经·豳风·狼跋》："公孙硕肤,德音不瑕。"）
9. 保大（《左传·宣公十二年》："夫武,禁暴、戢兵、保大、定功、安民、和众、丰财者也。"）
10. 定功（同上）

因为是祝贺文帝的文章,曹植可以说极尽了典雅之能事,几乎是无一句不用典。

曹氏父子以其显赫的政治地位及卓越的文学才能,成为了建安时期的文坛领袖,他们的创作对于当时的文风有着很大的影响力。三曹以外的其他作家,如建安七子的文章中,也同样有着不少使用语典词的例子。

例如《后汉书·何进传》载陈琳谏何进召外兵：

> 夫违经合道,天人所顺,而反委释利器,更征外助,大兵聚会,强者为雄,所谓倒持干戈,授人以柄,功必不成,只为乱阶。

其中的"利器",来自《老子》："国之利器,不可以示人。"这里表示权柄。"乱阶"来自《诗经·小雅·巧言》："无拳无勇,职为乱阶。"这里表示祸端。

又如三国魏阮瑀《为曹公作书与孙权》：

> 古者兵交,使在其中,愿仁君及孤虚心回意,以应诗人补

衮之叹,而慎《周易》牵复之义。(《文选》卷四二)

其中的"补衮",出自《诗经·大雅·烝民》:"衮职有阙,维仲山甫补之。"这里表示重修旧好之义。"牵复"出自《周易·小畜》九二:"牵复,吉。"这里表示重新回到正道,亦即重修旧好之义。

这个时期,有关语典词的使用,还有一位重要的作家,那便是潘勖。《文心雕龙·才略》称"潘勖凭经以骋才,故绝群于锡命",刘勰所说的"凭经以骋才",应该包含了潘勖善于使用来自经书的语典词这一点。我们看《三国志·魏志·武帝纪》载潘勖所作《册魏公九锡文》,文章通篇充斥着来自经典的语词。这里仅举其中"九锡"一段文字,以略作说明:

> 以君经纬礼律,为民轨仪,使安职业,无或迁志,是用锡君大辂、戎辂各一,玄牡二驷;君劝分务本,穑人昏作,粟帛滞积,大业惟兴,是用锡君衮冕之服,赤舄副焉;君敦尚谦让,俾民兴行,少长有礼,上下咸和,是用锡君轩县之乐,六佾之舞;君翼宣风化,爰发四方,远人革面,华夏充实,是用锡君朱户以居;君研其明哲,思帝所难,官才任贤,群善必举,是用锡君纳陛以登;君秉国之钧,正色处中,纤毫之恶,靡不抑退,是用锡君虎贲之士三百人;君纠虔天刑,章厥有罪,犯关干纪,莫不诛殛,是用锡君鈇钺各一;君龙骧虎视,旁眺八维,掩讨逆节,折冲四海,是用锡君彤弓一,彤矢百,玈弓十,玈矢千;君以温恭为基,孝友为德,明允笃诚,感于朕思,是用锡君秬鬯一卣,圭瓒副焉。

其中具有语典词性质的,分别有以下词语:

1. 轨仪。出《国语·周语下》:"帅象禹之功,度之于轨仪。"

2. 劝分。出《左传·僖公二十一年》:"修城郭,贬食,省用,务穑,劝分,此其务也。"

3. 昏作。出《尚书·盘庚上》:"惰农自安,不昏作劳。"

4. 兴行。出《孝经》:"先王见教之可以化民也,是故先之以博爱,而民莫遗其亲;陈之以德义,而民兴行。"

5. 爰发。出《诗经·大雅·烝民》:"赋政于外,四方爰发。"

6. 革面。出《周易·革》:"君子豹变,小人革面。"

7. 所难。出《尚书·皋陶谟》:"皋陶曰:'都在知人,在安民。'禹曰:'吁,咸若时,惟帝其难之。'"

8. 犯关。出《左传·襄公十三年》:"干国之纪,犯门斩关。"

9. 干纪。出《左传·襄公十三年》:"干国之纪,犯门斩关。"

从以上的例子可以看出,从东汉以来开始出现的使用语典词的写作手段,到了三国时期有了进一步的发展,已演变成了一种普遍的风尚。

这种风尚,随着六朝时期对文学形式方面的片面追求而愈演愈烈。六朝时期的文学发展,一个主要的表现便是形式主义文学的兴盛。基本收录了这一时期文学代表作的文学总集《文选》,其编者梁代萧统在阐述自己的选文的标准时说:

> 至于记事之史,系年之书,所以褒贬是非,纪别异同,方之篇翰,亦已不同,若其赞论之综缉辞采,序述之错比文华,事出于沈思,义归乎翰藻,故与夫篇什,杂而集之。(《文选序》)

据此可知,当日的文学对形式的尊崇。而隋代李谔对形式主义文风的严厉批评,更反映出了当时这种风气的极端表现:

> 降及后代,风教渐落,魏之三祖,更尚文词,忽君人之大道,好雕虫之小艺。下之从上,有同影响,竞骋文华,遂成风俗。江左齐梁,其弊弥甚,贵贱贤愚,唯务吟咏,遂复遗理存异,寻虚逐微,竞一韵之奇,争一字之巧。

萧统坚持"事出于沈思,义归乎藻翰"的选文标准,体现出了当时的人们对文学技巧的推崇;而李谔所批评的"竞一韵之奇,争一字之巧",更反映出了人们对于形式的近乎病态的追求。而在文章中大量使用语典词,正是这种形式主义文风的一个具体表现。

此外,六朝时期贵族阶层的意识也对语典词的使用有促进作用。进入六朝以后,门阀的讲究,使统治者的贵族意识得到进一步加强。这种意识主要体现在贵族们努力从社会生活的各个方面拉开与平民之间的距离。衣食住行方面,固然可以通过"熏衣剃面,傅粉施朱,驾长檐车,蹑高齿屐,坐棊子方褥,凭斑丝隐囊,列器玩于左右,从容出入,望若神仙"①,以示不同凡俗;而在文化方面,若能通过写作体现出非一般平民所受的经典教育背景,则是这种贵族意识的更高境界。而在文章中使用渊源自先秦经典的语典词,也许正可以看作是这种意识的一个具体表现。语典词的使用,前提是作者和读者双方必须对作为语典词渊源的经典都烂熟于心,这意味着双方必须是受过良好的文化教育的人,而有条件接受这种经典教育的人,多数是士族子弟,于是语典词的使用,一定程度上成为了贵族们独有的文化专利,这正符合他们的的贵族心理。于是,从六朝时期开始,语典词的使用进入了全盛的时期。这方面的情况,从本文论述具体的语典词所引用的六朝文献中可以清楚地看出,这里就不作具体的介绍了。

这种形式主义的文风,即使到了隋唐乃至北宋的时代,虽然有像隋代李谔这样的人予以猛烈抨击,且有唐宋韩愈、柳宗元、欧阳修、苏轼等文学家先后掀起所谓的"古文运动",但流风所及,好之者仍代不乏人。就语典词的使用而言,即如上述韩、柳、欧、苏锐意革新者,其为人称诵的名篇,多抒写自己真情,确自出机杼,唯陈言之务去,语典词的使用不是很多,但其身为朝廷命官,所制庙堂文字,则往往使用语典词以示典雅庄重。这里以上述四人为个案,各以三例为限,略作说明。

1. 韩愈

例如《为裴相公让官表》:

陛下恕臣之罪,怜臣之心,拔居侍从之中,遂掌丝纶之重。

---

① 见《颜氏家训·勉学》。

其中的"丝纶",出自《礼记·缁衣》"王言如丝,其出如纶",这里表示皇帝的诏书。所谓"遂掌丝纶之重"是指裴度知制诰之职①。

又如《为韦相公让官表》:

> 伏奉今日制命,以臣为尚书右丞同中书门下平章事……常以盈满自诫,方思退处里间,何意恩泽益深,猥令超参鼎铉,窃自惟度,实不堪任。

其中的"鼎铉",出自《周易·鼎》六五爻辞"鼎黄耳金铉",铉本指举鼎之器,孔颖达正义称"铉,所以贯鼎而举之也"。这里指上文"为尚书右丞同中书门下平章事",相当于宰相之职。

又如《皇帝即位降赦贺观察使状》:

> 圣上以继明之初,垂惟新之泽。

其中的"继明",出自《周易·离》"象曰:明两作离,大人以继明照于四方"。这里指皇帝即位。

2. 柳宗元

例如《礼部为百官上尊号表》:

> 以为帝德广运,而尊号犹阙;郊庙备礼,而祝嘏无词,凡百兢怀,华夏属望。

其中的"凡百",出自《诗经·小雅·雨无正》"凡百君子,各敬尔身",郑玄笺"凡百君子,谓众在位者"。这里用作"凡百君子"的省称。

又如《贺践祚表》:

> 遏密之中,施雨露以被物;遐迩之地,睹日月之继明。

其中的"遏密",出自《尚书·舜典》"帝乃殂落,百姓如丧考妣,三载,四海遏密八音"。原指禁绝音乐,这里表示为逝世的帝王守丧之意。又"继明"也是语典词,说见上韩愈例。

又如《礼部贺改永贞元年表》:

---

① 见《旧唐书·裴度传》。

　　　　伏奉今日诰,今月九日册皇帝,改贞元二十一年为永贞元
　　年,自贞元二十一年八月五日昧爽以前,应犯死罪,特降从流;
　　流已下递降一等者,宝命方始,圣历用彰,载宣临照之明,遂施
　　涣汗之泽。

其中的"涣汗",出自《周易·涣》九五爻辞"涣汗其大号",孔颖达疏"人遇险阨惊怖而劳,则汗从体出,故以汗喻险阨也。九五处尊履正,在号令之中,能行号令以散险阨者也"。这里指大赦。

　　3. 欧阳修

　　例如《谢宣召入翰林状》:

　　　　而自出守外藩,近遭家祸,苟存余喘,复齿周行,风波流落
　　者十年,天日再瞻于双阙。

其中的"周行",出自《诗经·周南·卷耳》"嗟我怀人,置彼周行",毛传解此称"行,列也。思君子,官贤人,置周之列位"。这里是指京官。

　　又如《谢国学解地启》:

　　　　所以乐育群材,并赞郁乎之化;润色鸿业,协畅炳然之风。

其中的"郁乎",出自《论语·八佾》"周监于二代,郁郁乎文哉",邢昺疏"郁郁,文章貌"。欧阳修将"郁郁乎"省称作"郁乎",指文治。又其中的"炳然",出自《周易·革》九五象辞"大人虎变,其文炳也",孔颖达正义"其文炳者,义取文章炳著也","炳"本指虎皮的色彩斑烂,《周易》喻指王者创制立法的文章之美。这里的"炳然",即取其义。

　　又如《又谢两府书》:

　　　　此者叨膺圣选,俾贰枢庭。涣命已行,循涯匪称。

其中的"涣命",出自《周易·涣》九五爻辞"涣汗其大号",原指帝王号令如人出汗不可复收。这里即以"涣命"指帝王诏令。

　　4. 苏轼

　　例如《贺明堂赦书第一表》:

　　　　将推作解之仁,必在当郊之岁。

其中的"作解",出自《周易·解》象辞"雷雨作,解。君子以赦过宥

罪"。这里即以"作解"表示赦过宥罪之义。

又如《谢兼侍读第二表》：

> 虽仰恃天日之照，实常负冰渊之虞。

其中的"冰渊"，出自《诗经·小雅·小旻》"如临深渊，如履薄冰"。这里表示小心恐惧之意。

又如《谢除两职守礼部尚书表》：

> 伏蒙圣恩，除臣端明殿学士兼翰林侍读学士守礼部尚书者。……窃惟以殿命官，本缘麟趾之旧；因时修废，近正金华之名。

其中的"麟趾"，出自《诗经·周南·麟之趾》"麟之趾，振振公子"。这里喻指才德之士。

由这些例子可以看出，韩愈等作家的作品中也不乏使用语典词的例子。唐宋八大家的其他几位作家也大多与之相似。从文学史的角度来看，这些作家都是竭力创新之辈，开创了文学创作尤其是散文写作的新局面，但当这些作家在创作具有典雅庄重特点的文章时，语典词的使用仍然是其修辞手段之一。强调创新的唐宋八大家尚且如此，这一时期其他作家的情况也就可想而知了。像王禹偁、杨亿等北宋初期文坛的领袖，他们在创作中很重视语典词的使用，翻开他们的《小畜集》、《武夷新集》，其骈文中的语典词几乎触目皆是。王、杨的人品文才，在北宋时深受人们的推崇，关于他们的文风对于当时文坛的影响，黄庭坚的诗说得很清楚："元之如砥柱，大年若霜鹘。王杨立本朝，与世作郛郭。"（《次韵杨明叔见饯十首其七》）

第四节　语典词的衰微

语典词从南宋后半期开始逐渐进入衰微的态势。根据笔者的调查,这主要体现在现存的这一时期的文献中,与此前相比,已很少能看到有新的语典词产生;相反,此前广泛使用的语典词,在这一时期的文献中有很多已消声匿迹。另外,从两宋时的人们对于某些语典词的认识的不同,也可以看出这种趋势。

本书第一章回顾前人对由"割裂"而形成的语典词的研究时,列举了北宋洪刍、南宋吴曾、王楙等人对这一类词的不同认识。其中王楙的观点最值得注意。他认为这种词的使用是"文气日不逮古"的体现,甚至径称其为"谬"。据此可以看出,到了南宋宁宗的时代,至少像王楙这样博学的人对于这一类最具有语典词特点的词已经很不以为然。

南宋时这一变化的发生,其原因却应推溯至北宋乃至唐代。虽然由上节的论述可以看出,像唐宋八大家这样的作家还在某些特定的文体中使用一些语典词,不过,在这些作家创作的其他抒写自己真实情怀的代表作中,语典词的使用确已不如六朝时期的作品那么频繁。北宋陈师道在论及北宋文风变化时说:

> 国初士大夫,例能四六,然用散语与故事尔。杨文公笔力豪赡,体亦多变,而不脱唐末与五代之气,又喜用古语,以切对为工,乃进士赋体耳。欧阳少师始以文体为对属,又善叙事,不用故事陈言,而文益高,次退之云。(《后山集》卷二三)

现在看欧阳修的文章,即使是那些讲求骈偶的庙堂文字,虽然如上所述,确有一些用语典词的篇章,但也有大量几乎不用典的篇目。随着这种文风的转变,宋初作家所喜用的"古语"渐渐不为文人所重。到了南宋的时候,理学逐渐风行,理学家们普遍重道轻文的倾向,对于文人的创作也产生了重要的影响。这一时期,除了庙堂文字中我们仍可以看到一些使用语典词的情况,在当时人创作的其他文体中,使用语典词的情况已不常见。

元、明两代,文人使用语典词的情况与南宋时期相比,显得更少,束书不观的风气,四六骈俪的消歇,大概是其中较为重要的原因。不过,到了清代,随着学术风气的转变,文人使用语典词的情况略有增加。即使是朴学家的文章,也能看到这样的例子。例如段玉裁在《十三经注疏释文校勘记序》中,在叙述阮元校勘十三经的经历时,这样写道:

    会居家读礼,数年乃后卒业。

其中的"读礼",本自《礼记·曲礼下》:"居丧未葬,读丧礼;既葬礼。"在这里是指阮元在浙江巡抚任上,因嘉庆十年父亲去世,解职回扬州老家为父亲守丧三年这一情节。

  文人作品中偶而也出现一些语典词,这方面比较典型的如蒲松龄的《聊斋志异》,例如《聊斋志异·胡四姐》:

    我今名列仙籍,本不应再履尘世,但感君情,特报撤瑟之期。可早处分后事,亦勿悲悦,妾当度君为鬼仙,亦无苦也。

其中的"撤瑟",来自《仪礼·既夕礼》:"有疾,疾者齐,养者皆齐,彻琴瑟。""彻"同"撤"。作者在这里用"撤瑟"作为语典词,表示死亡。但这样的用例也还毕竟是少数,与南宋以前的人们竞相使用的盛况相比,已不可同日而语。

  前面说过,语典词的产生和使用,前提是儒家经典必须是受教育者共同的知识背景。"五四"运动以后,随着以"四书五经"为代表的儒家经典淡出历史舞台,语典词也失去了赖以生存的基础,进一步走向了衰微。不过,衰微并不意味着彻底的绝迹,有少量的语典词突破了时间的限制,在现代汉语词汇中依然担任着不可或缺的角色。例如"乔迁"(出自《诗经·小雅·伐木》"迁于乔木")、"观光"(出自《周易·观》"观国之光")之类,这样的词有着独特的含义,从语用与修辞的角度,我们很难在现代汉语词汇中找出一个可以完全替代它的新词。

第三章 语典词的来源

作为语典词的来源,儒家经典占了其中的主要组成部分。其中尤以《诗经》、《周易》、《尚书》为最,其余如《左传》、《论语》、《礼记》、《孝经》等也产生了不少语典词。儒家经书以外,其他如《老子》、《庄子》等书,因为在六朝隋唐时期有着重要的地位,因此也成为了部分语典词的源头。以下举例介绍这些经典中产生语典词的情况,对其中《诗经》、《周易》、《尚书》等三部主要的经典产生语典词的特点,谈一点初步的认识。

第一节 《诗　经》

《诗经》三百篇,自从问世以来,便被人们作为明志的手段,在社交应对及文章创作中引用,这就是所谓的"诗言志"或"赋诗明志"。孔子曾告诫自己的儿子:"不学诗,无以言。"① 刘勰在谈到这种现象时说:"春秋观志,讽诵旧章,酬酢以为宾荣,吐纳而成文。"② 在言谈或文章中引用《诗经》的诗句以示讽谕,在先秦两汉的典籍可以找到大量的例子。即以《左传》而言,书中除记载了大量春秋时代人在言谈中引《诗经》的事实以外,在那些以"仲尼曰"、

---

① 《论语·季氏》。
② 《文心雕龙·明诗》。

"君子曰"的口吻写成的议论性质的段落中,也有不少引用《诗经》的情况存在。先秦两汉时期这种通过引用《诗经》来提起话题或帮助论证的修辞手段,从东汉开始,有了新的发展。东汉以来,由于《诗经》传授的普及,于是在文人们的文章中,不仅保留了那种直接引用《诗经》语句的方式,同时还产生了大量的源自《诗经》的语典词。

来自《诗经》的语典词,数量众多,其成词形式多种多样。以下分几个方面,分别对《诗经》语典词的一些特殊情况作介绍。

一、来自《诗经》的语典词中,有一部分直接由《诗经》的篇名构成。这些由篇名形成的语典词,其词义与篇名所代表的诗篇的主旨相关。

由于东汉以来毛诗的盛行,而毛诗对于每一篇的主旨都有一个概括性的小序,因此,东汉尤其是魏晋以后的人们,在赋予这些由《诗经》篇名而形成的语典词以意义的时候,毛诗的诗序往往起了决定性的作用。

[例一] 葛覃

《周南·葛覃序》:

"葛覃,后妃之本也。后妃在父母家,则志在于女功之事,躬俭节用,服澣濯之衣,尊敬师傅,则可以归安父母,化天下以妇道也。"

后人根据诗序的内容,将"葛覃"作为语典词,多形容后妃的勤俭恭顺的美德,后来也用于一般妇女,并不专指后妃。例如南朝陈徐陵《孝义寺碑》:

慈训太后,德佐初九,道晖上六,居天上天中之极,处太任太姒之尊,苹藻之化斯深,葛覃之风弥远。(《艺文类聚》卷七七)

又如北魏《魏故世宗宣武皇帝第一贵嫔夫人司马氏墓志铭》:

第三章 语典词的来源

夫人攸归遵止,能成百两之礼;潮服常清①,弗失葛覃之训。(《汉魏南北朝墓志汇编·北魏》)

[例二] 甘棠

《召南·甘棠序》:

甘棠,美召伯也。召伯之教,明于南国。

后人根据诗序,用"甘棠"来歌颂统治者的政教之美。例如《后汉书·东平宪王苍传》载苍谏表:

臣知车驾今出,事从约省,所过吏人风诵甘棠之德。

又如晋成公绥《魏相国舞阳宣文侯司马公诔》:

仁济宇内,威摄外荒。流惠零南,齐美甘棠。(《艺文类聚》卷四五)

又如北魏《持节督泾州诸军事征虏将军泾州刺史齐郡王墓志铭》:

惠化神行,道风潜被。德礼实宣,刑政虚设。方当钟绿竹于卫川,绍甘棠于燕境。(《汉魏南北朝墓志汇编·北魏》)

我们在调查源自《诗经》篇名的语典词时发现,由于有些诗篇的毛诗序包含了多方面的内容,因此,古人在赋予这些诗篇篇名形成的语典词以意义的时候,往往各取其中的某一方面的内容,这样就造成了由同一个诗歌篇名形成的语典词,具有不止一个的意思。这是很值得我们注意的现象。下列前两个例子,充分地说明了这一点。

[例一] 考盘

《卫风·考盘序》:

考盘,刺庄公也。不能继先公之业,使贤者退而穷处。

后人根据诗序,用"考盘"表示君主不能用贤之义。例如《魏书·广陵王羽传》载高祖言:

---

① "潮"当是"澣"形近之讹。说见本书有关语典词与古籍校勘的部分。

然朕识乏知人,不能使朝绝素餐之讥,野无考盘之刺,夙宵寤寐,载怀怵惕。

也有人据此将"考盘"用作表示隐居之义的语典词。例如《晋书·杜夷传》载王敦上疏:

(杜)夷清虚冲淡,与俗异轨,考盘空谷,肥遁匿迹。

又如南朝宋谢惠连《陇西行》:

谁能守静,弃华辞荣。穷谷是处,考盘是营。千金不回,百代传名。(《艺文类聚》卷四一)

又如南朝梁裴子野《刘虬碑》:

筑室皋壤,考盘郭郭。坐卧山樊,啸歌林薄。亲致甘旨,躬飡上药,优哉游哉,且以行乐。(《艺文类聚》卷三七)

也有人直接以"考盘"表示隐居的贤士。例如《晋书·刘聪载记》载侍中卜乾谏:

陛下方隆武宣之化,欲使幽谷无考盘,奈何一旦先诛忠良,将何以垂之于后?

又如《宋书·宗炳传》载刘裕下书:

吾忝大宠,思延贤彦,而兔罝潜处,考盘未臻,侧席丘园,良增虚伫。

[例二] 伐檀

《魏风·伐檀序》:

伐檀,刺贪也。在位贪鄙,无功而受禄,君子不得仕进尔。

后人据此,有将"伐檀"作为讥刺尸位素餐的贪鄙者的语典词。例如唐张说《为建安王让羽林卫大将军兼检校司宾卿》:

伏乞特回睠鉴,更择贤能,俾朝兴薪槱之歌,臣免伐檀之刺。(《张燕公集》卷一四)

又如唐柳宗元《代广南节度使谢出镇表》:

实由臣不称职,使此艰患,伐檀兴议,负乘招讥,常怀覆𫗧之虞,敢望专征之寄。(《柳河东集》卷三八)

又如南宋周必大《辞免复奉札子》：

　　臣猥以匪才，过尸荣禄，伐檀之刺，每愧于中。(《文忠集》卷一二八)

也有人根据诗序中所提到的"君子不得仕进"的字样，用"伐檀"表示在野的贤人。例如晋葛洪《抱朴子外篇·审举》：

　　犹复不能免诗人兴大车素餐之刺，山林无伐檀兔罝之贤，况举之无非才之罪，受之无负乘之患。

又如唐白居易《读史五首》其二：

　　山林少羁鞅，世路多艰阻。寄谢伐檀人，慎勿嗟穷处。(《白氏长庆集》卷二)

又如北宋宋祁《皇太后躬谒清庙赋》：

　　奥若朝多吉士，位靡瘝官，乃承乃弼，为屏为翰，薪有苋棫，河无伐檀，此则圣后备陶姚则哲之难也。(《景文集》卷一)

[例三] 凯风

《邶风·凯风序》：

　　凯风，美孝子也。卫之淫风流行，虽有七子之母，犹不能安其室，故美七子能尽其孝道，以慰其母心而成其志尔。

后人根据诗序，将"凯风"作为形容或歌颂子女孝顺的语典词。例如《后汉书·东平宪王苍传》载章帝赐苍及琅邪王京书：

　　今送光烈皇后假紒帛巾各一及衣一箧，可时奉瞻，以慰凯风寒泉之思。

又如《汉敦煌长史武斑碑》：

　　孝深凯风，志洁羔羊。(《隶释》卷六)

又如北魏《魏故贵华恭夫人(王普贤)墓志铭》：

　　夫人既蹈祖考之淳懿，禀婉嫕之英姿，淑妙绝拟，机明瞻识，端行清韶，从容柔靖，爱敬深凯风之美，敦顺单常棣之华。(《汉魏南北朝墓志汇编·北魏》)

[例四] 关雎

《周南·关雎序》：

>关雎，后妃之德也，风之始也，所以风天下而正夫妇也。

中古时期的人们根据此序之义，用"关雎"来形容后妃的美德。例如《后汉书·光烈阴皇后纪》载建武十七年诏：

>皇后怀执怨怼，数违教令，不能抚循它子，训长异室，宫闱之内，若见鹰鹯，既无关雎之德，而有吕霍之风，岂可托以幼孤，恭承明祀。

二、来自《诗经》中起兴部分文字的语典词，所表达的意思往往是诗篇的主旨。

[例一] 沼沚

《召南·采蘩》：

>于以采蘩，于沼于沚。

诗序：

>采蘩，夫人不失职也。夫人可以奉祭祀，则不失职矣。

后以"沼沚"表示夫人不失职。例如南朝齐谢朓《敬皇后哀册文》：

>光华沼沚，荣曜中谷。敬始絺绤，教先種稑。（《艺文类聚》卷一五）

如《唐大诏令集》卷二六《奉天皇帝哀册文》：

>百两比肩，四教盈耳。不艺珩佩，能循沼沚。

[例二] 鹈梁

《曹风·候人》：

>维鹈在梁，不濡其翼。

郑玄笺：

>鹈在梁，当濡其翼，而不濡者，非其常也，以喻小人在朝，亦非其常。

后人据此用"鹈梁"作为语典词，表示在其位而不称职。例如南朝宋傅亮《征思赋》：

>逢休明之余佑，托菲薄于末晖，既致戒于皇幄，亦彼已于

宰闹,伤鹈梁以载扬,咏伐檀而屡思。(《艺文类聚》卷五九)
又如北宋扬亿《代资政侍郎让表》:

> 方尘鳌岛之资,深冒鹈梁之刺,遽参禅于大政,获陪贰于中枢,智类挈瓶,惟虞于覆悚,任当补衮,莫劾于弥纶。(《武夷新集》卷一五)

第二节 《周易》

《周易》一书,由于属卜筮之书,因此虽有秦朝焚书之举,其传授未曾停绝。在西汉有施雠、孟喜、梁邱、京房四家今文易学,都曾立于学官;民间又有费氏易、高氏易传授。东汉时马融、荀爽等传费氏易,郑玄则结合京房易与费氏易,所作注在汉末为说易者所宗。魏晋时期,玄学盛行。其间的一流人物王弼曾以老庄之说解释《周易》,受到了当时人的极力推崇,在南朝被立于学官。此外,像何晏、钟会、刘邵、嵇康、阮籍等也都喜欢谈易,当时都各有著作面世。隋代以后,随着上述其他各家的易注逐渐亡佚,王弼注更是取得了一尊的地位。

在玄学风行的时代,《周易》无疑是极其重要的经典,因此,在这个时代,因《周易》而产生出大量的语典词,也是非常自然的事情。来自《周易》的语典词,大致说来具有以下几个特点:

一、《周易》中的语典词,有相当一部分来自于其《象辞》,其意义往往与《象辞》中的解释性内容有关。

我们知道,《象辞》主要是解释卦辞及爻辞的。这种解释性的文字很容易被后人直接利用来创造语典词。

［例一］屯膏:

《屯》九五:

> 屯其膏,小贞吉,大贞凶。《象》曰:"屯其膏",施未光也。

后人利用《象辞》的解释,节缩出"屯膏"一词,来表示"施未光",即恩惠未遍施的意思。例如唐独孤及《荥土龙文》:

> 天道下济,龙德正中,宜甘其雨,亦祥其风。日岁与时,俾和而丰。胡然屯膏,物乃珍瘁。(《毘陵集》卷一九)

又如北宋王禹偁《赐天下酺五日诏》:

> 勅古者禁诸群饮,所以节用而丰财,赐以大酺,所以布德而施惠。禁之或慢,则糜谷滋多,赐之不行,则屯膏是叹。(《小畜集》卷二七)

又如北宋苏轼《奏户部拘收度牒状》:

> 臣忝备禁从,受恩至深,不忍小臣惑误执政,屯膏反汗,亏污圣德,惜毫毛之费,致丘山之损。(《东坡全集》卷五七)

[例二] 革面:

《周易·革》上六《象辞》:

> 小人革面,顺以从君也。

后人截取"革面",表示顺从、归服之义。例如《三国志·魏志·武帝纪》载《九锡文》:

> 君翼宣风化,爰发四方,远人革面,华夏充实,是用锡君朱户以居。

又如《梁书·元帝纪》载萧绎答群臣劝进表:

> 今淮海长鲸,虽云授首;襄阳短狐,未全革面,太平玉烛,尔乃议之。

又如北宋宋庠《乞毁弃元昊僭伪文移札子》:

> 元昊自知罪重,固无革面怀音之志,必将妄作符令,吠尧诟天,传入边疆,污染民听。(《元宪集》卷三一)

二、来自《周易》的语典词,往往围绕着某一卦爻之义,而形成一个组系。

例如《屯》卦,其《彖辞》称:

> 屯,刚柔始交而难生,动乎险中,大亨贞。雷雨之动满盈,

天造草昧,宜建侯而不宁。

后人利用《屯》卦中所含有的"难"、"险"之义,将其爻辞中与"屯"字相关的内容,通过各种方式组成了如下一系列带有艰难困顿之义的语典词。

1. 屯难

这是利用上述《象辞》的内容而制成的语典词,表示艰难之义。例如《晋书·刘曜载记》:

> (刘)胤虽少离屯难,流踬殊荒,而风骨俊茂,爽朗卓然。

又如《宋书·谢灵运传》载谢灵运《撰征赋》:

> 民志应而愿税,国屯难而思抚。譬乘舟之待楫,象提钓之假缕。

又如《旧唐书·李晟传》载元和四年诏:

> (李晟)间代英贤,自天忠义,迈济时之宏算,抱经武之长材,贯以至诚,协以一德,尝遭屯难之际,实著戡定之功。

2. 屯险

这也同样是利用上述《象辞》的内容而制成的语典词,也表示艰难、险恶之义。例如《晋书·桓玄传》载玄下书:

> 朕皇考宣武王圣德高邈,诞启洪基,景命攸归,理贯自昔,中间屯险,弗克负荷。

又如《宋书·庐陵孝献王义真传》载元嘉三年诏:

> (庐陵王)遭时多难,志匡权逼,天未悔祸,运钟屯险,群凶肆丑,专窃国柄,祸心潜构,衅生不图。

又如《新唐书·崔群传》载群言:

> 昔玄宗少历屯险,更民间疾苦。

3. 屯如

六二爻辞有"屯如邅如",后人取"屯如",作为表示困难、不顺、艰险等义的语典词。例如《陈书·高祖本纪上》载梁帝策书:

> 太清否亢,桥山之痛已深;大宝屯如,平阳之祸相继。

又如《晋书·简文帝纪论》：

> 简皇以虚白之姿，在屯如之会，政自桓氏，祭则寡人。

又如南宋杨万里《上赵丞相启》：

> 某幸逢笔端肤寸之新，敢陈胸中磊块之蕴，愿垂恻若，俾脱屯如。（《诚斋集》卷五二）

4. 屯邅

六二爻辞有"屯如邅如"，后人也有将其节缩成"屯邅"，表示艰难之义。例如《晋书·凉武昭王李玄盛传》载玄盛上表：

> 而惠皇失驭，权臣乱纪，怀愍屯邅，蒙尘于外，悬象上分，九服下裂，眷言顾之，普天同憾。

又如《梁书·元帝纪》载萧绎令：

> 但比屯邅寇扰，为岁已积，衣冠旧贵，被逼偷生，猛士勋豪，和光苟免，凡诸恶侣，谅非一族。

又如《周易·谦》通篇包含了谦让之义，由此而产生了一系列表示谦让的语典词。

1. 谦亨

出卦辞："谦，亨。君子有终。"表示谦让之德。

例如北宋刘敞《回汉阳郭郎中启》：

> 某官风义相先，忠爱有素，远形庆问，深谕谦亨，祗佩攸深。（《公是集》卷四五）

又如南宋程俱《宗室开府郡王检校太保加食邑制》：

> 处隆高之地，谦亨有君子之光；分节制之权，师正得丈人之吉。（《北山集》卷二八）

又如南宋张嵲《秦熺辞免恩命不允诏》：

> 岂以谦亨之意，至回涣号之文，其祗眷怀，勿重有述。（《紫微集》卷一一）

2. 谦尊

出《彖辞》："谦尊而光，卑而不可逾，君子之终也。"表示谦虚之义。

例如晋庾阐《涉江赋》：

体含弘而弥泰，道谦尊而逾光。(《艺文类聚》卷八)

又如《梁书·武帝本纪上》载萧衍府僚劝进表：

伏承嘉命，显至仁策，明公逡巡盛礼，斯实谦尊之旨，未穷远大之致。

又如北宋王禹偁《回司空相公谢官启》：

猥蒙钧造，先赐台函，仰钦止足之规，弥荷谦尊之德。

(《小畜集》卷二五)

3. 谦光

同出《象辞》："谦尊而光，卑而不可逾，君子之终也。"表示谦虚之义。

例如《三国志·吴志·孙虑传》载尚书仆射存上疏：

建昌侯虑禀性聪敏，才兼文武，于古典制，宜正名号。陛下谦光，未肯如旧，群寮大小，咸用于邑。

又如《晋书·潘尼传》载尼《释奠颂》：

我后乃躬拜俯之勤，资在三之义，谦光之美弥劭，阙里之教克崇。

又如唐柳宗元《为京兆府请复尊号表》：

伏惟皇帝陛下圣神之功贯于天地，文武之道超乎古今，盛德愈大而谦光益深，元化已成而徽号未复。(《柳河东集》卷三七)

4. 谦谦

出初六《象辞》："谦谦君子，卑以自牧也。"表示谦虚之德。

例如《汉书·谷永传》载永与平阿侯谭书：

愚窃不为君侯喜，宜深辞职，自陈浅薄不足以固城门之守，收太伯之让，保谦谦之路。

又如《后汉书·章帝纪》载有司奏章：

功烈光于四海，仁风行于千载，而深执谦谦，自称不德。

又如北宋柳开《答臧丙第一书》：

吾子遗我之书，辞意皆是也。然我谦谦，不致退让于吾子，以我之所守非己之私者也。(《河东集》卷六)

5. 谦卑

出初六《象辞》："谦谦君子，卑以自牧也。"表示谦虚之德。

例如《抱朴子外篇·酒诫》：

口讷于寒暑者，比垂掌而谐声；谦卑而不竞者，悉狂瞻以高视。

又如晋傅咸《叩头虫赋》：

彼螳螂之举斧，岂患祸之能御；此谦卑以自牧，乃无害之可贾。(《艺文类聚》卷九七)

又如《隋书·文献独孤皇后传》：

贵戚之盛，莫与为比，而后每谦卑自守，世以为贤。

6. 谦牧

出初六《象辞》："谦谦君子，卑以自牧也。"表示谦虚自守之义。

例如北宋范纯仁《朝议大夫閤君幕志铭》：

事功崇成，谦牧不矜。孰偕君心，而不公卿。(《范忠宣集》卷一四)

又如南宋李纲《回翁殿撰启》：

某夙契雅好，每幸瞻承，兹闻成命之颁，独倍常伦之喜，敢期谦牧，先损书词，愧荷之诚，敷宣难尽。(《梁溪集》卷一三〇)

又如南宋刘宰《回衢州袁大著》：

妄发有罪，然非大著之谦牧，亦何以来之！(《漫塘集》卷一一)

7. 卑牧①

出初六《象辞》："谦谦君子，卑以自牧也。"表示谦虚自守之义。

---

① 《汉语大词典》未收此条。

例如《宋书·王弘传》载文帝诏：

　　省表，远拟隆周经国之体，近述大易卑牧之志，三复冲旨，良用忾然。

又如《唐大诏令集》卷四八《李程平章事制》：

　　秀造称其得俊，衡镜表于无私，卑牧难踰，深藏不耀。

又如南宋楼钥《侍御史左朝请大夫直秘阁致仕王公行状》：

　　立朝典州，威望凛然；待人接物，卑牧已甚。(《攻媿集》卷九〇)

8. 鸣谦

出六二爻辞："鸣谦，贞吉。"表示谦虚之义。

例如《梁书·刘遵传》载太子令：

　　既以鸣谦表性，又以难进自居，未尝造请公卿，缔交荣利，是以新沓莫之举，杜武弗之知。

又如《唐大诏令集》卷四二《镇国太平公主加实封制》：

　　氛祲已廓，每听鸣谦之词；井田未优，复闻辞贵之请。

又如北宋胡宿《谢安州范侍郎》：

　　伏蒙某官典徇鸣谦，特贶芳讯，订芳椒而有馥，均永隽之踰滋。(《文恭集》卷三三)

9. 扬谦

出六四爻辞："无不利，扬谦。"表示谦让之义。

例如《晋书·贺循传》载元帝令：

　　循言行以礼，乃时之望，俗之表也，实赖其谋猷，以康万机。疾患有素，犹望卧相规辅，而固守扬谦，自陈恳至，此贤履信思顺，苟以让为高者也。

又如《南齐书·豫章文献王传》载文帝诏：

　　公惟德惟行，无所厝辞。且鲁且卫，其谁与二。方式范当时，流声史籍，岂容屡秉扬谦，以乖期寄。

又如北宋苏轼《赐新除右光禄大夫依前知枢密院事安焘辞恩

命不允诏》:

虽固执于抈谦,恐难回于成命,往服休宠,以彰眷怀。(《东坡全集》卷一一〇)

10. 谦抈

出六四爻辞:"无不利,抈谦。"同"抈谦",表示谦让之义。

例如《陈书·高祖本纪上》载梁帝诏:

实由公谦抈自牧,降损为怀,嘉数迟回,永言增叹。

又如《隋书·元孝矩传》载高祖下书:

知执谦抈,请归初服,恭膺宝命,实赖元功,方欲委裘,寄以分陕,何容便请高蹈独为君子者乎?

又如北宋强至《回崔判官权县》:

岂图高谊,猥贶瑶封,何其贲饰之多,无乃谦抈之过。(《祠部集》卷二一)

又如《周易·泰》初九有:"拔茅茹以其汇征吉。"王弼注此称:"茅之为物,拔其根而相牵引者也,茹,相牵引之貌也。"后人利用这一段爻辞,形成了一系列意义相近的语典词。

1. 拔茅

表示贤人进拔同类。例如《晋书·郭璞传》载璞《客傲》:

昆吾挺锋,骐骥轩鬐,杞梓竞敷,兰荛争翘,嘤声冠于伐木,援类繁乎拔茅。是以水无浪士,岩无幽人,刈兰不眠,蘗桂不给,安事错薪乎!

又如晋葛洪《抱朴子外篇·名实》:

佞人相汲引而柴正路,俊哲处下位而不见知,拔茅之义犯而负乘之群兴。

又如唐刘禹锡《祭虢州杨庶子文》:

平生亲友,零落太早,无望拔茅,尽悲宿草。(《刘梦得文集外集》卷一〇)

2. 拔茹

与"拔茅"义近。例如南宋孙觌《谢程参政启》：

> 鲁一真儒，览辉而独下；卫多君子，拔茹以同升。(《鸿庆居士集》卷一七)

又如南宋仲并《代人贽见婺守启》：

> 仁不遐遗，已荷包荒之度；善惟类举，尚希拔茹之私。(《浮山集》卷九)

又如南宋赵蕃《寄建宁韩尚书》：

> 宰席犹虚位，尚书合赐环。进贤同拔茹，去佞已无山。(《淳熙稿》卷八)

3. 茅茹

也同样表示推荐同类之义。例如东汉《卫尉衡方碑》：

> 迁颖川太守，修清涤俗，招拔隐逸，光大茅茹。(《《隶释》卷八》)

又如北宋金君卿《谢省主判寺内翰启》：

> 此盖伏遇某官直道佐国，公心荐贤，处泰之时，茅茹而进，居益之世，龟朋不遗。(《金氏文集》卷下)

例如南宋葛胜仲《九月二十四日陪少蕴左辖饮朱氏林亭以朱行中寄其弟诗为韵席上同赋》：

> 东山恐不免，衮职行登用。槎通天衢升，茅茹诸贤共。(《丹阳集》卷一六)

4. 茹茅①

与"茅茹"之义相近。

例如南宋苏籀《贺谢参政启》：

> 王度金玉，共式昭于德音；人材茹茅，益广开于贤路。(《双溪集》卷一二)

---

① 《汉语大词典》未收此条。

又如南宋徐元杰《御笔除起居舍人辞免状》：

群贤广拔于茹茅，小善不遗于丝粟。(《楳埜集》卷六)

又如南宋文天祥《贺化地正》：

三阳君子泰来，仰赞茹茅之盛；四牡王事靡盬，俯同苞杞之生。(《文山集》卷九)

5. 汇茅

表示连类相及，递相引进之义。

例如《隋书·炀帝纪上》载炀帝大业三年诏：

朕负扆凤兴，冕旒待旦，引领岩谷，置于周行，冀与群才共康庶绩，而汇茅寂寞，投竿罕至，岂美璞韬采，未值良工；将介石在怀，确乎难拔？

又如北宋宋祁《谢直馆启》：

斯盖伏遇阁下均爱汇茅，助封苊械，务英才之乐，有味其言；极荐宠之私，豫为之地。(《景文集》卷五六)

又如南宋李曾伯《代男除耤田令兼制机谢宰执》：

俾尔服在大僚，岂但汇茅之并进。(《可斋续稿前卷二》)

6. 茅汇①

也表示连类相及之义。例如南宋曹彦约《送辰州朱守序》：

仰惟孝宗皇帝登俊庸良，综名核实，文恬武熙，骎骎乎天保采薇之盛矣！右学之士，感声气而应者，茅汇而起。(《昌谷集》卷一四)

7. 汇征

也表示连类相及，递相引进之义。例如《陈书·后主本纪》载太建十四年诏：

应内外众官九品已上，可各荐一人，以会汇征之旨。

又如《周书·文帝纪上》载宇文泰与侯莫陈悦书：

---

① 《汉语大词典》未收此条。

第三章 语典词的来源　　77

　　君实名微行薄,本无远量,故将军降迁高之志,笃汇征之理,乃申启朝廷,荐君为陇右行台。

又如北宋胡宿《辞免端明殿学士翰林学士兼侍读表》:

　　蒙恩授臣兼端明殿学士依旧翰林学士知制诰兼翰林侍读学士者,恩虽特出,事本汇征,降命自天,处躬无地。(《文恭集》卷一一)

8. 征汇①

与"汇征"同义。

例如南宋王迈《祭魏鹤山先生文》:

　　初年而西山自闽来,次年而先生自蜀来,至洪、蒋诸贤,后先征汇,遂始端平之初,及见元祐之懿。(《臞轩集》卷一一)

又如南宋韩淲《送临江时教授秩满还婺兼寄巩戴》:

　　朝廷已更化,贤者必征汇。速下七里滩,得时须得位。(《涧泉集》卷三)

又如南宋赵汝腾《权吏部侍郎谢告表》:

　　矧大化调琴之日,而众正征汇之辰,固得尽观天下之豪英,或可助国;独恨略无胸中之尺度,何以知人?(《庸斋集》卷三)

第三节　《尚　书》

　　与其他的儒家经典相比较,《尚书》显得尤为古雅。一方面,《尚书》的语言最为古老。对于中古时期的人来说,《尚书》中那些古老的语言更具有时间上的距离感。另一方面,《尚书》的部分内容具有典诰性质,中古时期的人们在写作类似的文书时,《尚书》是一个重要的取法对象。因为这两方面的原因,《尚书》也成为了语

---

① 《汉语大词典》未收此条。

典词的一个重要来源。

有关《尚书》的语典词，有两点值得我们注意。

一、这些语典词的意义，大部分沿用了《尚书》中的原意，不过，其中有一部分语典词，在使用对象上有特殊的限制。

例如有些语典词，因为本自《尚书》中与尧、舜、禹、文王、武王等帝王有关的文字，而往往被后人用以专门表示与帝王有关的意思。

［例一］登庸

出自《尚书·尧典》：

> 帝曰："畴咨若时登庸。"

原来不过是选拔任用之意，但因为事关尧选拔继任其帝位者，因此，后人遂以"登庸"表示继任帝位的语典词。

如《陈书·宣帝纪》：

> 高宗在田之日，有大度干略，及乎登庸，实允天人之望。

又如《陈书·后主纪》载魏征论：

> 高宗爰自在田，雅量宏廓；登庸御极，民归其厚。

又如《隋书·后妃传论》：

> 史臣曰：二后帝未登庸，早俪宸极，恩隆好合，始终不渝。

［例二］遏密

出自《尚书·舜典》：

> 二十有八载，帝乃殂落。百姓如丧考妣，三载四海遏密八音。

原只是指尧死之后，四方停止奏乐。后人专门用以指为帝王居丧之意。

例如《宋书·明帝纪》载明帝泰始元年诏：

> 再罹遏密，而无一日之哀；齐斩在躬，方深北里之乐。

又如《南齐书·礼志上》载建武二年何佟之议：

> 武皇遏密未终，自可不奏盛乐。

又如《旧唐书·礼仪志五》载贾大隐奏：

伏以天步多艰，时逢邅密，代天理物，自古有之。

[例三] 陟方

出自《尚书·舜典》：

舜生三十征庸，三十在位，五十载陟方乃死。

根据《史记》的有关记载，文中"陟方乃死"的原意是指舜南征有苗，远至苍梧之野，并死在那里。后人因以"陟方"专指帝王之死。

如南宋岳珂《祖宗徽称》：

徽祖以绍兴五年有陟方之哀，七年讳问始至。（《愧郯录》卷一）

如南宋赵汝谈《宁宗升遐慰皇帝表》：

宗社祇叶，朝野宴宁，陟方奄闻，率土震动。（《古今事文类聚》前集卷四九）

[例四] 则哲

出自《尚书·皋陶谟》：

禹曰："吁，咸若时，惟帝其难之！知人则哲，能官人。"

由于这是禹所说的话，后人遂以"则哲"表示帝王知人而任之意。

例如《后汉书·乐成靖王党传》载安帝诏：

朕无则哲之明，致简统失序，罔以尉承大姬，增怀永叹。

又如《南齐书·王思远传》载思远上表：

臣实庸鄙，无足奖进。陛下甄拔之旨，要是许其一节。臣果不能以理自固，有乖则哲之明。冒犯之尤，诛责在己；谬赏之私，惟尘圣鉴。

又如北宋《辞免昭文第二表》：

夫臣何堪，敢冒兹宠！幸寝已行之命，庶全则哲之明。（《安阳集》卷二七）

二、伪古文《尚书》的文本，也同样成为了语典词滋生的温床。

东晋梅赜所奏上的古文《尚书》，虽然经过前辈学者，尤其是清代以来的学者们的努力,其属伪书的性质已成定谳。然而在中古时期,这些伪古文《尚书》的文本与原有的今文《尚书》的地位不相上下。在这种情况下,人们利用伪古文《尚书》的文本也创造出了不少新的词语,作为语典词使用。下面我们通过具体的例子说明这方面的情况。

〔例五〕驭朽

出自《五子之歌》:

> 予临兆民,懔乎若朽索之驭六马。

后人从中创造出"驭朽"一词,作为形容帝王谨慎治理国家的心情。

例如《南齐书·海陵王本纪》载南齐海陵王即位诏:

> 猥以冲人,入纂乾绪。载怀驭朽,若坠诸渊。

又如《梁书·武帝纪中》载梁武帝分遣内侍省方诏:

> 朕以寡薄,昧于治方,藉代终之运,当符命之重。取监前古,懔若驭朽。

又如《陈书·宣帝纪》载陈宣帝停减供御诏:

> 跂予思治,若济巨川。念兹在兹,凛同驭朽。

〔例六〕朽驭

与"驭朽"同出《五子之歌》,表示相同的意思。

例如唐薛稷对策:

> 怀乎朽驭,既识为君之难;局此春冰,未见为臣之易。

(《文苑英华》卷四七九)

又如北宋陈舜俞《上神宗皇帝言天变书》:

> 陛下上当咸变,凛如朽驭,故复调遣执法,侍从以便宜出行,收抚凋瘵,恩泽甚厚。(《都官集》卷四)

又如南宋王之望《以德为车赋》:

> 所以扬子著书,智匪垒奔之用;夏王有训,钦惟朽驭之临。

(《汉滨集》卷一)

〔例七〕禹服

《仲虺之诰》：

> 天乃锡王勇智，表正万邦，缵禹旧服。

后人据此组成"禹服"，指九州岛全国。

例如《南齐书·乐志》载《太祖高皇帝神室奏高德宣烈乐歌辞》：

> 诞应休命，奄有八夤；握机肇运，光启禹服。

又如唐王维《兵部起请露布文》：

> 亿兆广尧封之时，郡县加禹服之外。（《王右丞集》卷一八）

又如南宋翟汝文《贤妃崔氏赠曾祖父制》：

> 唯时休嘉震动，俾我昭受帝锡，咸甸禹服。（《忠惠集》卷四）

[例八] 永图

《太甲上》：

> 慎乃俭德，惟怀永图。

后人据此以"永图"表示帝王的深谋远虑。

例如南齐王融《永明九年策秀才文》：

> 朕夤奉天命，恭惟永图，审听高居，载怀祗惧。（《文选》卷三六）

又如唐张说《词标文苑科策第一道》：

> 当宁兴怀，真切推沟之虑；凝旒结想，方深驭朽之情。思所以式展鸿猷，勉康庶绩，而抚兹薄德，昧此永图。（《张燕公集》卷一五）

又如北宋王禹偁《江州广宁监记》：

> 非吾皇顺考古道，留心庶政，兴九府之圜法，恢二圣之永图，孰能如此之速耶！（《小畜集》卷一七）

[例九] 启沃

《尚书·说命上》：

> 启乃心，沃朕心。

后人利用这句话，组成"启沃"一词，表示开导君主，沟通君臣之意。

例如《梁书·武帝纪下》载梁武帝太清二年诏：

> 朕暗于行事，尤阙治道，孤立在上，如临深谷。凡尔在朝，感思匡救，献替可否，用相启沃。

又如《陈书·后主纪》载陈后主至德四年诏：

> 王公以下，各荐所知，旁询管库，爰及舆皂，一介有能，片言可用，朕亲加听览，伫于启沃。

[例十] 作砺

《尚书·说命上》：

> 乃审厥象，俾以形旁求于天下。说筑傅岩之野，惟肖。爰立作相。王置诸其左右，命之曰："朝夕纳诲，以辅台德。若作若金，用汝作砺。……"

后人根据这段文字，用"作砺"表示担任宰相首辅等重要职务之意。

例如唐李商隐《代李玄为崔京兆祭萧侍郎文》：

> 作砺为盐，正俟理平之运；依城凭社，深怀翦灭之虞。（《李义山文集》卷六）

又如唐罗隐《投宣武郑尚书二十韵》：

> 自然须作砺，不必恨临戎。（《罗昭谏集》卷二）

又如南宋苏籀《民情》：

> 补衮作砺之臣，使能办之，亦不废周访也。（《双溪集》卷一〇）

第四节　其他儒家典籍

其他的儒家重要经典也产生了一些语典词，但与上述三种经典相比，数量相对要少一些。

（一）《春秋》三传

《春秋》三传中，语典词产生的情况有所不同。

《公羊传》和《穀梁传》在汉初就有很高的地位，与邹氏、夹氏并行于世。不过到了晋朝时，虽然依然还立于学官，但时人已不能"通其义"①。尽管这样，人们对于这两部经典还是比较熟悉，从中也创造出了一定数量的语典词。

《左传》尽管在汉朝时没能取得与上述二传相同的地位，不过研学的人却越来越多，到魏晋时已成为了一部备受重视的经典，且不论一般文人，即使是一些武将也对这一经典喜爱有加。例如三国时的关羽，《三国志》本传裴松之注引《江表传》称："羽好《左氏传》，讽诵略皆上口。"又如晋朝的杜预，功成之后，耽思经籍，自称有"《左传》癖"，他所撰《春秋左氏经传集解》，逐渐为士人所喜爱，到隋朝时甚至取代服虔注而取得了一尊的地位。因此，《左传》中产生出了更多数量的语典词。

以下略举数例《春秋》三传中所产生的语典词，以作说明。

［例一］居正

《公羊传·隐公三年》：

> 君子大居正，宋之祸，宣公为之也。

后以"居正"表示遵循正道。

例如《晋书·郑冲传》载泰始六年诏：

> 故司空博陵元公王沈、卫将军巨平侯羊祜，才兼文武，忠肃居正，朕甚嘉之。

又如南朝梁刘勰《文心雕龙·杂文》：

> 虽始之以淫侈，而终之以居正。

唐李德裕《授狄兼谟兼益王傅制》：

---

① 见《隋书·经籍志》。

〔兼谟〕历职有声,居正无挠,举其素行,擢在首僚。

也有指帝王登位。

例如晋刘琨《劝进表》：

诚宜遗小礼,存大务,援据图录,居正宸极。(《艺文类聚》卷一三)

又如《梁书·文帝纪》载王僧辩表：

少康则牧众抚职,祀夏所以配天；平王则居正东迁,宗周所以卜世。

[例二] 赘旒

《公羊传·襄公十六年》：

君若赘旒然。

何休注：

旒,旗旒；赘,系属之辞,若今俗名就婿为赘婿矣。以旗旒喻者,为下所执持东西。

"赘",也写作"缀"；"旒",也写作"游""斿"。后用以喻指濒临灭亡的国运。

例如《三国志·魏志·武帝纪》载九锡文：

当此之时,若缀旒然。

又如《陈书·高祖纪上》载九锡文：

皇运已殆,何殊赘旒；中国摇然,非徒如线。

又如唐温大雅《大唐创业起居注》卷三：

王大誓师旅,兴言感慨,荡清上国,拯厥赘旒。

[例三] 鱼烂

《公羊传·僖公十九年》：

梁亡,此未有伐者。其言梁亡何？自亡也。其自亡奈何？鱼烂而亡也。

何休注：

鱼烂从内发,故云尔。

后指处于崩溃之际。

例如《南齐书·裴叔业崔慧景张欣泰传论》：

> 屡发铜虎之兵，未有释位之援，势等易京，鱼烂待尽。

又如《隋书·炀帝纪论》：

> 振蜉蝣之羽，穷长夜之乐，土崩鱼烂，贯盈恶稔。

又如宋吕陶《送师厚》：

> 沸鼎忧鱼烂，沈疴待药治。（《净德集》卷三三）

[例四] 国体

《穀梁传·昭公十五年》：

> 大夫，国体也。

范宁注：

> 君之卿佐，是谓股肱，故曰国体。

后用以指称重要的大臣。

三国魏刘劭《人物志·流业》：

> 其德足以厉风俗，其法足以正天下，其术足以谋庙胜，是谓国体，伊尹、吕望是也。

[例五] 析薪

《左传·昭公七年》：

> 古人有言曰："其父析薪，其子弗克负荷。"

后人据此以"析薪"表示父业，或继承父业。

例如三国吴孙策明汉将军谢表：

> 臣年十七，丧失所怙，惧有不任堂构之鄙，以忝析薪之戒。

（《三国志·吴志·孙破虏讨逆传》裴注引《吴录》）

又如晋石崇自理表：

> 辛赖陛下天听四达，灵鉴昭远，存先父勋德之重，察臣等勉励之志……臣以凡才，累荷显重，不能负载析薪，以答万分。

（《晋书·石崇传》）

又如唐储光羲《上长史王公责躬》：

测隐及先世,析薪成自悲。(《储光羲诗集》卷二)

又如北宋司马光《为文相公谢赐神道碑文表》:

伏念先臣策名休运,接武辨朝,陈力当官,服勤没齿。臣荷析薪之业,绍作室之功。(《传家集》卷一七)

[例六] 制锦

《左传·襄公三十一年》:

子皮欲使尹何为邑。子产曰:"少,未知可否。"子皮曰:"愿吾爱之,不吾叛也。使夫往而学焉,夫亦愈知治矣。"子产曰:"不可。人之爱人,求利之也。今吾子爱人则以政,犹未能操刀而使割也,其伤实多。子之爱人,伤之而已,其谁敢求爱于子?子于郑国,栋也。栋折榱崩,侨将厌焉,敢不尽言!子有美锦,不使人学制焉。大官大邑,身之所庇也,而使学者制焉,其为美锦,不亦多乎?"

后人据此以"制锦"表示治理某地。

例如南朝梁简文帝《为王规拜吴郡太守章》:

方当驾吉祥之车,入句吴之地,驱缇扇之马,抚奉德之乡,制锦何阶①,梦丝方始。(《艺文类聚》卷五〇)

又如《隋书·炀帝纪上》载大业元年诏:

虽复黉宇时建,示同爱礼;函文或陈,殆为虚器,遂使纡青拖紫,非以学优,制锦操刀,类多墙面。

如隋无名氏《洺州南和县澧水石桥碑》:

又有宣威将军县令马君,以美誉清风,制锦斯邑。(《金石萃编》卷四九)

[例七、八] 瓜时 瓜代

《左传·庄公八年》:

齐侯使连称、管至父戍葵丘。瓜时而往,曰:"及瓜而代。"

---

① 疑"何"字为"可"字之误。

后人根据此文,用"瓜代"表示官吏任职期满由他人接替。

例如北宋范仲淹《建三公堂记》:

> 茶陵龙公庆云经理其事,亡何以瓜代去,继为董公尧封,亦洛阳人也。(《范文正集补编》卷四)

又如北宋李新《贺周运判升运副启》:

> 虑勤瓜代,益增绣斧之光华;幸托宝邻,犹借江河之润泽。(《跨鳌集》卷二五)

[例九] 旰食

《左传·昭公二十年》:

> 奢闻员不来,曰:"楚君、大夫其旰食乎!"

杜预注:

> 将有吴忧,不得早食。

后人据此用"旰食"形容为国事而忧患。

例如汉应劭《营陵令到官移书申约吏民》:

> 三边分挈,师老器弊,朝廷旰食,百姓嚣然。(《风俗通》卷九)

又如东魏《王讳均(元均)墓志》:

> 属群飞在运,横流将及,天子旰食不怡,夙兴有念。(《汉魏南北朝墓志汇编·东魏》)

又如唐《大唐故右金吾卫中郎将裴府君墓志铭并序》:

> 朝廷有旰食之忧,郡县起宵烽之警。(《唐代墓志汇编》)

泛指勤于政事。

例如三国吴周瑜《疾困与吴主权笺》:

> 方今曹公在北,疆场未静,刘备寄寓,有似养虎,天下之事,未知终始,此朝士旰食之秋,至尊垂虑之日也。(《三国志·吴志·鲁肃传》注引《江表传》)

又如《陈书·宣帝纪》载宣帝令内外举贤极谏诏:

> 朕以寡德,嗣守宝图,虽世袭隆平,治非宁一,辨方分职,

旰食早衣,傍阙争臣,下无贡士,何其阙尔,鲜能抗直,岂余独运,匪荐谠言。

又如唐太宗《令皇太子断决机务诏》:

躅百王之积弊,振千祀之颓纲,旰食宵衣,百龄行半。

(《全唐文》卷八)

[例十、十一] 送往 事居

《左传·僖公九年》:

送往事居,耦俱无猜,贞也。

杜预注:

往,死者;居,生者。

后人用"送往"、"事居"表示送走死去的国君和事奉新国君。

例如后周武帝《诛宇文护大赦诏》:

不能竭其诚效,罄以心力,尽事君之节,申送往之诚。

(《文馆词林》卷六六九)

唐韩愈《顺宗实录五》:

克申送往之哀,宜展事居之礼。

(二) 三礼

礼制,对于所有中国古代的统治者而言,都是稳定和强化其统治的一个极其重要的手段,中古时期的君主当然也不例外。纵观语典词盛行的中古时代的历史记载,我们可以发现,每个朝代一旦稳定下来,总会在沿袭前朝礼制大体的基础上,引经据典,在礼制方面作出一些调整。无论是沿袭还是变革,都需要相应的熟悉礼制的知识分子来负责具体的事务。在这样的政治背景下,儒家经典中的有关礼制的经典,自然也是从政的知识分子所必须熟悉的典籍。这为《周礼》、《仪礼》、《礼记》等有关礼制的经典产生出语典词提供了前提条件。

从三礼中滋生的语典词,出自《礼记》的居多。这些语典词一旦形成,总是独立自由地使用在各种场合,而不仅仅局限在涉及礼制的场合。下面我们通过具体的例子作一些介绍。

[例一、二、三、四] 壮室　强仕　艾服　耆指

《礼记·曲礼上》:

> 人生十年曰幼,学;二十曰弱,冠;三十曰壮,有室;四十曰强,而仕;五十曰艾,服官政;六十曰耆,指使;七十曰老,而传;八十、九十曰耄;七年曰悼。悼与耄虽有罪,不加刑焉。百年曰期,颐。

后人根据这一段内容,创造出了一系列表示年龄的语典词。像"幼学"、"弱冠"、"老耄"、"期颐"等词语的使用既广,流行亦久,甚至到近代仍多有人使用。事实上,后人在创造表示年龄的语典词时,对这一段文字中所有涉及到年龄的内容几乎都没放过,除了上举的这些词语外,另外还有一些据此而创造的语典词在中古文献中也多有用例。

[例五] 壮室

由"三十曰壮,有室"成词,作为三十岁的雅称:

例如《旧唐书·刘祥道传》载祥道上疏:

> 今内外文武官,一品以下九品以上一万三千四百六十五员,略举大数,当一万四千人,壮室而仕,耳顺而退,取其中数,不过支三十年。

又如《册府元龟》卷四一六载唐王茂元与刘稹书:

> 人之不幸,天亦难忱,加其壮室之年,奄有坏梁之叹。

又如《旧五代史·钱镠传》:

> 镠初事董昌时,年甫壮室,性尚刚烈。

[例六] 强仕

由"四十曰强,而仕"成词,亦写作"强仕",作为四十岁的雅称。

例如《梁书·张缅传》载昭明太子萧统与缅弟缵书:

> 如何长谢,奄然不追!且年甫强仕,方申才力,摧苗落颖,

弥可伤惋。
又如《艺文类聚》卷四八陈江总《让吏部尚书表》：

> 但臣门基世绪，晋宋以来内侍帷扆，入尸衡尺，或年甫将立，或岁未强仕，是以退思弱冠，追伤畴昔，早尘华任，见知名辈，常谓忝窃，匪朝伊夕。

又如《南史·昭明太子传》：

> 昭明太子……以齐中兴元年九月生于襄阳，武帝既垂强仕，方有冢嗣，时徐元瑜降，而续又荆州使至，云萧颖胄暴卒，时人谓之三庆。

［例七］艾服

由"五十曰艾，服官政"中截割而成，作为五十岁的雅称。

例如《艺文类聚》卷四六周王褒《太保吴武公尉迟纲碑铭》：

> 及年蹄艾服，任隆台衮，甲第当衢，传呼启路，不以宠贵骄人，每以卑恭自牧。

又如北宋宋祁《送伊阙郑著作》：

> 君年已艾服，沿牒困风尘。硎新始发硎，鸣晚逾惊人。

（《景文集》卷七）

又如南宋程俱《示从父弟伟》：

> 汝年近知非，我老过艾服。向来万金书，一纸百过读。

（《北山集》卷六）

［例八］耆指

由"六十曰耆，指使"中节缩而成，作为六十岁的雅称。

例如北宋刘攽《为韩侍郎辞参知政事表》：

> 虽然犬马暮齿，桑榆末光，前至耆指之年，尚有期月之顷。

（《彭城集》卷二六）

又如北宋郑侠《代上徐运使》：

> 今岁未耆指而龚斑头童，不自胜其穷悴。（《西塘集》卷六）

又如南宋程俱《自宽吟戏效白乐天体》:

吾生忧患余,年忽及耋指。(《北山集》卷八)

[例九] 多垒

《礼记·曲礼上》:

四郊多垒,此卿大夫之辱也。

本指多营垒,后多用作敌寇、寇乱的代名词。

例如《宋书·武帝纪中》载晋帝诏:

旗旆首涂,则八表响震;偏师先路,则多垒云彻。

又如《陈书·高祖纪下》载高祖诏:

朕当斯季俗,膺此乐推,君德未孚,民瘼尤甚,重兹多垒,弥疚纳隍。

又如《旧唐书·裴度传》载宪宗诏:

尔宜宣布清问,恢壮皇猷,感励连营,荡平多垒,招怀孤疾,字抚夷伤。

[例十] 当依

《礼记·曲礼上》:

天子当依而立,诸侯北面而见天子,曰觐。

"当依",亦写作"当扆"。后多用作天子临朝治理天下的雅称。

例如《梁书·武帝纪中》载武帝天监十六年诏:

朕当扆思治,政道未明,昧旦劬劳,亟移星纪。

又如《隋书·陆知命传》载知命上表:

臣闻圣人当扆,物色刍荛,匹夫奔踬,或陈狂瞽。

又如《唐大诏令集》卷一二四《诛李惟岳后优恤易定等道诏》:

……立千载之勋,安兆庶之命,此朕所以当扆兴怀,感念成功者也。

因为"当扆"为天子的行为,后亦径以"当扆"指称天子。①

---

① 此义项为《汉语大词典》"当扆"条所未收。

例如北宋胡宿《谢羊酒表》：

　　岂图当宸之尊，特记设弧之旦，饩牢加赐，醪酒俯沾，申以粢醴，光于圭荜。(《文恭集》卷一一)

又如北宋韩琦《谢复官启》：

　　群言未弭，孰敢求伸？岂谓当宸矜愚，出纶颁命，特申昭洗，俾复旧联。(《安阳集》卷三七)

又如北宋韦骧《上广西漕章卿》：

　　搢绅慕其格度，当宸器其材猷，连捧芝函之荣，两司桂管之重。(《钱塘集》卷一〇)

[例十一] 当宁

《礼记·曲礼上》：

　　天子当宁而立，诸公东面，诸侯西面，曰朝。

后人据此用"当宁"表示天子当朝临政，或直接指称天子，与"当宸"相似。

例如《陈书·高祖纪上》载九锡文：

　　况复经营宇宙，宁唯断鳌足之功，弘济苍生，非直凿龙门之崄；而畴庸报德，寂尔无闻，朕所以垂拱当宁，载怀惭悸者也。

又如《唐大诏令集》卷三《武宗即位赦》：

　　朕粤自蕃邸，来握乾符，衔哀受遗，当宁兴感。

又如宋《代问候提刑郎中状》：

　　进持国纪，当宁器其详平；出按刑章，列城竦其风采。(《祠部集》卷二〇)

[例十二] 易箦

《礼记·檀弓上》：

　　曾子寝疾，病。乐正子春坐于床下，曾元、曾申坐于足。童子隅坐而执烛。童子曰："华而睆，大夫之箦与？"子春曰："止！"曾子闻之，瞿然曰："呼。"曰："华而睆，大夫之箦与？"曾子曰:"然,斯季孙之赐也,我未之能易也。元,起易箦。"曾元曰:"夫子之病革矣,不可以变,幸而至于旦,请敬易之。"曾子曰:"尔之爱我也不如彼。君子之爱人也以德,细人之爱人也以姑息。吾何求哉?吾得正而毙焉,斯已矣。"举扶而易之,反席未安而没。

后人根据这段内容,用"易箦"作为去世的雅称。

例如南朝陈徐陵《广州刺史欧阳頠德政碑》:

屯骑府君,早弃荣禄,易箦之日,几将毁终,不杖之言,深非通制。(《艺文类聚》卷五二)

又如唐张悦《唐故夏州都督太原王公神道碑》:

功存西域,身弃南荒。易箦中路,悬棺反藏。宝刀生衣,玉玦无光。(《张燕公集》卷一九)

又如南宋张纲《洪炎转四官》:

天不假年,遽闻易箦,命也不淑,怆然兴怀。(《华阳集》卷三)

[例十三] 首丘

《礼记·檀弓上》:

大公封于营丘,比及五世,皆反葬于周。君子曰:"乐,乐其所自生。礼,不忘其本。古之人有言曰:'狐死正丘首,仁也。'"

后人根据这一段内容,以"首丘"表示怀忘故乡、不忘本之义。

例如《晋书·石勒载记下》载勒下书:

祖逖屡为边患,逖,北州士望也,傥有首丘之思,其下幽州修祖氏坟墓,为置守冢二家,冀逖如赵佗感恩,辍其寇暴。

又如《宋书·谢晦传》载尚书符荆州:

加以西土之人咸沐皇泽,东吴将士怀本首丘,必不自陷罪人之党,横为乱亡之役。

又如《周书·萧詧传》载詧《愍时赋》:

望南枝而洒泣,或东顾而潺湲,归欤之情何极,首丘之思邈然。

[例十四] 体国

《周礼·天官·序官》:

> 惟王建国,辨方正位,体国经野,设官分职,以为民极。

郑玄注:

> 体犹分也。

后据此指创建国家、治理国家。

例如晋陆机《汉高祖功臣颂》:

> 体国垂制,上穆下亲。(《文选》卷四七)

又如南朝梁刘勰《文心雕龙·奏启》:

> 刘颂殷勤于时务,温峤恳恻于费役,并体国之忠规矣。

[例十五] 彻瑟

《仪礼·既夕礼》:

> 有疾,疾者齐,养者皆齐,彻琴瑟。

彻、撤,同。后用以称疾病危笃或死亡。

南朝梁任昉《出郡传舍哭范仆射》:

> 宁知安歌日,非君撤瑟晨。(《文选》卷二三)

唐皎然《哭吴县房耸明府》:

> 始是牵丝日,翻成撤瑟年。(《杼山集》卷六)

[例十六] 施衿

《仪礼·士昏礼》:

> 母施衿结帨,曰:"勉之敬之,夙夜无违宫事。"

后用以指称女子出嫁。

例如南朝梁沈约《奏弹王源》:

> 买妾纳媵,因聘为资;施衿之费,化充床第;鄙情赘行,造次以之。(《文选》卷四〇)

北周庾信《周赵国公夫人纥豆陵氏墓志铭》:

施衿赵北,侍母秦南。(《庾子山集》卷一六)

(三)《论语》、《孝经》、《孟子》等

《论语》一书,在汉魏六朝时虽还没有取得如五经一样的地位,但对一般读书人而言,还是一部极其重要的经典。两汉以来,学者们对于《论语》一书的传授,有鲁论、齐论、古论三家之分;汉末魏晋以来,有郑玄、王肃、何晏、王弼、蔡谟、卫瓘、江熙、伏曼容、皇侃等多家作注,由此也可以看出此书的受重视的程度。作为一部儒家学说的基础读物,《论语》也产生了大量的语典词。常见的如"而立"、"知命"、"不惑"等,除此之外,还有不少。下举数例,以作说明。

[例一] 三省

《论语·学而》:

吾日三省吾身:为人谋而不忠乎?与朋友交而不信乎?传不习乎?

后人截取"三省",表示反复自省之义。

例如《后汉书·郎颉传》载颉上章:

陛下躬日昃之听,温三省之勤,思过念咎,务消只悔。

又如《晋书·陆云传》载云上书:

是以不虑犯迕,敢陈所怀,如愚臣言有可采,乞垂三省。

又如《隋书·萧皇后传》载皇后《述志赋》:

遵古贤之令范,冀福禄之能绥,时循躬而三省,觉今是而昨非。

[例二] 耻格

《论语·为政》:

道之以德,齐之以礼,有耻且格。

后人据此节缩出"耻格"一词,表示有耻且自觉归于正。

例如唐独孤及《唐故太子宾客兼御史大夫洪州刺史洪吉八州

防御观察处置使平原郡开国公张公遗爱碑颂》：

于是豪民猾吏，革面敛手，家有忠信，人怀耻格。（《毘陵集》卷八）

又如《唐大诏令集》卷一三《德宗神武孝文皇帝谥议》：

教由德礼，人乃耻格，古作训夏，我箴政刑，载弘哀敬，用息刀锯，利见大循，本愧心之旨也。

又如北宋刘攽《为韩七南雄州谢上表》：

且郡县之治，法令俱存，勤于奉宣，则当耻格。（《彭城集》卷二六）

［例三］鲁变

《论语·雍也》：

子曰："齐一变，至于鲁；鲁一变，至于道。"

后人节缩出"鲁变"，以表示"至于道"，即有道之义。

例如北宋宋祁《上潘郓州求见书》：

窃念祁宝异荆璆，利非楚铁，采蓝终日，亡希一匊之盈；削牍弥年，未足三冬之用，幸以时丁鲁变，运偶尧稽，搜屋壁之亡篇，集桥门之盛观，五尺童子，耻王道之不谈；三事大夫，美人材之乐育。（《景文集》卷五〇）

又如北宋傅察《次韵申泮宫直宿早秋四首》其一：

济济青衿成鲁变，洋洋泮水咏洙风。（《忠肃集》卷上）

［例四］用舍

《论语·述而》：

子谓颜渊曰："用之则行，舍之则藏，唯我与尔有是夫！"

后人组合成"用舍"，表示被任用或被黜退。

例如《三国志·魏志·管宁传》载明帝诏：

太中大夫管宁耽怀道德，服膺六艺，清虚足以侔古，廉白可以当世，曩遭王道衰缺，浮海遁居，大魏受命，则襁负而至，斯盖应龙潜升之道，圣贤用舍之义。

又如《梁书·谢朏传》载高祖表：

　　夫穷则独善，达以兼济，虽出处之道，其揆不同，用舍惟时，贤哲是蹈。

又如南宋朱熹《复用前韵敬别机仲》①：

　　君家道素几叶传，只今用舍悬诸天。（《晦庵集》卷四）

[例五] 行藏

《论语·述而》：

　　子谓颜渊曰："用之则行，舍之则藏，唯我与尔有是夫！"

后人组合成"行藏"，表示出仕或退隐。

例如《晋书·王羲之传》载羲之与谢万书：

　　以君迈往不屑之韵而俯同群辟，诚难为意也，然所谓通识，正自当随事行藏，乃为远耳。

又如《艺文类聚》卷三六梁刘孝标《山栖志》：

　　故有忽白璧而乐垂纶，负玉鼎而要卿相，行藏纠纷，显晦蹐驳，无异火炎水流，圆动方息。

[例六] 色斯

《论语·乡党》：

　　色斯举矣，翔而后集。

何晏集解引马融注"色斯举矣"："见颜色不善则去之。"后人截取"色斯"，表示"举矣"。"举矣"本是指鸟飞去，后多用作比喻归隐、离去。

例如《后汉书·左雄传》载雄上疏：

　　言善不称德，论功不据实，虚诞者获誉，拘检者离毁，或因罪而引高，或色斯以求名，州宰不覆，竞共辟召，踊跃升腾，超等逾匹。

又如《隶释》卷七《竹邑侯相张寿碑》：

---

① 所谓"前韵"，是指《奉答景仁老兄赠别之句》一诗。

君常怀色斯,舍无宿储,遂用高逝。

又如《三国志·魏志·崔琰传》载琰谏书:

袁族富强,公子宽放,盘游滋侈,义声不闻,哲人君子,俄有色斯之志;熊黑壮士,堕于吞噬之用。

[例七] 鲁卫

《论语·子路》:

子曰:"鲁卫之政,兄弟也。"

后人截取"鲁卫",以表示兄弟关系,多用以指称诸侯王之间的兄弟关系。

例如《晋书·曹志传》载志上奏议:

伏闻大司马齐王当出藩东夏,备物尽礼,同之二伯,今陛下为圣君,穆契为贤臣,内有鲁卫之情,外有齐晋之辅,坐而守安,此万世之基也。

又如《宋书·徐羡之传》载文帝诏:

故庐陵王英秀明远,徽风凤播,鲁卫之寄,朝野属情。

又如《艺文类聚》卷四五梁任昉《抚军桂阳王墓志铭》:

于昭帝绪,擅美前王。绿图丹纪,金简玉筐。世载台鼎,地居鲁卫。

[例八] 胜残

《论语·子路》:

子曰:"善人为邦百年,亦可以胜残去杀矣。"

后人因以"胜残"表示实行仁政,而使残暴之人不为恶犯罪。

例如《南齐书·虞玩之传》载建元二年诏:

比年虽却籍改书,终无得实,若约之以刑,则民伪已远,若绥之以德,则胜残未易。

又如《魏书·神元平文诸帝子孙传》载高祖诏:

朕虽虚寡,幸属胜残之运,故移宅中原,肇成皇宇。

又如《旧唐书·宪宗本纪上》载宪宗元和元年诏:

为君之体，义在胜残；命将兴师，盖非获已。

［例九］必世

《论语·子路》：

> 子曰："如有王者，必世而后仁。"

后人以"必世"表示多年实施仁政，教化浃于全国。

例如《南齐书·傅虞刘裴沈李孔传论》：

> 魏晋为吏，稍与汉乖，苛猛之风虽衰，而仁爱之情亦减，局以峻法，限以常条，以必世之仁未及宣理，而期月之望已求治术。

又如《魏书·卢昶传》载世宗诏：

> 朕纂承鸿绪，伏膺宝历，思靖八方，惠康四海，当必世之期，麟凤不降；属胜残之会，白鼠告昝。万邦有罪，实唯朕躬。

［例十］当仁

《论语·卫灵公》：

> 子曰："当仁不让于师。"

后人截取"当仁"，表示"不让"之义。

唐王勃《夏日登龙门楼寓望序》：

> 兴含情逸，共敦行役之期；搦管含毫，独对当仁之序。

（《王子安集》卷五）

唐杨炯《益州温江县令任君神道碑》：

> 义然后取，横玉带以当仁；道不虚行，坐盐梅而自得。

（《盈川集》卷七）

宋韩维《回李太尉再披告本》：

> 久格交辖之授，屡形抗牍之言，甚非所以将顺眷怀，奉承宠委，幸以时而受拜，兹有望于当仁。（《南阳集》卷二一）

［例十一］怀宝

《论语·阳货》：

> 怀其宝而迷其邦，可谓仁乎？

后人据此以"怀宝"表示隐居之士怀抱才能、自藏其才。

例如汉王褒《四子讲德论》：

> 幸遭圣主平世而久怀宝,是伯牙去钟期,而舜禹逷帝尧也。(《文选》卷五一)

唐陈子昂《我府君有周居士文林郎陈公墓志铭》：

> 呜呼我君,怀宝不试,孰知其深广兮!(《陈拾遗集》卷六)

［例十二］迷邦

《论语·阳货》：

> 怀其宝而迷其邦,可谓仁乎?

后人据此以"迷邦"表示隐居。

例如《北齐书·清河王岳子劢传》：

> 至若负博陆之图,处藩屏之地,而欲迷邦违难,其可得乎?

又如《周书·沉重传》：

> 若居形声而去影响,尚迷邦而忘观国,非所谓也。

又如唐刘禹锡《故荆南节度推官董府君墓志铭》：

> 居数岁,投老于南荆,迷邦纵性,委和从化。(《刘宾客文集外集》卷一〇)

［例十三］割鸡

《论语·阳货》：

> 子之武城,闻弦歌之声。夫子莞尔而笑,曰:"割鸡焉用牛刀?"

后人据此以"割鸡"表示担任县令一类的小官。

例如唐李白《赠清漳明府侄》：

> 天开青云器,日为苍生忧。小邑且割鸡,大刀伫烹牛。(《李太白文集》卷七)

又如唐吴筠《酬叶县刘明府避地庐山言怀诒郑录事昆季苟尊师兼见赠之》：

> 从此罢飞凫,投簪辞割鸡。驱车适南土,忠孝两不睽。

(《宗玄集》卷中)

又如宋韦骧《送范子镇承议同年宰清源》：

愿君安虑宰清源，已雪南闽大狱冤。勿叹割鸡犹屈刃，当知容驷可高门。(《钱塘集》卷五)

［例十四］弦歌

《论语·阳货》：

子之武城，闻弦歌之声。夫子莞尔而笑，曰："割鸡焉用牛刀？"

后人据此以"弦歌"作为担任县令一类的小官。

《晋书·陶潜传》：

谓亲朋曰："聊欲弦歌，以为三径之资，可乎？"执事者闻之，以为彭泽令。

唐秦韬玉《送友人罢举除南陵令》：

共言愁是酌离杯，况值弦歌枉大才。(《全唐诗》卷六七〇)

汉代以来的帝王，大多强调以孝治天下，因此《孝经》一书自然也就有了很高的地位。孔安国、刘向、郑众、马融等学者都曾为《孝经》作过注释整理的工作。梁代，孔安国、郑众以及相传为郑玄所注的《孝经》立于学官。《孝经》篇幅不大，也是读书人普遍掌握的一部经典，因而也滋生出了不少语典词：

［例一］资父

《孝经·士》：

资于事父以事母而爱同；资于事父以事君而敬同。

后人以"资父"表示取事奉父亲之道以事奉君主。

例如晋张协《七命》：

有生之欢灭，资父之义废。(《文选》卷三五)

又如宋王安石《除平章事监修国史谢表》：

臣闻人君代天而理物，人臣资父以事君。(《临川文集》卷

五七)

又如宋陈傅良《同知枢密院事京镗初除赠三代·父》：

过庭之训施于嗣人，而资父之忠简在烈祖。(《止斋集》卷一七)

[例二] 资敬

《孝经·士》：

资于事父以事君而敬同。

后人以"资敬"表示取事奉父亲之道事奉君主。

例如《宋书·武帝纪上》：

公命世英纵，藏器待时，因心资敬，誓雪国耻，慨愤陵夷，诚发宵寐。

又如南朝齐王俭《褚渊碑文》：

义在资敬，情同布衣。(《文选》卷五八)

唐玄宗《孝经序》：

虽因心之孝已萌，而资敬之礼犹简。(《孝经注疏》)

[例三] 天经

《孝经·三才》：

子曰："夫孝，天之经也，地之义也，民之行也。"

后人以"天经"指称孝道。

例如汉班固《典引》：

躬奉天经，悼睦辨章之化洽；巡靖黎蒸，怀保鳏寡之惠浃。(《文选》卷四八)

又如宋胡宿《烈文即政颂》：

孝者，行之难能，而陛下躬奉天经，宗树锡类之本，不曰孝乎？(《文恭集》卷二九)

[例四] 严配

《孝经·圣治》：

孝莫大于严父，严父莫大于配天。

后人以"严配"指祭天时以先祖配享。

例如南朝梁王中《头陀寺碑文》:

> 祖武宗文之德,昭升严配;格天光表之功,弘启兴服。

(《文选》卷五九)

又如《隋书·炀帝纪上》:

> 朕获奉祖宗,钦承景业,永惟严配,思隆大典。

又如宋王禹偁《谢加上柱国表》:

> 今者伏遇皇帝陛下,躬修禋祀,严配祖宗,率由旧章。

(《小畜集》卷二二)

[例五] 膝下

《孝经·圣治》:

> 故亲生之膝下,以养父母日严。

后人以"膝下"表示父母身边。

例如南朝梁沈约《南齐皇太子礼佛愿疏》:

> 元良之位,长守膝下之欢。(《广弘明集》卷二八)

又如《周书·晋荡公护传》载宇文护报母书:

> 区宇分崩,遭遇灾祸,违离膝下,三十五年。

又如《新唐书·高宗纪》:

> 太宗尝命皇太子游欢习射,太子辞以非所好,愿得奉至尊,居膝下。

《孟子》一书,在中古时期虽然没有《论语》、《孝经》那么高的地位,但无疑也是儒家经典中比较重要的一部,对其进行研治者也代有人在,著名的如赵岐、郑玄、刘熙等,因而也有一部分语典词来自其书。

[例一] 独善

《孟子·尽心上》:

> 穷则独善其身,达则兼善天下。

后人用"独善"表示"独善其身",指保持个人节操。

例如《晋书·张忠传》:

先生考盘山林,研精道素,独善之美有余,兼济之功未也。

又如《周书·于谨传》:

〔谨〕功名既立……乃上所乘骏马及所着铠甲等。太祖识其意,乃曰:"今巨猾未平,公岂得便尔独善。"

唐李白《赠韦秘书》:

苟无济代心,独善亦何益?(《李太白集》卷九)

[例二] 乔木

《孟子·梁惠王下》:

所谓故国者,非谓有乔木之谓也,有世臣之谓也。

后人因以"乔木"喻指故国或故里。

例如宋强至《上二漕状》:

乡里以恩意往来,板舆以登顿劳苦,仍怀乔木之恋,不觉还辕之迟。(《祠部集》卷二〇)

又如宋綦崇礼《赐新除吏部侍郎韩肖胄辞免恩命改授一州不允诏》:

故国在念,岂徒乔木之思;遗笏仅存,犹若甘棠之化。(《北海集》卷一四)

[例三] 丧元

《孟子·滕文公下》:

志士不忘在沟壑,勇士不忘丧其元。

后人以"丧元"指甘心付出生命。

三国魏曹植《杂诗》之六:

国雠亮不塞,甘心思丧元。(《文选》卷二九)

晋潘岳《马汧督诔》:

建威丧元于好畤,州伯宵遁乎大溪。(《文选》卷五七)

又如宋宋庠《夫人城赋》:

伊君母之慷慨兮,誓丧元而靡悔。(《元宪集》卷一)

《荀子》也是先秦儒家经典中非常重要的一部,后人利用它也创造了一些语典词。

［例］滥觞

《荀子·子道篇》：

> 昔者江出于岷山，其始出也，其源可以滥觞，及其至江之津也，不放舟，不避风，则不可涉也。

其中的"滥觞"，原文的意思是形容长江源头水量之小，只能浮起"觞"这样的酒器，后人将这个短语当作一个独立的词，表示源头、开创之义。

例如《宋书·袁豹传》载豹上议：

> 清江源于滥觞，澄氛祲于井络。

又如《梁书·钟嵘传》载嵘《诗评序》：

> 夏歌曰"郁陶乎予心"，楚谣云"名余曰正则"，虽诗体未全，然略是五言之滥觞也。

又如唐白居易《白萍洲五亭记》：

> 盖是境也，实柳守滥觞之，颜公榱轮之，杨君缋素之，三贤始终，能事毕矣。（《白氏长庆集》卷七一）

第五节 其他经典

绝大部分的语典词来自于先秦儒家经典，已如上论，但也有一部分语典词来自于儒家经典之外的经典。例如《老子》、《庄子》这两部道家经典，由于玄学的盛行，魏晋南北朝以迄唐代，在人们的心目中，也曾具有相当高的地位。陆德明的《经典释文》将《老子》、《庄子》两书与五经并列，即可见其一斑。中古时期的人们根据这些经典中创造出语典词，也是很自然的事情。以下我们略举出自《老子》、《庄子》两书中的语典词以作说明。

［例一］玄妙

《老子·道经》：

> 此两者同出而异名，同谓之玄，玄之又玄，众妙之门。

后人组合出"玄妙"一词，用以表示深奥高妙之义。

例如《后汉书·冯衍传》载衍《显志赋序》：

> 冯子以为夫人之德，不碌碌如玉，落落如石……显志者，言光明风化之情，昭章玄妙之思也。

又如晋成公绥《啸赋》：

> 大而不洿，细而不沈，清激切于竽笙，优润和于瑟琴，玄妙足以通神悟灵，精微足以穷幽测深。（《文选》卷一八）

又如唐孟浩然《游精思题观主山房》：

> 渐通玄妙理，深得坐忘心。（《孟浩然集》卷三）

［例二］止足

《老子·德经》：

> 故知足不辱，知止不殆，可以长久。

后人组合出"止足"一词，表示知足自足之义。

例如《汉书·隽疏于薛平彭传赞》：

> 疏广行止足之计，免辱殆之累。

又如《晋书·荀勖传》载勖议：

> 重敬让，尚止足，令贱不妨贵，少不陵长，远不间亲，新不间旧，小不加大，淫不破义，则上下相安，远近相信矣。

又如唐王维《责躬荐弟表》：

> 贪冒官荣，荏苒岁月，不知止足，尚忝簪裾。（《王右丞集》卷一七）

［例三］微明

《老子·道经》：

> 将欲翕之，必故张之；将欲弱之，必故强之；将欲废之，必固兴之；将欲夺之，必固与之，是谓微明。

后人用"微明"表示强弱、盛衰、正反等两方面转化之义。

例如《梁书·武帝纪中》载天监元年改元大赦诏：

> 五精递袭，皇王所以受命；四海乐推，殷周所以改物。虽禅代相舛，遭会异时，而微明迭用，其流远矣。

[例四] 自宾①

《老子·道经》：

> 道常无名，朴虽小，天下不敢臣，王侯若能守，万物将自宾。

后人利用其中的"自宾"作为语典词，表示他物自动适应自己或自觉归顺之义。

例如《三国志·上三国志注表》：

> 臣闻智周则万理自宾，鉴远则物无遗照。

又如南朝宋谢灵运《聚幻赞》：

> 幻工作同异，谁复谓非真。一从游物过，既往亦何陈。谬者疑久近，远者皆自宾。勿起离合情，会无百代人。（《艺文类聚》卷七六）

又如《魏书·拓拔澄传》载澄上表：

> 伏惟世宗宣武皇帝，命将授旗，随陆启颡，运筹制胜，淮汉自宾，节用劳心，志清六合。

[例五] 和光

《老子·道经》：

> 和其光，同其尘。

王弼注：

> 无所特显，则物无所偏争也；无所特贱，则物无所偏耻也。

后人节缩出"和光"，表示掩抑光采、韬光之义。

例如《三国志·蜀志·马良传》载良与诸葛亮书：

> 若乃和光悦远，迈德天壤，使时闲于听，世服于道，齐高妙

---

① 《汉语大词典》未收此条。

之音,正郑卫之声,并利于事,无相夺伦,此乃管弦之至,牙、旷之调也。

又如《南齐书·顾欢传》载欢《夷夏论》:

其圣则符,其迹则反,或和光以明近,或曜灵以示远。

又如南宋程俱《承奉郎致仕杨君墓铭》:

行险狙利,劳犹辱也;和光处顺,群犹独也。(《北山集》卷三三)

[例六] 同尘

《老子·道经》:

和其光,同其尘。

后人节缩出"同尘",表示混同于尘俗。

例如《魏书·彭城王勰传》载世宗诏:

贤人君子,则不然也,屈己以安民,艰身以济物,所谓先知觉后知,同尘而与天下俱洁者也。

又如《晋书·阮嵇向刘谢胡毋毕王羊光传论》:

其进也,抚俗同尘,不居民利;其退也,餐和履顺,以保天真。

又如唐白居易《自题写真》:

况多刚狷性,难与世同尘。(《白氏长庆集》卷六)

[例七] 希夷

《老子·道经》:

视之不见,名曰夷;听之不闻,名曰希;抟之不得,名曰微。

后人组合成"希夷",表示玄妙空虚难以捉摸之意。

例如晋王珣《孝武帝哀策》:

壾壾太宗,希夷其韵。镜之者玄,抚之者顺。(《艺文类聚》卷一三)

又如南朝梁朱异《田饮引》:

促膝兮道故,久要兮不忘,闻谈希夷之理①,或赋连翩之章。(《艺文类聚》卷七二)

又如《唐大诏令集》卷八《应乾圣寿太上皇册文》:

臣闻上圣玄邈,超乎希夷,强名之极,犹存乎言象,岂足以表无为之化,光不宰之功。

[例八] 希微

《老子·道经》:

视之不见,名曰夷;听之不闻,名曰希;抟之不得,名曰微。

后人组合成"希微",表示与上述"希夷"相类似的意思。

例如《南齐书·高逸传》:

若道义内足,希微两亡,藏景穷岩,蔽名愚谷,解桎梏于仁义,示形神于天壤,则名教之外,别有风猷。

又如南朝梁王僧孺《与陈居士书》:

禀纷纶之高论,承希微之妙旨,虚往实归,用祛尘惑。

(《艺文类聚》卷三七)

又如北宋宋祁《太一新宫颂》:

奥若体粹亨之元,奋希微之妙,厥存主宰,以司变化。

(《景文集》卷三五)

[例九] 唯阿

《老子·道经》:

唯之与阿,相去几何?

后人根据这一句,用"唯阿"一词,表示很微小的差别。

例如《宋书·蔡兴宗传》:

时薛安都为散骑常侍征虏将军、太子左率②,殷恒为中庶子,兴宗先选安都为左卫将军,常侍如故,殷恒为黄门、领校。

---

① 引文据上海古籍出版社汪绍楹校本《艺文类聚》,"闻"字疑为"闲"字形近之误。
② 中华书局点校本《宋书》将"太子左率"冠于殷恒之前,误。

太宰嫌安都为多,欲单为左卫,兴宗曰:"率卫相去,唯阿之间。"

又如唐刘禹锡《送鸿举师江南并引》:

  而视余之文,昔与今有莛楹之别,视余之书,昔与今有钧石之悬,视余之仕,昔与今乃唯阿之差耳。(《刘宾客文集》卷二九)

又如北宋张耒《祭苏端明郡君文》:

  人生万殊,之死同科,其间疾徐,相去唯阿。(《柯山集》卷四八)

[例十] 利器

《老子·道经》:

  鱼不可脱于渊,国之利器,不可以示人。

河上公注:

  利器,权道也。

王弼注:

  利器,利国之器也。

后人因以"利器"表示重要的权力或治国的贤才。

例如《后汉书·刘陶传》载陶上疏:

  陛下既不能增明烈考之轨,而忽高祖之勤,妄假利器,委授国柄,使群丑刑隶,芟刈小民,雕敝诸夏,虐流远近。

又如《三国志·步骘传》载骘上疏:

  故贤人所在,折冲万里,信国家之利器,崇替之所由也。

又如《晋书·纪瞻传》载瞻上疏请征郗鉴:

  臣闻皇代之兴,必有爪牙之佐,干城之用,帝王之利器也。

[例十一] 烹鲜

《老子·德经》:

  治大国若烹小鲜。王弼注:不扰也。躁则多害,静则全真,故其国弥大,而其主弥静,然后乃能广得众心矣。

后人节缩出"烹鲜"一词,用以表示以无为便民的政策治理国家之义,或者仅仅表示治理国家之义。

前者例如晋孙绰《丞相王导碑文》：

> 于时乾维肇振,创制理物,中宗拱己,雅伏贤相,尚父之任,具瞻在公,存烹鲜之义,殉易简之政,大略弘规,卓然可述。

(《艺文类聚》卷四五)

又如《宋书·何承天传》载承天议丁况等久丧不葬：

> 开其一端,则互相恐动,里伍县司,竞为奸利,财赂既进,狱讼必繁,惧亏圣明烹鲜之美。

又如南朝齐谢朓《始之宣城郡诗》：

> 烹鲜止贪竞,共理属廉耻。(《艺文类聚》卷六)

后者例如《魏书·崔亮传》载亮答刘景安书：

> 又羽林入选,武夫崛起,不解书计,唯可骧弩前驱,指踪捕噬而已,忽令垂组乘轩,求其烹鲜之效,未曾操刀,而使专割。

又如唐王勃《江宁吴少府宅饯宴序》：

> 吴生俊采,辅佐烹鲜；我辈良游,方驰去鹢。(《王子安集》卷六)

[例十二] 乐推

《老子·德经》：

> 是以圣人处上而民不重,处前而民不害,是以天下乐推而不厌。

后人据此,用"乐推"表示受人爱戴或受人爱戴而登帝位之义。

前者例如《晋书·姚苌载记》：

> 主上权略无方,信赏必罚,贤能之士,咸怀乐推,岂虑大业不成,氐贼不灭乎？

又如《南齐书·江谧传》载沈冲奏：

> 以刘景素亲属望重,物应乐推,献诚荐子,窥窬非望。

后者例如《晋书·桓玄传》载玄榜为文告天皇后帝：

属当理运之会,猥集乐推之数,以寡昧之身,踵下武之重,膺革泰之始,托王公之上,诚仰藉洪基,德渐有由。

又如《宋书·武帝纪中》载晋帝禅位诏:

玄象表革命之期,华裔注乐推之愿,代德之符,著乎幽显,瞻乌爰止,允集明哲。

又如《南齐书·高帝纪下》载建元元年改元大赦诏:

昔宋氏以凌夷有征,历数攸及,思弘乐推,永鉴崇替,爰集天禄于朕躬。

[例十三] 倚伏

《老子·德经》:

祸兮福之所倚,福兮祸之所伏。

后人组合成"倚伏",作为"祸福"的雅称。

例如《宋书·孔觊传》载太宗檄:

盖闻衅集有兆,祸至无门,倚伏之来,实惟人至。故嚚、述贪乱,终殄宗祀;昌、宪构氛,旋润斧钺。

又如唐刘长卿《瓜洲驿奉饯张侍御公拜膳部郎中却复宪台充贺兰大夫留后使之岭南时侍御在淮南幕府》:

是非生倚伏,荣辱繋悲欢。(《刘随州集》卷七)

[例十四] 代斲

《老子·德经》:

夫代司杀者杀,是谓代大匠斲。夫代大匠斲,希有不伤手者。

后人节缩成"代斲"一词,用以表示担任自己不胜任的职务的意思。

例如白居易《得乙充选人职官选人代试法司断乙与代试者同罪诉云实不知情》:

官择贤良,选稽名实,苟作伪而心拙,必代斲而手伤。(《白氏长庆集》卷六七)

又如唐权德舆《送睦州李司功赴任序》:

又属予承乏代斲于仪曹,不得授馆以觞酒相欢。(《文苑英华》卷七二八)

又如北宋杨杰《交代启》:

方此召还,仁膺显拜,顾蒙成之甚幸,愧代斲以非工。(《无为集》卷一一)

[例十五] 天属

《庄子·山木》:

林回弃千金之璧,负赤子而趋。或曰:"为其布与?赤子之布寡矣;为其累与?赤子之累多矣;弃千金之璧,负赤子而趋,何也?"林回曰:"彼以利合,此以天属也。"

后人根据这段内容,以"天属"表示血缘关系或有血缘关系的父子、母子、兄弟、姐妹等。

例如《晋书·哀帝纪》载哀帝升平五年诏:

夫昭穆之义,固宜本之天属。继体承基,古今常道。宜上嗣显宗,以修本统。

又如《宋书·后妃传》载太宗诏:

太皇太后蚤垂爱遇,沿情即事,同于天属。

[例十六] 火膏

《庄子·人间世》:

山木自寇也,膏火自煎也。

唐陆德明《经典释文》引司马彪曰:

膏起火,还自消。

后人因以"火膏"表示自相攻伐、残杀。

例如唐张九龄《杂诗五首其五》:

木直几自寇,石坚亦他攻。何言为用薄,而与火膏同。

[例十七、十八、十九] 灰木　灰心　灰槁

《庄子·齐物论》:

形固可使若槁木,而心固可使如死灰乎?

后人因以"灰木"、"灰心"、"灰槁"等表示心境平静等意。

例如宋范成大《藻侄比课五言诗已有意趣老怀甚喜因吟病中十二首示之可率昆季赓和胜终日饱闲也》：

  掩关灰木坐，休示季咸机。(《石湖诗集》卷二四)

又如唐欧阳詹《送少微上人归德峰》：

  灰心闻密行，菜色见羸容。(《欧阳行周文集》卷二)

又如宋夏竦《谢授三司使表》：

  曾忝柄臣，已灰心于荣路，止期退伏，远避猜嫌。(《文庄集》卷六)

又如宋张方平《授太子太保谢表》：

  杜门屏迹，已安灰槁之余；送往事居，无复分毫之劾。(《乐全集》卷二九)

［例二十］芥舟

《庄子·逍遥游》：

  覆杯水于坳堂之上，则芥为之舟，置杯焉则胶，水浅而舟大也。

陆德明释文：

  芥，小草也。

后人因以"芥舟"作为小船的雅称。

例如唐太宗《小池赋》：

  牵狭镜兮数寻，泛芥舟而已沈。(《文苑英华》卷三五)

又如宋周行已《戴明仲墓志铭》：

  涉长流之浩荡兮，岂芥舟之所宜。(《浮沚集》卷七)

第四章　语典词的成词方式

　　对于语典词来说,要实现其作为语典词的功能,有几个必要的条件,一是接受者必须受过相当程度的经典教育,具备必要的知识背景;二是进入使用状态的语典词所在的语境,必须大致提供语典词的意义范围;三是语典词必须通过其文字外形,向接受者提示典源所在。具备了这三个条件,语典词才有可能被认知。不过,对于创造语典词的人来说,这第三个条件才是真正的关键所在。也就是说,人们要利用先秦经典文本作为材料创造语典词,最关键的一个原则是必须通过所创造的语典词的文字外形,建立起与典源的关联。由于语典词主要用于书面语,因此,构成双音节语典词的两个文字组合,必须提供足够的信息,使阅读者能凭借这些信息找到典源,从而理解语典词的真实含义。围绕这一原则,中古时期的人们在利用经典文句语词形成语典词时,采取了多种有效方式。只要所创造的语典词能从外形上起到指索典源的效果,通过通常的语法规则创造固然可以,即使是不合于语法规则的,也未尝不可。事实上,那些不按通常的语法规则创造的语典词,由于其外形的特殊性,其指索典源的功效更强,更容易起到联系典源的效果。通过对一定数量的语典词的调查分析,结合语典词的词义与原典文本的关系,笔者认识到中古时期人们创造语典词的方式可分为节缩、约举、截割、组合、顺承、附益、凝固以及袭用篇名等八种类型。以下通过具体的例子分别对这八种成词方式作说明。

第一节 节　缩

节缩,是指通过剔除经典文句或短语中某些成分,主要是那些起修饰限制作用的成分以及表示语法功能的虚词成分等,而将剩下的主要成分构成双音节语典词的方式。

通过节缩所形成的双音节语典词,词的外部形态往往保留了原典文句或短语的结构,只有一小部分词的结构与原典文句或短语的结构相比有所改变,这种改变,主要集中在将原典语句的主谓结构改成动宾结构,以及将原典语句的动宾结构改成主谓结构等方面。从词的意义上看,这些语典词所表达的意思也大多是原典文句或短语的主要意思。

［例一］卑牧[①]

出自《易·谦》：

> 谦谦君子,卑以自牧也。

王弼注：

> 牧,养也。

在原典中,"卑以"属介宾结构,"以"是表示方式的介词;"自"修饰"牧",中古以来,人们将"卑以自牧"去除其中的"以"、"自",节缩成"卑牧"一词表示谦虚自守的意思,作为语典词使用。

例如《宋书·王弘传》载文帝诏书：

> 远拟隆周经国之体,近述《大易》卑牧之志,三得冲旨,良用怃然。

又如梁王筠《观海诗》：

> 卑牧会善下,智流心不争。

[①] 《汉语大词典》收有"卑以自牧"一词,未收"卑牧"。

又如《唐代墓志汇编·杨氏墓志并序》(大和 019)：

> 比委家伏事于先相公，因侍从浙江西道观察处置使、礼部尚书至于润州，柔逊卑牧，又逾七载，无何染疾，药石无疗。

[例二] 纳揆

《尚书·舜典》：

> 纳于百揆，百揆时叙。

原典中的"于"是表示对象的介词，"百"修饰"揆"，后人遂将"纳于百揆"节缩成"纳揆"，表示总理朝政之意。

例如《宋书·徐爰传》载爰议国史限断表：

> 神宗始于俾乂，上日兆于纳揆。

又如《隋书·高祖纪下》载高祖诏：

> 申明公穆……巨鹿公子乾等，登庸纳揆之时，草昧经纶之日，丹诚大节，心尽帝图，茂绩殊勋，力宣王府，宜弘其门绪，与国同休。

又如宋徐铉《祭文献太子文》：

> 储闱既正，鸿猷允塞，虽主器而纳揆，更承颜而养德。

(《骑省集》卷二〇)

[例三] 纳麓

《尚书·舜典》：

> 纳于大麓，烈风雷雨弗迷。

与上述"纳揆"相似，后人将"纳于大麓"节缩成"纳麓"，表示总揽朝政。

例如南朝宋谢庄《孝武帝哀策文》：

> 声芳纳麓，道昭宾门。上德无称，至功不器。(《艺文类聚》卷一三)

又如南朝梁沈约《齐故安陆昭王碑文》：

> 时皇上纳麓在辰，登庸伊始，允副朝端，兼掌屯卫，闻凶哀震，感绝移时。(《文选》卷五九)

又如《陈书·世祖纪》载高祖遗诏：

　　侍中安东将军临川王蒨，体自景皇，属惟犹子，建殊功于牧野，敷盛业于戡黎，纳麓时叙之辰，负扆乘机之日，并佐时雍，是同草创。

[例四、五] 负乘　致寇

《周易·解》六三：

　　负且乘，致寇至。

又《繫辞上》：

　　子曰：作《易》者其知盗乎？《易》曰："负且乘，致寇至。"负也者，小人之事也；乘也者，君子之器也。小人而乘君子之器，盗思夺之矣。

后人根据这些内容，节缩出"负乘"、"致寇"等词，表示任非其人、不胜其任等意思。

例如《后汉书·东平宪王苍传》载苍上疏归职：

　　宜当暴骸膏野，为百僚先，而愚顽之质，加以固病，诚羞负乘，辱污辅将之位，将被诗人"三百赤绂"之刺。

又如《晋书·周𫖮传》载太兴初拜𫖮太子少傅尚书如故，𫖮上疏让曰：

　　……不悟天鉴忘臣顽弊，乃欲使臣内管铨衡，外添傅训，质轻蝉翼，事重千钧，此之不可，不待识而明矣。若臣受负乘之责，必贻圣朝惟尘之耻。

又如《后汉书·谢弼传》载弼所上封事：

　　夫台宰重器，国命所继，今之四公，唯司空刘宠断断守善，余皆素餐致寇之人，必有折足覆䬸之凶，可因灾异，并加罢黜。

又如《晋书·陈頵传》载頵议：

　　且名器之实，不可妄假，非才谓之致寇，宠厚戒在斯亡。

[例六、七、八、九] 折足　折鼎　覆䬸　䬸覆

《周易·鼎》九四：

第四章 语典词的成词方式

鼎折足,覆公餗。

后人节缩出"折足"、"覆餗"等词,表示不胜其任,对国家之事造成损害等意思。

例如《后汉书·谢弼传》载弼所上封事:

今之四公,唯司空刘宠断断守善,余皆素餐致寇之人,必有折足覆餗之凶,可因灾异,并加罢黜。

又如《晋书·刘琨传》载琨上疏:

臣闻晋文以卻谷为元帅而定霸功,高祖以韩信为大将而成王业,咸有敦诗阅礼之德,戎昭果毅之威,故能振丰功于荆南,拓洪基于河北。况臣凡陋,拟踪前哲,俯惧折鼎,虑在覆餗。

又如宋周必大《乞去札子》:

陛下待遇优隆,信任专一,偶未置于诃谴,然趾颠餗覆,人多为臣危之。(《文忠集》卷一二九)

[例十] 星驾

《诗经·鄘风·定之方中》:

星言夙驾,说于桑田。

原典中"言"是语助词,"夙"修饰"驾",后人将"星言夙驾"节缩"星驾",表示及早出发之意。

例如《后汉书·袁绍传》载绍上书:

会公孙瓒师旅南驰,陆掠北境,臣即星驾席卷,与瓒交锋。

又如南朝宋鲍照《谢随恩被原表》:

但臣病久柴羸,不堪冒涉,小得趋驰,星驾登路,不胜荷佩之诚。(《鲍明远集》卷九)

[例十一] 履尾

《周易·履》:

履虎尾,不咥人,亨。

后人将"履虎尾"中的修饰成分"虎"去掉,节缩成"履尾",表示处境之危险。

例如《晋书·袁宏传》载宏《三国名臣颂》：

> 仁者必勇，德亦有言。虽遇履尾，神气恬然。

又如唐骆宾王《上兖州崔长史启》：

> 轻渎威严，深惧履尾；载尘听览，迫甚蹈冰。（《骆丞集》卷三）

又如唐元稹《杨元卿可泾原节度使制》：

> 是以陷豺狼之穴，履尾甚危；蓄鹰鹘之心，卑飞待击。（《元氏长庆集》卷四四）

[例十二] 怀音①

《诗经·鲁颂·泮水》：

> 翩彼飞鸮，集于泮林，食我桑黮，怀我好音。

郑玄笺：

> 怀，归也。言鸮恒恶鸣，今来止于泮水之木上，食其桑黮，为此之故，故改其鸣，归就我以音。喻人感于恩则化也。

后人将"怀我好音"中的修饰性成分"我"、"好"去掉，节缩成"怀音"，表示感恩或受教化之义。

例如《南齐书·张敬儿传》载武帝诏：

> （敬儿）往临本州岛，久苞异志。在昔含弘，庶能惩革。位班三槐，秩穷五等。怀音靡闻，奸回屡构。

又如《陈书·留异传》载文帝诏：

> 中岁密契番禺，既弘天网，赐以名爵，敦以国姻，傥望怀音，犹能革面。

又如北宋宋庠《赐尚书工部郎中天章阁待制同州司马池为澄城县百姓党岫持刀刺杀亲叔依条斩讫待罪特放诏》：

> 何兹悖德之氓，靡率怀音之教，毒加亲序，污我人伦。

---

① 《汉语大词典》未收此条。

(《元宪集》卷二七)

［例十三］徯后

《孟子·梁惠王下》引《尚书》：

> 徯我后，后来其苏。

后人节缩成"徯后"，表示在困境中盼望贤明的君主来拯救之义。

例如南朝梁宣帝《建除诗》：

> 建国惟神业，卜世本灵长。除苛逾汉祖，徯后类殷汤。

(《艺文类聚》卷五六)

又如《晋书·桓玄传论》：

> 夫帝王者，功高宇内，道济含灵，龙宫凤历表其祥，彤云玄石呈其瑞，然后光临大宝，克享鸿名，允徯后之心，副乐推之望，若桓玄之么么，岂足数哉。

又如南宋宗泽《乞回銮疏》：

> 陛下奈何不念四海生灵切切徯后之意，乃偏听奸邪之言，托为时巡，驻跸淮甸。(《宗忠简集》卷一)

［例十四］青衿

《诗经·郑风·子衿》：

> 青青子衿，悠悠我心。

原典中"青青子衿"是形容学子所穿的衣服，后人节缩出"青衿"，直接指代学子。字亦作"青襟"。

例如《魏书·李谧传》载孔璠等上书：

> 又结宇依岩，凭崖凿室，方欲训彼青衿，宣扬坟典，冀西河之教重兴，北海之风不坠。

又如《魏书·李崇传》载崇上表：

> 臣闻世室明堂，显于周夏；二黉两学，盛自虞殷。所以宗配上帝，以著莫大之严；宣布下土，以彰则天之轨，养黄发以询格言，育青襟而敷典式，用能享国久长，风徽万祀者也。

又如唐颜师古《汉书叙例》：

顾召幽仄,俾竭刍荛,匡正睽违,徽扬郁滞,将以博喻胄齿,远覃邦国弘敷锦带,启导青衿。

[例十五] 来苏

《孟子·梁惠王下》引《尚书》:

徯我后,后来其苏。

后人节缩成"来苏",表示从困境中获得拯救之义。

例如《晋书·元帝纪》载群臣劝进表:

四海想中兴之美,群生怀来苏之望。

又如《宋书·武帝纪中》载晋帝策:

公投袂星言,研其上略,江津之师,势逾风电,回旆沔川,实繁震慑,二叛奔迸,荆、雍来苏,玄泽浸育,温风潜被。

又如南宋孙觌《贺沈守到任启》:

共兴降晚之嗟,举有来苏之喜。(《鸿庆居士集》卷一四)

第二节 约 举

约举,是指选取经典中某个短语或句子的一部分作为语典词,来表示整个短语或句子的意义的成词方式。

这种方式与上述"节缩"的成词方式的不同之处在于,节缩是剔去经典的短语或句子中非主要的成分,包括一些虚词或修饰性成分,将主要成分压缩成双音节词;而约举虽然也是取其一部分而舍去另一部分,但对于经典的短语或句子而言,约举造词时所舍去的部分往往是短语或句子中不可或缺的重要内容,结果造成了这样一种情况,即通过约举原典中排列在一起的两个单音节词而形成的双音节语典词,原典中的两个单音节词的其中一个是虚词,与另一个单音节词不在一个句法层次上,属于跨层的结构组合。因此,通过这种方式形成的语典词,从字面上看其语意往往是不完整的。

[例一] 如丧

《尚书·舜典》：

> 二十有八载，帝乃殂落。百姓如丧考妣，三载四海遏密八音。

后人据此约举"如丧"，以表示"如丧考妣"之意。在原典中，"如丧考妣"是一个完整的短语，约举"如丧"构成双音节语典词后，"丧"的对象"考妣"虽然没有出现，但这个语典词所表达的意思，只能是专指"如丧考妣"之意，而不能从字面上理解是泛指"像死了一样"的意思。

如《陈书·世祖纪》载皇后令：

> 大行皇帝奄捐万国，率土哀号，普天如丧，穷酷烦冤，无所逮及。

又《白孔六帖》卷三八"登遐"条：

> 如丧之情（原注：如丧考妣）。

又如唐王维《为兵部祭库部王郎中文》：

> 某等何幸，得备官属。泰然若春，温兮如玉。去德何永，事生何促。五情如丧，百身不赎。（《王右丞集》卷五七）

[例二] 遏密

《尚书·舜典》：

> 二十有八载，帝乃殂落。百姓如丧考妣，三载四海遏密八音。

后人据此约举"遏密"，以表示"遏密八音"之意。

例如《宋书·礼志三》：

> 史臣曰："闻乐不怡，故申情于遏密。"

又如《宋书·徐羡之传》载文帝诏：

> 永初之季，天祸横流，大明倾曜，四海遏密。

[例三、四] 观国 利宾

《周易·观》六四：

> 观国之光，利用宾于王。

按照王弼的解释，"观国之光"是指因处于帝王的身边，而看到国家的仪仗的意思。后人将"观国之光"约举"观国"，表示从政之意。

例如《陈书·后主纪》载后主太建十四年诏：

> 人生一世，逢遇诚难，亦宜去此幽谷，翔兹天路，趋铜驼以观国，望金马而来庭。

也有人约举"利宾"，同样表示从仕、参政之意。

例如宋胡宿《上两浙均输徐学士》：

> 懦夫之气寖衰，大敌之勍可畏，未能引退，窃望利宾，所幸者学士辍仙殿之凝严，当外台之委重。（《文恭集》卷三〇）

［例五］维桑

《诗经·小雅·小弁》：

> 维桑与梓，必恭敬止。

后人约举"维桑"，表示家乡、故乡，字也写作"惟桑"。

例如晋陆云《岁暮赋》：

> 处孝敬于神丘兮，结祗慕于惟桑。瞻山川而物存兮，思六亲而人亡。（《陆士龙集》卷一）

又如北周庾信《伯母东平郡夫人李氏墓志铭》：

> 公之告老返维桑兮，闺门之内道弥彰兮。（《庾子山集》卷一六）

又如唐孟浩然《行至汉川作》：

> 坐欣沿溜下，信宿见维桑。（《孟浩然集》卷二）

［例六］托六

《论语·泰伯》：

> 曾子曰："可以托六尺之孤，可以寄百里之命，临大节而不可夺也，君子人与？君子人也。"

后人约举"托六"，表示托孤之义。

例如《隶释》卷八《博陵太守孔彪碑》：

> 弘论穷理，直道事人。仁必有勇，可以托六。授命如毛，诺则不宿，美之至也。

[例七] 履虎

《周易·履》：

> 履虎尾，不咥人，亨。

后人约举"履虎"，表示处境之危险。

例如《宋书·武帝纪上》载刘裕檄：

> 是故夕寐宵兴，援奖忠烈，潜构崎岖，险过履虎。

又如《梁书·武帝纪上》载齐帝诏：

> 永明季年，边隙大启，荆河连率，招引戎荒，江淮扰逼，势同履虎。

第三节 截 割

截割，是指利用经典的语句，截取割裂其中的两个字创造新词的成词方式。

这种成词方式与节缩、约举的不同之处在于，节缩、约举是取语句的一部分表示语句的全部意思，而截割则是以所截取的部分来表示语句中剩余部分的意思。因为这种成词方式的独特性，前人对其多有关注，因而也有"歇后"、"藏词"、"割裂"等多种不同的名称。

由截割形成的双音节语典词，按照其截取对象的不同，可分为以下几类：

一、截取一个句子或短语中的词或短语而形成语典词。

这还可以分成两种具体的方式：

一种是直接截割经典语句中的现成词或词的临时组合，这类截割形成的语典词,其词形与经典中的原来的词或词的组合相同,也就是说,这一类的语典词,实际是利用了经典中的词的外形,形成了一个全新的词,不过表达的是与经典中原词或词的组合的意义几乎完全不同的意义。

[例一] 脊令

《诗经·小雅·常棣》:

> 脊令在原,兄弟急难。

后人截割前文的"脊令",字亦写作"脊鸰"、"鹡鸰"等,表示下文中的"兄弟"。"脊令"在原典中本来就是一个双音节词,指一种鸟的名称。

例如晋袁宏《三国名臣序赞》:

> 将命公庭,退忘私位。岂无鹡鸰,固慎名器。(《文选》卷四七)

又如唐王维《灵云池送从弟》:

> 自叹鹡鸰临水别,不同鸿雁向池来。(《王右丞集》卷一四)

又如宋刘攽《寄刘道原秘丞》:

> 念昔始相从,子少予壮龄。定交自倾盖,结好深鹡鸰。(《彭城集》卷六)

[例二] 明发

《诗经·小雅·小宛》:

> 明发不寐,有怀二人。

诗中的"明发",毛传注作"发夕至明",相当于今天所说的"通宵",后人截取作为语典词,表示"有怀二人",即怀念父母之意。

例如晋陆机《思亲赋》:

> 羡纤枝之在干,悼落叶之志枝。存顾复之遗志,感明发之所怀。(《初学记》卷一七)

又如《宋书·礼志四》:

> 伏惟至尊孝越姬文,情深明发,公服虽释,纯哀内缠。

[例三] 或跃

《周易·乾》九四:

> 或跃在渊,无咎。

原典中"或"的意思是疑惑,"或跃"只是一个临时的组合。后人截取"或跃",表示"在渊",即帝王未登帝位之时。

例如《宋书·江夏文献王义恭传》载义恭劝世祖即位表:

> 神祚明德,有所底止,而冲居或跃,未登天祚,非所以严重宗社,绍延七百。

又如《旧唐书·睿宗诸子传论》:

> 让皇帝守无咎于或跃,利终吉于劳谦,其用有光,其闻莫朽。

又如唐张九龄《龙池圣德颂》:

> 中宗采识者之议,压王气而来游;圣上处或跃之时,出飞龙以合应。(《曲江集》卷一)

另一种是截取一句(或两句)中相对应的词,组成一个并列结构的新词,以表示一句(或两句)中剩下部分内容。

[例] 居诸

《诗经·邶风·柏舟》:

> 日居月诸,胡迭而微。

后人截取"日居月诸"一句中相对应的"居""诸",来表示所剩下的"日月"之意。

例如南朝梁简文帝《善觉寺碑铭》:

> 大通元年,龙集己酉,有令使立碑文,未获构撰,居诸不息,寒暑推移,轩曜凤倾,前星次掩,岁在诹訾,始得补缀。

(《艺文类聚》卷七六)

唐韩愈《符读书城南》:

> 灯火稍可亲,简编可卷舒。岂不旦夕念,为尔惜居诸。

(《昌黎先生文集》卷六)

南宋王十朋《庐山纪游四十韵》：

> 节物变炎凉，迟留费居诸。在路何悠悠，归梦频遽遽。

(《梅溪先生文集后集》卷一〇)

二、截取一个句子或短语中处于不同句法层次的部分形成语典词。

这类截割形成的语典词，所截取的原典中的两个单音节词，在原典句子中并不是处在一个句法层次上，属于跨层结构组合。按照常规的汉语构词法，所截取的两个单音节词是不可能组合成词的。通过这种方式形成的语典词，往往带有虚词，因为含了这些虚字，这些语典词便有了区别于一般词语的特殊标记，更容易使读者通过这种特殊的标记来关联经典原文，并因此而理解这些语典词的含义。这是最典型的不顾语法规则来创造语典词的方式，而通过这种方式所形成的语典词，也最能体现语典词的特色。也许正是因为这样的原因，中古时期的人们似乎在刻意追求这种别致的形式，因为通过截割而成的语典词中，有为数众多的这样的词。

［例一］则哲

《书·皋陶谟》：

> 知人则哲，能官人。

后人截取"则哲"，表示"知人"之意，原典中的"则"字，是表示"乃"、"就"之意的虚词。

例如《后汉书·乐成靖王党传》载安帝贬乐成王苌诏：

> 朕无则哲之明，致简统失序，罔以尉承大姬，增怀永叹。

又如《宋书·文帝纪》载文帝求贤诏：

> 周宗以宁，实由多士，汉室之隆，亦资得人。朕寐寤乐贤，为日已久，而则哲难阶，明扬莫效。用令遗才在野，管库虚朝。

［例二］驾言

《诗·邶风·泉水》：

>驾言出游，以写我忧。

后人截取"驾言"，表示"出游"之意，其中的"言"字，是语助词，没有实义。

例如晋陆云《修身》：

>运羽棹以涉江，浮鄂渚而驾言。（《陆士龙集》卷七）

又如晋陶渊明《归去来兮辞并序》：

>归去来兮，请息交以绝游，世与我而相违，复驾言兮焉求！（《陶渊明集》卷五）

［例三］星言

《诗·墉风·定之方中》：

>星言夙驾，说于桑田。

后人截取"星言"，表示"夙驾"之意，其中的"言"字，是语助词，没有实义。

例如《宋书·武帝纪中》载晋帝九锡文：

>马休、鲁宗阻兵内侮，驱率二方，连旗称乱。公投袂星言，研其上略，江津之师，势逾风电，回斾沔川，实繁震慴，二叛奔迸。

又如北周庾信《周柱国楚国公岐州刺史慕容公神道碑》：

>属以江南阻兵，渚宫边敌，军机警急，锋镝纵横，公奉命星言，元戎启路，总秦人之锐士，兼荆尸之广卒。（《文苑英华》卷九一九）

［例四］乘六

《周易·乾·彖辞》：

>时乘六龙以御天。

后人截取"乘六"表示"御天"，即登帝位而拥有天下之意。

例如《魏书·出帝平阳王纪》载永熙三年诏：

>大魏得一居宸，乘六驭宇，考风云之所会，宅日月之所中。

三、截取原典句子中被明显的语气停顿而隔开的两个单音节词,或两个句子首尾相连的两个单音节词。

这两类语典词在形式上显得更为特殊。尤其是后者,构成这类语典词的两个字,分别是原典两句句子中的首尾两字,这可以看作是跨句的截割。

[例一] 咸感

《周易·咸》:

"彖曰:咸,感也。柔上而刚下,二气感应以相与,止而说,男下女,是以'亨利贞,取女吉'也。"

原典中的"感",是对"咸"的解释,如果将"咸,感也"看作判断句,那么"咸"后便有明显的语气停顿,但后人也有将"咸感"截割出来作为语典词,表示《周易》下文阴阳相感或夫妇相和之意。

唐杨巨《册淑妃何氏为皇后文》:

观柔刚咸感之象,赋鸣鸠肃雍之德,将以视天下之内理,叙人伦之大端。(《文苑英华》卷四四六)

例如宋陈襄《贺冬启》:

柔上刚下,适当咸感之时;小往大来,宜尔复亨之吉。(《古灵集》卷一七)

[例二] 弱冠

《礼记·曲礼上》:

二十曰弱,冠。

原文可以看作是两句句子,前句是说"二十岁的人称之为弱",后一句是"行冠礼"。后人截取因处于两句句子首尾而排列在一起的"弱""冠"二字,组成双音节语典词,表示二十岁或二十岁左右的意思。

例如《汉书·叙传上》:

有子曰固,弱冠而孤。

又如《后汉书》上封事:

驸马都尉瓌虽在弱冠,有不隐之忠。

又如唐刘知几《史通·自叙》：

  洎年登弱冠,射策登朝,于是思有余闲,获遂本愿。

［例三］作解

《周易·解卦》：

  象曰：雷雨作,解。君子以赦过宥罪。

按照《周易》象辞的体例,"解"作为卦名,是被解释的对象,应该单独成句。象辞的这句话,所谓"雷雨作,解",用今天的话说,相当于"打雷下雨,这种情况称之为'解'"。后人截割"作解",表示"赦过宥罪"的意思。

例如《旧唐书·玄宗纪上》载玄宗诏：

  承乾之道,既光被于无垠;作解之恩,思式覃于品物。当与亿兆,同此惟新。可大赦天下,大辟罪已下咸赦除之。

又如唐柳宗元《贺赦表》：

  况乃顺时布政,乘春导和,敷作解之泽,宣在宥之典。

又如宋宋祁《贺御楼肆赦表》：

  谪见上玄,乃降责躬之诏;泽流率土,仍推作解之恩。

第四节　组　　合

  组合,是指利用经典中的现成语句或内容,摘取其中的两个单音节词,组成一个双音节新词的成词方式。

  需要指出的是,有不少通过组合而形成的语典词,其构词成分在原典中是两个单音节词,在原典中处于并列的地位,具有相近或相反的意义,这一点很像我们在上述有关"截割"介绍中提到的"居诸"那一类词的情况,但实际上两者在表义方面还是有所区别的。像"居诸"那样由截割而形成的语典词,其词义明确指原典中剩下部分的意思,形成一一对应的关系,如"居诸"只对应"日月",在原典中,"居"和"诸"分别是"日"和"月"的行为,两者之间没有比喻或象征的关系;而对于组合形成的语典词来说,作为其构词成分的两个单音节词,有的在原典便作为某一类事物的比喻或象征,组合成语典词后,仍然比喻或象征某一类事物。

[例一] 屏翰

《诗经·大雅·板》:

> 大邦维屏,大宗维翰。

后人遂据以组成"屏翰"一词,来称呼护卫国家的王公重臣。

例如南朝宋谢晦《悲人道》:

> 厉薄弱以为政,实忘食于日旰。岂申甫之敢慕,庶惟宋之屏翰。(《宋书·谢晦传》)

又如唐僖宗《郑畋平章事制》:

> 其有道济邦家,任已崇于于屏翰;忠存宗社,义可贯于神明,宜征帷幄之谋,重委庙堂之算。(《唐大诏令集》卷五〇)

又如北宋刘攽《贺东阳郡王启》:

> 注意所存,允协士民之望;抚封攸寄,益知屏翰之尊。(《彭城集》卷三一)

[例二] 顾复

《诗·小雅·蓼莪》:

> 父兮生我,母兮鞠我。拊我畜我,长我育我,顾我复我,出入腹我。

后人组合成"顾复",作为语典词,表示父母的养育之恩。

例如《后汉书·桓帝纪》载桓帝诏:

> 永乐太后亲尊莫二,(梁)冀又遏绝,禁还京师,使朕离母子之爱,隔顾复之恩。

又如《建康实录》卷一二载南朝宋荀伯子奏章:

> (郝)敬叔率其庸鄙,乏阙坟典,行与道违,心与义塞。息

天属之性，遗顾复之恩，伤仁败俗，情礼都尽。①

又如《唐大诏令集》卷八〇唐高宗永徽元年《听卫士终制三年勅》：

> 通丧下达，圣哲贻训。纬俗经邦，咸率至道。至于婴蓼莪之巨痛，怀顾复之深慈，得自天经，含生罔极者也。

[例三] 覆折

《周易·鼎》九四：

> 鼎折足，覆公𫗧。

后人据此组合成"覆折"一词，表示不堪其任，使国家遭受损害。

例如南朝宋王弘《求逊位表》：

> 遂令负乘之衅，彰著幽明；怨伏之灾，患缠氓庶。上缺皇朝缉熙之美，下增官谤覆折之灾。（《宋书·王弘传》）

又如南朝宋王景文《求解扬州表》：

> 臣凡猥下劣，方圆无算，特逢圣私，频叨不次，乘非其任，理宜覆折，虽加恭谨，无补横至。（《宋书·王景文传》）

又如唐令狐德棻《周书·寇洛李弼于谨传论》：

> 及谨以耆年硕德，誉重望高，礼备上庠，功歌司乐，常以满盈为戒，覆折是忧。不有君子，何以能国？（《周书·寇洛李弼于谨传》）

[例四] 丝纶

《礼记·缁衣》：

> 王言如丝，其出如纶。王言如纶，其出如綍。

后人据以组成"丝纶"一词，用以表示帝王所言，有时直接作为诏书的代名词。

例如南朝梁元帝檄文：

---

① 中华书局点校本《建康实录》原作"天性之属"，此据宋绍兴本《建康实录》改。又"恩"字点校本作"思"，今据文渊阁四库全书本《建康实录》改正作"思"。

涣汗既行,丝纶爰被。我是以班师凯归,休牛息马。贼犹不悛,遂复矢流王屋,兵躔象魏。(《梁书·元帝纪》)

又如《魏书·王椿传》载椿上疏:

访谠辞于百辟,诏舆诵于四海。宸衷恳切,备在丝纶。

[例五] 适莫

《论语·里仁》:

君子之于天下也,无适也,无莫也,义之与比。

后人组合成"适莫",表示偏颇、厚薄之义。

例如《三国志·蜀志·蒋琬传》:

后(杨)敏坐事系狱,众人犹惧其必死,(蒋)琬心无适莫,得免重罪,其好恶存道,皆此类也。

又如《三国志·吴志·顾雍传》:

(顾雍)代孙邵为丞相平尚书事,其所选用文武将吏,各随能所任,心无适莫。

[例六] 槐棘

《周礼·秋官·朝士》:

朝士掌建邦外朝之法。左九棘,孤卿大夫位焉,群士在其后;右九棘,公侯伯子男位焉,群吏在其后;面三槐,三公位焉,州长众庶在其后。

后人据此组合成"槐棘",指称三公九卿。

例如《晋书·庾亮传》载亮上疏:

愿陛下许其所陈,济其此举,淮泗寿阳,所宜进据,臣辄简练部分,乞槐棘参议,以定经略。

又如南朝梁任昉《桓宣城碑》:

将登槐棘,宏振纲网。令仪早徂,德音永响。(《艺文类聚》卷五〇)

又如南宋陈傅良《挽薛季孟尚书》:

同时半已登槐棘,卒岁才能足稻梁。(《止斋集》卷九)

[例七] 启沃

《尚书·说命上》：

> 启乃心，沃朕心。

后人利用这句话，组成"启沃"一词，表示开导君主，沟通君臣之意。例如《梁书·武帝纪下》载武帝太清二年诏：

> 朕暗于行事，尤阙治道，孤立在上，如临深谷。凡尔在朝，感思匡救，献替可否，用相启沃。

又如《陈书·后主纪》载后主至德四年诏：

> 王公以下，各荐所知，旁询管库，爰及舆皂，一介有能，片言可用，朕亲加听览，伫于启沃。

有时，经典中的一段文字，可以组合出多个语典词来。如《礼记·王制》：

> 命乡论秀士，升之司徒，曰选士。司徒论选士之秀者而升之学，曰俊士。升于司徒者不征于乡，升于学者不征于司徒，曰造士。

后人利用这一段文字，组合出"选造"、"俊造"等语典词，表示选举出来的有才之士。

[例八] 选造

例如《宋书·孝武帝纪》载孝武帝孝建元年诏：

> 首食尚农，经邦本务，贡士察行，宁朝当道，内难甫康，政训未洽，衣食有仍耗之弊，选造无观国之美。

又如南朝梁简文帝《求宁国临城二公入学表》：

> 愿得耆年国胄，随肩选造。（《艺文类聚》卷三八）

[例九] 俊造

例如《三国志·魏志·武帝纪》载曹操令：

> 其令郡国各修文学，县满五百户置校官，选其乡之俊造而教学之。

又如《旧唐书·代宗纪》载代宗永泰二年诏：

治道同归,师氏为上,化人成俗,必务于学,俊造之士,皆从此途,国之贵游,罔不受业。

又如《诗经·魏风·陟岵》:

  陟彼岵兮,瞻望父兮……陟彼屺兮,瞻望母兮……

后人利用这一段内容,组合出"岵屺①"、"屺岵",作为语典词,以代称父母,或指父母丧亡之意。

[例十] 岵屺

例如唐吕温《送薛大信归临晋序》:

  岁八月,以岵屺之恋,告予于归。(《吕衡州集》卷三)

又如宋宋祁《杨太尉行状》:

  公七岁时已失岵屺,伯氏抚鞠而得其所。(《景文集》卷六一)

又如宋王珪《谢赐生日表二十二道》:

  载及桑蓬之序,方深岵屺之思,念莫报以劬劳,敢饕承于恩礼。(《华阳集》卷四四)

[例十一] 屺岵

例如唐颜惟贞《萧思亮墓志》:

  未及庭闱之养,遂缠屺岵之悲。

又如《尚书·牧誓》:

  如虎如貔,如熊如罴。

后人利用这两句八字,组合出一系列的词语,来形容军队战士的勇武,或直接代指勇武的军队或武士。

[例十二] 虎貔

例如《旧唐书·李听传》载温造等弹劾李听所上表:

  窃见义成军节度使李听,昨者资其承藉,委以统戎,俾代宪诚,付之雄镇。总二万虎貔之旅,位极宠荣;兼两藩节制之

---

① 《汉语大词典》未收此条。

权,心无报效。

又如李商隐《韩碑》:

> 行军司马智且勇,十四万众犹虎貔。(《李义山诗集》卷上)

或直接代称勇武的军队。例如《旧五代史·晋书·少帝纪》载开运元年诏:

> 朕将亲率虎貔,躬擐甲胄,候闻南牧,即便北征。

[例十三] 貔虎

例如《后汉书·光武帝纪》赞:

> 沈几先物,深略纬文。寻邑百万,貔虎为群。长毂雷野,高锋彗云。

又如《梁书·王僧辩传》载世祖勑:

> 黑泰背盟,忽便举斧。国家猛将,多在下流,荆陕之众,悉非劲勇。公宜率貔虎,星言就路。

[例十四] 熊虎

例如《三国志·魏志·杜恕传》载恕上疏:

> 方今二贼未灭,戎车亟驾,此自熊虎之士展力之秋也。

又如《魏书·肃帝纪》载肃帝诏:

> 朕将躬驭六师,扫荡逋秽,其配衣六军,分隶熊虎,前驱后队,左翼右师,必令将帅雄果,军吏明济。

[例十五] 熊罴

例如《三国志·魏志·崔琰传》载琰谏书:

> 袁族富强,公子宽放,盘游滋侈,义声不闻。哲人君子,俄有色斯之志,熊罴壮士,堕于吞噬之用。

又如《南齐书·萧颖胄传》载颖胄檄文:

> 莫府亲贯甲胄,授律中权,董帅熊罴之士十有五万,征鼓纷沓,雷动荆南。

此外,还有组合成"虎罴"、"貔熊"等等,后世也各有用例,此不具列。

另外值得一提的是源自《周易》的语典词。其中有一部分是利用六十四卦的卦名组合而成。这些组合卦名而形成的语典词，大致可以分成以下两种情况：

一、利用具有相反意义的两卦的卦名组合成词，以表示正反两个方面的情况

例如《周易》中的"屯"卦具有艰难之义，而"泰"卦则相反，具有安定、平顺之义。后人组合两卦名，构成语典词，以表示安危、险夷。

［例十六］屯泰

例如《宋书·刘穆之传》载刘裕上表：

> 臣契阔屯泰，旋观始终，金兰之分，义深情密。

又如《陈书·世祖本纪》载天嘉二年诏：

> 故大司马、骠骑大将军类，故司空文育……或缔构艰难，经纶夷险；或摧锋冒刃，殉义遗生；或宣哲协规，绸缪帷幄；或披荆汗马，终始勤劬，莫不罄诚悉力，屯泰以之。

又如宋郭祥正《同许栖默游华阳洞》：

> 人生足离合，世役异屯泰。

［例十七］泰屯

例如宋王迈《诸门生祭真大参西山先生文》：

> 惟先生之用舍，系吾道之泰屯；惟先生之存亡，关吾民之戚欣。

又《周易》中的"否"卦之义，正与"泰"卦相反，后人将两卦名组合成语典词，表示盛衰、安危、顺逆等意思。

［例十八］否泰

例如《三国志·魏志·文帝纪》注引《献帝传》载献帝诏：

> 夫命运否泰，依德升降，三代卜年，著于《春秋》，是以天命不于常，帝王不一姓，由来尚矣。

第四章　语典词的成词方式

又如《宋书·文帝纪》载袁洵等上表：

> 臣闻否泰相革，数穷则变，天道所以不谄，卜世所以灵长。

又如《旧五代史·末帝本纪》：

> 时之否泰，人之休咎，（张）蒙告于于神，即传吉凶之言。

[例十九] 泰否

例如唐张说《常州刺史平贞眘神道碑》：

> 道有行废，时有泰否。三入三出，无愠无喜。（《张燕公集》卷二〇）

又如南宋徐积《赠陈留逸人》：

> 生来无得失，物则有泰否。

又如南宋胡宏《示二子》：

> 体道识泰否，涉世随悲欢。

[例二十] 鼎革

《周易·杂卦》：

> 革，去故也；鼎，取新也。

后人组合二卦名构成语典词，以表示新旧变革。

例如《隋书·许善心传》载善心《神雀颂》：

> 质文鼎革，沿习因成。

又如《唐大诏令集》卷九九《置鸿宜鼎稷等州制》：

> 朕仰膺睠命，俯叶乐推，即瀍涧之基，恢鼎革之运。

又如《旧五代史·梁书·敬翔传》：

> 翔自释褐东下，遭遇霸王，怀抱深沉，有经济之略，起中和岁，至鼎革大运，其间三十余年，庀从征伐，出入帷幄，庶务丛委，恒达旦不寝，唯在马上稍得晏息。

二、利用有相似之义的卦名组合成语典词，以表达其所共有的意义。

例如由于"屯"、"蒙"、"否"、"剥"、"坎"、"蹇"、"困"等卦，其中都含有艰难、困滞、不顺利等内容，因此后人往往将这些卦名组合

成词,表示困顿、艰险、凶恶等意思。如下列例子:

[例二十一] 屯坎

如唐杨炯《益州温江县令任君神道碑》:

　　遭时屯坎,浮生蹇剥,佳人不再,荀奉倩之伤神;赤子无期,潘安仁之惨恸。(《盈川集》卷七)

又如唐张仲素《穆天子宴瑶池赋》:

　　彼乃轻万里而崇一朝,孰若济群生于屯坎。(《文苑英华》卷五九)

[例二十二] 屯否

如汉王粲《初征赋》:

　　逢屯否而底滞兮,忽长幼以羁旅。(《艺文类聚》卷五九)

又如《晋书·纪瞻传》:

　　晋祚屯否,理尽于今。促之则得,可以隆中兴之祚;纵之则失,所以资奸寇之权,此所谓理也。

又如《宋书·礼志三》载江夏王义恭上表:

　　遭运屯否,三才湮灭,乃龙飞五洲,凤翔九江,身先八百之期,断出人鬼之表。

[例二十三] 屯剥

如《宋书·江夏王义恭传》载泰始三年诏:

　　皇基崇建,屯剥维难,弘启熙载,底绩忠果。

又如《陈书·高祖本纪》载梁帝诏:

　　重之以屯剥余象,荆楚大崩,天地无心,乘舆委御。

再如北周庾信《周柱国大将军长孙俭神道碑》:

　　道钟屯剥,世属云雷,地轴左转,天关北开。(《庾子山集》卷一三)

[例二十四] 屯困

如《梁书·武帝纪上》载萧衍檄:

　　夫道不常夷,时无永化,险泰相沿,晦明非一,皆屯困而后亨,资多难以启圣。

[例二十五] 困屯

如晋束皙《贫家赋》:

> 余遭家之轗轲,婴六极之困屯,恒勤身以劳思,思丁饥寒之苦辛。(《艺文类聚》卷三五)

[例二十六] 屯蹇

如东汉秦嘉《赠妇诗》:

> 人生譬朝露,居世多屯蹇。艰忧常早至,欢会常苦晚。(《玉台新咏》卷一)

又如梁任昉《齐明帝谥议》:

> 既而主幼时艰,仍离屯蹇,应当璧之祥,注息肩之愿。(《艺文类聚》卷一四)

又如宋石介《寄复熙道》:

> 四五十年来,斯文何屯蹇,雅正遂凋缺,浮薄竞相扇。(《徂徕集》卷三)

[例二十七] 蹇屯①

如唐白居易《哭王质夫》:

> 出身既蹇屯,生世仍须臾。诚知天至高,安得不一呼。(《白氏长庆集》卷一一)

又如宋廖刚《乙巳保安醮》:

> 臣妻张氏禀性孱弱,遭数蹇屯,粤从年岁以来,仍为风疾所苦。(《高峰文集》卷一一)

[例二十八] 屯蒙

如唐高适《东征赋》:

> 按山川之险阻,救天地之屯蒙。(《高常侍集》卷九)

又如唐刘知几《史通·暗惑》:

---

① 《汉语大词典》未收此条。

昔孟阳卧床,诈称齐后;纪信乘纛,矫号汉王。或主遭屯蒙,或朝罹兵革。

又如宋张守《天申节贺表》：

恭惟皇帝陛下躬汤勇智,服禹俭勤,念久履于屯蒙,期力图于于丰泰。(《毘陵集》卷二)

[例二十九] 蹇剥

如唐杨炯《益州温江县令任君神道碑》：

遭时屯坎,浮生蹇剥,佳人不再,荀奉倩之伤神；赤子无期,潘安仁之惨恸。(《盈川集》卷七)

又如唐白居易《草堂记》：

一旦蹇剥,来佐江郡。(《白氏长庆集》卷四三)

又如南宋虞俦《病起据案无绪辄书二十五韵呈簿尉》：

我生多蹇剥,县尹剧卑贱。(《尊白堂集》卷一)

[例三十] 蹇否①

如宋杨亿《汝州谢上表》：

偶婴沉痼,遂剧支离,因请急以归宁,遽迷魂而不复,率由蹇否,自抵困穷。(《宋文鉴》卷六三)

[例三十一] 否屯②

宋强至《依韵答贯中见贻》：

否屯岂我独,升泰奚人皆。(《祠部集》卷一)

宋程俱《周萃秀才惠诗次韵酬之》：

读书亦良苦,内视馁且贫。为文富谈笑,初不救否屯。(《北山集》卷五)

[例三十二] 否剥

如《晋书·庾冰传》载冰上疏：

况今日之弊,开辟之极,而陛下历数属当其运,否剥之难

---

①② 《汉语大词典》未收此条。

婴之圣躬,普天所以痛心于既往而倾首于将来者也。
又如《南齐书·海陵王本纪》载延兴元年诏:
　　洪基式固,景祚方融,而天步多阻,运钟否剥,嗣君昏忍,暴戾滋多。
又如宋李流谦《分陕志总序》:
　　自昔运丁否剥,蚌生仇邻,干戈相寻,四海横溃。(《澹斋集》卷一四)

[例三十三] 困蒙
如晋曹摅《感旧诗》:
　　富贵他人合,贫贱亲戚离。廉蔺门易轨,田窦相夺称。晨风集茂林,栖鸟去枯枝。今我唯困蒙,郡士所背驰。(《文选》卷二九)
又如唐王维《裴右丞写真赞》:
　　大盗振骇,群臣困蒙,忘身徇节,历险能通。(《王右丞集》卷二○)
又如唐独孤及《为元相祭严尚书文》:
　　诚节见于多难,交态彰于困蒙。(《毘陵集》卷一九)

[例三十四] 困蹇
如唐沈亚之《祭故室姚氏文》:
　　何困蹇之多淹,汩岁序之忽周。(《沈下贤集卷一二》)
又如北宋彭汝砺《和济叔兄书斋言志》其三:
　　踪迹无如今困蹇,才谋不似旧精灵。(《鄱阳集》卷五)
又如南宋王庭珪《与彭子从提刑》:
　　平生困蹇,拜违台矩,余三十年,升沉异辙。(《卢溪文集》卷三一)

由上面的这些例子可以看出,组合这一成词方式其能产性很强。

关于通过组合形成语典词的方式,还有一种比较特殊的情况,那就是组合不同经典中的单音节词,形成双音节语典词。这种方式形成语典词,有一个条件,那就是原典中的两个单音节词,虽然出现在不同的经典中,但其所在的两个语句,往往表达的是相类似的意思。我们看下面的这两个例子:

[例三十五] 尸素

这是利用《尚书》和《诗经》两部经典创造的语典词。

《尚书·五子之歌》中有:

> 太康尸位以逸豫。

《诗经·魏风·伐檀》有:

> 彼君子兮,不素餐兮。

后人据此组合成"尸素"一词,表示居位食禄而不能尽职或居位食禄而不尽职之人。

例如《宋书·王僧达传》载僧达上启:

> 窃以天恩不可终报,尸素难可久处,故猖狂芜谬,每陈所怀。

又如《晋书·纪瞻传》载瞻上疏:

> 臣疾疢不瘳,旷废转久,比陈诚款,未见哀察。重以尸素,抱罪枕席,忧责之重,不知垂没之余当所投厝。

又如《陈书·后主纪》载唐魏徵论:

> 谋谟所及,遂无骨鲠之臣;权要所在,莫匪侵渔之吏,政刑日紊,尸素盈朝。

[例三十六] 旌弓

这是同时利用《左传》和《孟子》两部经典创造的语典词。

《左传·庄公二十二年》引逸《诗》有:

> 翘翘车乘,招我以弓。

《孟子·万章下》有:

> 敢问招虞人何以?曰:"以皮冠,庶人以旃,士以旗,大夫以旌。"

后人据此组合成"旌弓"一词,表示招聘贤者或招聘贤者之物。

例如《魏书·高允传》载允言:

> 臣东野凡生,本无宦意。属休延之会,应旌弓之举,释褐凤池,仍参麟阁,尸素官荣,妨贤已久。

又如《陈书·世祖纪》载世祖诏:

> 而傅岩虚往,穹谷尚淹,蒲币空陈,旌弓不至。岂当有乖则哲,使草泽遗才?

第五节 顺 承

顺承,是指利用经典中现成的判断句式或带有判断意味的语句而形成语典词的成词方式。

这种方式所形成的语典词的词义,可以从原典的文句中直接获得。

[例一] 枢机

《周易·系辞上》:

> 言行,君子之枢机。

中古时期的人们利用这一判断句,将"枢机"作为语典词,表示"言语"。

例如《南齐书·江谧传》载沈冲劾江谧疏:

> 至于蕃岳入授,列代恒规,勋戚出抚,前王彝则。而谧妄发枢机,坐构嚣论,复敢贬谤储后,不顾词端,毁折宗王,每穷舌妙。

又如南朝陈陈暄《应诏语赋》:

> 核生民之要技,实言语以为前,枢机诚为急务,笔札乃是次焉。(《艺文类聚》卷一九)

[例二] 元良

《礼记·文王世子》：

> 语曰："乐正司业，父师司成。一有元良，万国以贞。"世子之谓也。

后人根据这段内容，以"元良"指太子。

例如《南齐书·文惠太子传》载太子疾笃上表：

> 臣地属元良，业微三善，光道树风，于焉盖阙。

又如南朝梁陆倕《为豫章王庆太子出宫表》：

> 臣闻周固本枝，实资明两，汉启盘石，必系元良，所以阐弘祚鼎，光崇守器。（《艺文类聚》卷一六）

［例三］家肥

《礼记·礼运》：

> 四体既正，肤革充盈，人之肥也；父子笃，兄弟睦，夫妇和，家之肥也；大臣法，小臣廉，官职相序，君臣相正，国之肥也。

后人利用这一段话，将"家肥"作为语典词，来形容"父子笃，兄弟睦，夫妇和"等家庭和睦之事。

例如唐王维《谢弟缙新授左散骑常侍状》后附《肃宗皇帝答诏》：

> 朝升鹓行，并列承明，晚下雁序，同归乃眷，家肥无忘国命。（《王右丞集》卷一八）

又如唐白居易《海州刺史裴君夫人李氏墓志铭并序》：

> 夫人之从裴君也，历官九任，凡三十一年，族睦家肥，辅佐之力也。（《白氏长庆集》卷六八）

又如宋宋庠《帅臣郑守忠高化石元孙妻进封郡君制》：

> 蹈无攸之戒，既克家肥；助有为之贤，实参戎重。（《元宪集》卷二六）

［例四、五、六、七］大武　刚鬣　腯肥　柔毛

《礼记·曲礼下》：

> 凡祭宗庙之礼，牛曰一元大武，豕曰刚鬣，豚曰腯肥，羊曰

柔毛,鸡曰翰音,犬曰羹献,雉曰疏趾,兔曰明视。
这本是宗庙祭祀时对所用祭品的别称,后人根据这一段文字,运用"刚鬣"、"腯肥"、"柔毛"等现成词语,作为豕、豚、羊等的雅称,所使用的场合,往往不限于宗庙祭祀,甚至不限于祭祀。例如《艺文类聚》卷九四晋郭璞《豪𤠔赞》:

  刚鬣之族,号曰豪狶。

又如唐王棨《牛羊勿践行苇赋》:

  若使大武斯履,柔毛所加,则八月洲前,无复凝霜之叶,三秋江上,难逢似雪之花。(《麟角集》)

又如北宋李之仪《与何给事》:

  分馈柔毛,何以克当,但恐饱德之余,藏神见梦羊蹴蔬耳。(《姑溪居士前集》卷一八)

又如南宋陈著《答内弟竺少博滴羞深娶妻》:

  乃醮之迎,尚迟其归,讵图眷眷之情,言念亲亲之谊,香分浮蚁,鲜割柔毛,如此盛仪,受之过分。(《本堂集》卷八五)

又如晋张协《七命》:

  封熊之蹯,翰音之跖,燕髀猩唇,髦残象白。(《文选》卷三五)

又如南朝梁刘孝威《正旦春鸡赞》:

  绿鹦智浅,苍鹰害深,兼姿五德,归于翰音。(《艺文类聚》卷九一)

又如北宋刘敞《士挚用雉赋》:

  志耻怀居,择文禽而章物;义羞屈节,视疏趾以思庸。(《公是集》卷一)

[例八] 习坎

《周易·坎》:

  《象》曰:习坎,重险也。

所谓"习坎",是指坎卦作为纯卦,由两个坎单卦组成,相当于"双坎"。后人利用《象辞》的这一句,将"习坎"作为语典词,表示"重险",即重重险阻、关隘的意思。

例如晋张载《叙行赋》:

兼习坎之重固,形东隘以要害;岂乾坤之分域,将隔绝乎内外。(《艺文类聚》卷二七)

又如《晋书·殷仲堪传》载仲堪上奏:

是以李势初平,割此三郡配隶益州,将欲重复上流为习坎之防。

又如《梁书·张缵传》载缵《南征赋》:

美中流之冲要,因习坎以守固,既因之而设险,又居之而务德。

第六节 附　益

附益,是指根据经典中的内容,以经典中的某一个有特殊含义的单音节词作为构词语素,再附加上其他语素组成双音节词的成词方式。

由于通过这种方式制造的词语,词义都与来自经典的特殊语素有密切的联系,而其使用也往往具有求雅的修辞效果,因此也属于语典词。

[例一] 所天

《仪礼·丧服》:

故父者,子之天也;夫者,妻之天也。

后人用"所天"表示父亲。例如北宋杨亿《谢弟倚特赐进士第二等及第表》:

伏念臣爰从幼岁,即丧所天,无负郭之田园,以供糊口,有既孤之弟妹,俱未成人。(《武夷新集》卷一四)

又如北宋余靖《谢分司表》：

此盖伏遇皇帝陛下天覆无私，乾刚独断，念臣尝经驱策，不避艰危，察臣本以公言，构成私隙，俾从散秩，归奉所天，下以成微臣就养之勤，上以全陛下退人之道。(《武溪集》卷一四)

又如南宋杨万里《送刘景明游长沙序》：

予与景明皆有服，相问则相泣相愬，以皆失所天，于是相吊。(《诚斋集》卷七八)

[例二] 移天

根据上述《仪礼》的内容，则女子出嫁，是从原来的以父为天变成以夫为天，因此，后人将女子出嫁事夫称为"移天"，或直接将丈夫称为"移天"。

例如北周庾信《彭城公夫人尔朱氏墓志铭》：

晨昏展敬，事极于移天；苹藻洁诚，义申于中馈。(《庾子山集》卷一六)

又如唐李白《溧阳濑水贞义女碑铭》：

贞义女者，溧阳黄山里史氏之女也。以家溧阳，史阙书之。岁三十弗移天于人，清英洁白，事母纯孝。(《李太白文集》卷二九)

又如唐柳宗元《叔父祭六伯母文》：

移天凤丧，丁此闵凶。主器继天，莫承于宗。(《柳河东集》卷四一)

[例三] 所怙

《诗经·小雅·蓼莪》：

无父何怙？无母何恃？

后人据此用"所怙"表示父亲。

例如东汉《郎中郑固碑》：

乃遭氛灾，陨命颠沛，家失所怙，国□忠直。(《隶释》卷六)

又如唐韩愈《祭十二郎文》：

吾少孤，及长，不省所怙。（《昌黎文集》卷二三）

又如南宋刘宰《代侄祭父成服文》：

方在髫龀，遽失所怙，昼抄夜诵，不间寒暑。（《漫塘集》卷二六）

［例四］所恃

同样，后人也根据《诗经》的上述诗句，用"所恃"表示母亲。例如《旧唐书·肃宗张皇后传》：

昭成为天后所杀，玄宗幼失所恃，为窦姨鞠养。

又如北宋徐铉《唐故文水县君王氏夫人墓铭》：

夫人丽窈窕之容，秉明慧之性，幼失所恃，事继亲以孝闻。（《骑省集》卷一七）

又如南宋葛胜仲《平江祭外祖父母墓文》：

某薄佑不天，未弱冠失所恃，岁朔流迈，凯风寒泉之感，未敢辄忘也。（《丹阳集》卷一五）

［例五］失怙

也有人利用上述《诗经》的内容，创造出"失怙"，表示父亲去世之意。

例如宋梅尧臣《泜口得双鳜鱼怀永叔》：

公乎广陵来，值我号苍穹。失怙哀无穷，烹煎不暇饷。（《宛陵集》卷一二）

又如宋贺铸《人生七十稀》：

嗟吾凤多负，失怙在童龀。（《庆湖遗老诗集》卷三）

又如宋郑兴裔《追封告文》：

兴裔罪恶滔天，福祿失怙，夙奉慈诲，循历显荣。（《郑忠肃奏议遗集卷下》）

［例六］失恃

同样，也有用"失恃"表示母亲去世之意。

例如三国魏嵇康《思亲诗》：

奄失恃兮孤茕茕，内自悼兮啼失声。(《嵇中散集》卷一)

又如宋梅尧臣《秀叔头虱》：

吾儿久失恃，发括仍少栉。曾谁具汤沐，正尔多虮虱。(《宛陵集卷二七》)

又如宋《魏安人胡氏行状》：

故黄州别驾朝散胡公赞之长女，失恃于襁褓。甫四岁，已能思念母爱，尝见他儿戏母侧者，辄泣下，有讯者，则曰："我何以无母子之乐耶？"(《东塘集》卷二〇)

[例七] 震储

《周易·说卦》：

震一索而得男，故谓之长男。

又：

震为雷，为龙……为长子。

因为"太子"即"长男"，后人根据《周易》的上述内容，将太子称为"震储"。

例如南朝齐王僧令《皇太子释奠会诗》：

帝图远泰，震储克融。识超玄览，志迈谦冲。(《文馆词林》卷一六〇)

[例八] 震位

也有将太子之位称为"震位"。

例如《旧唐书·五行志》载宋务先上疏：

陛下自登皇极，未建元良，非所以守器承祧，养德赞业。离明不可辍曜，震位不可久虚，伏愿早择贤能，以光副储。

[例九] 震宫

又有将太子所居称为"震宫"。

例如《唐大诏令集》卷七九《赦行幸诸县及岐州诏》：

朕昔在震宫，侍游兹壤，山川依旧，岁月不追。

又如南宋叶适《祭戴詹事文》：

> 公晚逢时，儒道始尊，乃尹震宫，位长冬官。（《水心集》卷二八）

［例十］居震

又有将处于太子之位称为"居震"。

例如《旧唐书·于志宁传》载志宁谏书：

> 是以周诵升储，见匡毛、毕；汉盈居震，取资黄、绮。

又如南朝梁简文帝《谢为皇太子表》：

> 臣闻团晖丽天，浡雷居震，必资令德，实建贤明。（《艺文类聚》卷一六）

［例十一］登槐

《周礼·秋官·朝士》：

> 朝士掌建邦外朝之法。左九棘，孤卿大夫位焉，群士在其后；右九棘，公侯伯子男位焉，群吏在其后；面三槐，三公位焉，州长众庶在其后。

后人取其中的"槐"，作为"三公"的代称，附加别的语素，形成语典词。如有将担任三公一类的官职称为"登槐"：

例如《晋书·魏舒李憙刘实高光传论》：

> 魏舒刘实发摅精华，结绶登槐，览止成务。

唐韩愈《河南府同官记》：

> 武志既扬，文教亦熙。登槐赞元，其庆且至。

［例十二］槐府

又有将三公的官署或府第称为"槐府"。

例如宋夏竦《回徐舍人启》：

> 环望流闻，渊衷妙简，亟试才于槐府，俄锡命于纶垣。

例如宋宋祁《回并州明龙图谢改谏议启》：

> 宣风属部，且符竹马之期；召对西清，即参槐府之论。

值得注意的是，上举以"震（太子）"为核心而形成了一系列具有典故性质的语典词,以"槐(三公)"为核心而形成的语典词,还有不少,除了上面举的两例外,诸如"槐第"、"槐省"、"槐庭"、"槐位"、"槐岳"、"槐衮"、"槐绶"、"槐宰"、"台槐"、"公槐"等。这充分说明,这一类将典源中有特定意义的某一词作为关键语素,通过附益其他语素而形成的语典词的方式,虽然具有明显的用典意味,却又在一定程度上摆脱了典源文本的限制,因而具有很强的能产性。这方面,以《周易》中的八纯卦的卦名最为典型。由于八纯卦在《说卦》中被赋予了大量的象征意义,后人据之创造了不少由以八纯卦卦名附益而成的语典词。即以乾卦为例,因《说卦》有"乾,西北之卦也……乾,天也。……为君,为父……"的说法,于是后人据此创造了一系列与"乾"相关的语典词。如"乾位"、"乾维"、"乾隅"、"乾方"表示西北方;"乾冈"表示西北山冈;"乾风"表示西北风;"乾男"表示太子;"乾文"、"乾录"表示帝王之文;"乾心"表示帝王之心;"乾光"、"乾渥"表示君主之恩;"乾明"表示君主之明;"乾居"表示帝王起居;"乾基"、"乾构"表示帝业;"乾宇"表示天下;"乾穹"表示天空;"乾灾"表示天灾;"乾命"、"乾符"表示天命;"乾则"表示天道;"乾象"、"乾图"表示天象;"乾启"表示上天的启示;"乾荫""乾覆"表示父亲的庇护;"九乾"表示九天;"昊乾"表示昊天;"皇乾"表示皇天;"应乾"表示顺应天命;"御乾"表示帝王登基;"临乾"表示帝王统治天下,等等。乾卦如此,其余七卦也相仿佛。凡是以这种方式形成的双音节词,虽然其中只含有一个来自经典的语素,但对其词义的理解离不开经典的文本,因此,也都具有语典词的性质。

第七节 凝 固

凝固,是指将原典中原本是临时出现在一起的两个单音节词,固定成一个双音节语典词,表示与原来两个单音节词相近或相关的意思。

这种方式形成的语典词,与原典中两个单音节词相比,有两个明显的区别,一是中古时期的语典词,是一个双音节词,而不再像先秦经典中那样是两个单音节词;一是语典词虽然表示的意思与原来两个单音节词组合在一起所表达的意思相近或相关,但从语用上看,语典词有了明确的限定,这个限定来自于原典中相关人物的身份。

[例一] 弗兴

《尚书·顾命》:

> 今天降疾,殆弗兴弗悟。

其中的"弗兴",原是病重不起的意思,原没有语用上的限制,但由于这句话出自病重将崩的周成王之口,后人遂据此将"弗兴"用作表示帝王或相当于帝王身份的人重病不治之义的语典词。亦写作"不兴"。

例如《晋书·恭帝纪》:

> (义熙)十四年十二月戊寅,安帝崩,刘裕矫称诏曰:"……方凭阿衡,维新洪业,而遘疾大渐,将遂弗兴。"

又如晋潘岳《南阳长公主诔》:

> 天道辅贤,宜亨遐寿,如何短命,曾不华首,寝疾弗兴,繁荣摧朽。(《艺文类聚》卷一六)

又如《晋书·成帝纪》:

> (咸康八年)夏六月,帝不豫,诏曰:"朕以眇年,获嗣洪绪……今遘疾,殆不兴,是用震悼于厥心。"

[例二] 厘降

出自《尚书·尧典》:

> 厘降二女于沩汭,嫔于虞。

"厘降",孔颖达疏为"谓能以义理下之",则原文的"厘降",应该只是一个状谓结构的短语。原典中只是指尧将女儿嫁给舜,后人多将"厘降"专门用以表示帝王之女出嫁的意思。

如《魏书·崔玄伯传》:

> 太祖曾引玄伯讲《汉书》,至娄敬说汉祖欲以鲁元公主妻匈奴,善之,嗟叹者良久,是以诸公主皆厘降于宾附之国,朝臣子弟虽名族美彦,不得尚焉。

又如《唐大诏令集》卷四一《封十二妹等四人长公主制》:

> 故当幼年,各封善地,咸命为长公主。未及厘降,先开邑封,所以慰太后慈念之心。

又如宋王禹偁《慰公主薨表》:

> 伏以某国公主,自天钟秀,禀圣含华,声诗早咏于肃雍,选尚遂从于厘降,行舅姑之礼,克表人伦,宜公侯之家,诞彰妇道。(《小畜集》卷二三)

[例三] 盐梅

《尚书·说命下》:

> 若作和羹,尔惟盐梅。

孔传:

> 盐咸梅醋,羹须咸醋以和之。

根据孔传,则其中的"盐"和"梅"两个单音节词,原指两种调味料。《尚书》中的"盐梅"只是两个单音节词的临时组合,但是因为这是高宗对其相傅说所说的话,因此中古时期的人们遂根据《尚书》,将"盐梅"凝固成一个语典词,表示宰相或像傅说那样的治国之才。

例如《梁书·庾诜传》载梁武帝普通中所下诏:

> 诜可黄门侍郎,承先可中书侍郎,勒州县时加敦遣,庶能屈志,方冀盐梅。

又如《隋书·刘昉郑译柳裘皇甫绩卢贲传论》:

> 暨夫帝迁明德,义非简任,盐梅之寄,自有攸归。

又如《旧唐书·于志宁传》载志宁上疏:

臣闻明君驭历,当俟献替之臣;圣主握图,必资盐梅之佐。

第八节 袭用篇名

此外,还有一种较为特殊的方式,即利用经典的篇名来创造语典词,这主要是指利用《诗经》篇名和《周易》卦名来创造语典词的方式。

关于由这种方式所形成的语典词,本书第三章论及由《诗经》创造的语典词的部分已揭示了大量的例子,这里就不再列举了。

以上我们介绍了双音节语典词的八种成词方式。从造词原料上看,任学良《汉语造词法》将汉语的造词原料分成音节、形态标志、词、老化词四类,与之相比,语典词的造词原料,都是经典中的语句,大部分超出了四类之外。语典词构词方式的研究,可以帮助我们认识汉语造词在使用材料上的特殊之处。从构词方式来看,王力《汉语史稿》将复音词的构成方式分为三大类:1. 连绵字;2. 词根加词头词尾;3. 仂语的凝固化。任学良《汉语造词法》则将复音词的造词方法分成词法学、句法学、修辞学、语音学、综合式等五种具体的造词法。但无论是哪一种分类,都不能完全涵盖双音节语典词的所有构词方式。语典词的构词方式,有些突破了一般汉语构词方式的限制,成为了中古时期汉语成词的一种特殊形式,而通过这些特殊的形式产生了数量众多的复音词。作为中古汉语复音词的一个重要组成部分,语典词展示了汉语词汇复音化的特殊途径,这不仅是中古汉语词汇的明显特点,应该也是汉语有别于其他语种的一个特色。

第五章　语典词的修辞意义及文化内涵

在文章中使用语典词,本质上是一种修辞的手段。人们在句子中使用语典词,都带有明确的修辞目的:或是利用语典词替换熟语俗词,以追求脱俗典雅的效果;或是利用语典词来作某些隐性的模拟,以寄寓作者的褒贬的倾向;或是利用语典词来作委婉的表达,以达到蕴藉避讳的目的。

语典词的使用,都带有明确的修辞目的。根据对一定数量的语典词的修辞意义的调查,可知语典词至少具有避俗、隐喻、委婉等三个不同的修辞目的。

第一节　避　　俗

避俗是指通过使用语典词来替换司空见惯的常用词来达到典雅的效果,这是语典词的一个最重要的修辞目的。前面提到的有关表示"兄弟"、"母亲"的语典词,正是为了追求这一目的而产生的。这样的语典词数量众多。

一、替代"天地":

1. 两仪

《周易·系辞上》:

　　是故易有太极,是生两仪。

晋成公绥的《天地赋》,从几个角度分别介绍了天地的名称,代表了当时的人们对天地的认识,其中有:

> 天地之神,难以一言定其称,故体而言之,则曰两仪。

这显然是来自《周易》的认识。《晋书·顾荣传》亦载荣论"太极两仪"等概念时说:

> 夫两仪之谓,以体为称,则是天地。

中古文献中,用"两仪"来代称天地的例子有不少:

例如《宋书·礼志三》载宋武帝永初三年九月徐羡之、傅亮等奏:

> 盖述怀以追孝,跻圣敬于无穷,对越两仪,允洽幽显者也。

我们拿《晋书·元帝纪》载刘琨等所上劝进表作对比:

> 臣闻天生蒸民,树之以君,所以对越天地,司牧黎元。

可以看出,前者的"对越两仪",相当于后者的"对越天地"。

又如《宋书·乐志四》载晋傅玄所作鼓吹歌曲《夏苗田》:

> 惟大晋,德参两仪,化云敷。

而《乐志四》又载《鼙舞歌·景皇帝》:

> 景皇帝,聪明命世生,盛德参天地。

前者的"德参两仪",相当于后者的"德参天地。"

2. 玄黄

《周易·坤·文言》:

> 夫玄黄者,天地之杂也,天玄而地黄。

后人据此以"玄黄"作为天地的别称。

如《隋书·音乐志中》载《昭夏》辞:

> 玄黄覆载,元首照临。

而《唐大诏令集》卷一二五《平杨师立诏》:

> 迷天地覆载之恩,亏臣子忠孝之道。

所谓"玄黄覆载",同"天地覆载"。

同样的例子又如《隋书·李德林传》载德林《天命论》:

粤若邈古，玄黄肇辟，帝王神器，历数有归。

3. 覆载

《礼记·中庸》：

> 天之所覆，地之所载，日月所照，霜露所队，凡有血气者，莫不尊亲。

后人据此以"覆载"作为天地之别称。

例如《晋书·苻健载记》：

> 会大雨霖，河渭溢，蒲津监寇登得一屦于河，长七尺三寸，人迹称之，指长尺余，文深一寸。健叹曰："覆载之中，何所不有！"

又如《旧唐书·田弘正传》载弘正上表：

> 臣闻君臣父子，是谓大伦，爰立纪纲，以正上下，其或子不为子，臣不为臣，覆载莫可得容，幽明所宜共殛。

又如北宋韩琦《乙巳冬乞罢相第二表》：

> 乃阴阳失序……四面之责，毕丛于臣，兹所以当食辍餐，通夕不寐，覆载之内，若无所容。（《安阳集》卷二八）

二、替代"父母"：

1. 屺岵

《诗经·魏风·陟岵》：

> 陟彼岵兮，瞻望父兮……陟彼屺兮，瞻望母兮。

《诗序》：

> 《陟岵》，孝子行役，思念父母也。国迫而数侵削，役乎大国，父母兄弟离散，而作是诗也。

这本是思念父母之诗，因诗中将"岵"与父对应，将"屺"与母对应，故后人组合成"屺岵"一词，作为父母的雅称。

例如唐颜惟贞《萧思亮墓志》：

> 未及庭闱之养，遂缠屺岵之悲。

又如北宋刘跂《席府君夫人杜氏墓志铭》：

孝嗣感桥梓之性，怀岵屺之悲，请以懿美，传之文翰。（《学易集》卷八）

2. 怙恃

《诗·小雅·蓼莪》：

无父何怙，无母何恃！

后人据此组合成"怙恃"一词，作为父母的代称。

例如唐韩愈《乳母墓铭》：

愈生未再周孤，失怙恃。（《昌黎文集》卷三五）

又如北宋徐铉《故唐大理司直鄂州汉阳令赠卫尉少卿樊君神道碑》：

好学之勤，本由天赋；至孝之性，不坠家声。始及弱冠，并违怙恃，绝浆泣血，哀感州闾，负土成坟，终丧庐墓。（《骑省集》卷二七）

3. 孔迩①

《诗经·周南·汝坟》：

鲂鱼赪尾，王室如毁。虽则如毁，父母孔迩。

后人据此截取"孔迩"，用作父母的代称。

例如《晋书·慕容暐载记》载尚书左丞申绍上疏：

宜严制军科，务先饶复，习兵教战，使偏伍有常，从戎之外，足营私业，父兄有陟岵之观，子弟怀孔迩之顾，虽赴水火，何所不从！

所谓"子弟怀孔迩之顾"者，即子弟们顾及父母之义。

三、替代"母亲"：

《诗经·邶风·凯风》：

母氏圣善，我无令人。

后人据此用"圣善"表示母亲。例如《晋书·文明王皇后传》载武

---

① 《汉语大词典》未收此条。

帝诏：
> 每惟圣善敦睦遗旨，渭阳之感，永怀靡及。

又如魏王粲《思亲诗》：
> 嗟我怀归，弗克弗遑。圣善独劳，莫慰其情。

四、替代"故乡"：

《诗经·小雅·小弁》：
> 维桑与梓，必恭敬止。

后人据此以"桑梓"表示故乡。

例如汉张衡《南都赋》：
> 永世克孝，怀桑梓焉；真人南巡，亲旧里焉。

又如《梁书·武帝纪下》载武帝诏：
> 朕自违桑梓，五十余载，乃眷东顾，靡日不思。

又如唐王维《王右丞集》卷四《休假还旧业便使》：
> 谢病始告归，依依入桑梓。

第二节　隐　喻

中古文献中有些语典词的用例，带有明显的通过模拟而作隐喻的特点。这些文章的作者在创作的时候，故意将所要描写的人物或事件，通过语典词，与古代经典中的人物或事件联系起来，蕴含类比，从而达到或褒或贬的修辞目的。

[例一] 钦明

《尚书·尧典》：
> 钦明文思，安安。

"钦明"本是称赞尧的词语，后人使用这一语典词时，都将其作为对君主的赞语，暗示所赞之人与尧相似。

例如《后汉书·谢该传》载孔融荐谢该书：

陛下圣德钦明,同符二祖;劳谦疢运,三年乃谨。

又如《晋书·元帝纪》载刘琨等所上劝进表:

赖先后之德、宗庙之灵,皇帝嗣建,旧物克甄。诞授钦明,服膺聪哲,玉质幼彰,金声夙振。

又如《宋书·临川烈武王道规传》载文帝诏:

故临川烈武王体道钦明,至德渊邈,叡哲自天,孝友光备。

[例二] 登庸

《尚书·尧典》:

帝曰:"畴咨若时登庸。"

"登庸"本意是选拔任用,但后人多将它作为表示登上帝位的语典词,一个最主要的原因是这个词语出现在尧向臣下要求推荐继承者的话中,使用这一个语典词,蕴含着登上帝位者的才德及合法性与舜相似的意思。

例如《文选》卷四八扬雄《剧秦美新》:

臣伏惟陛下以至圣之德,龙兴登庸,钦明尚古,作民父母,为天下主。

又如《南齐书·王俭传》载俭与褚渊等上疏:

陛下登庸宰物,节省之教既昭;龙衮琁极,简约之训弥远。

又如《陈书·宣帝本纪》:

高宗在田之日,有大度干略,及乎登庸,实允天人之望。

[例三] 厘降

《尚书·尧典》:

厘降二女于妫汭,嫔于虞。

"厘降"本来只是指尧嫁女给舜,后人据此,将"厘降"作为嫁皇(王)女的代称,其中也不乏模拟之义。

例如《三国志·魏志·文德郭皇后传》裴注引王沈《魏书》:

后上表谢曰:"妾无皇英厘降之节,又非姜任思齐之伦。"

又如《魏书·崔玄伯传》:

太祖曾引玄伯讲《汉书》,至娄敬说汉祖欲以鲁元公主妻匈奴,善之,嗟叹者良久,是以诸公主皆厘降于宾附之国,朝臣子弟虽名族美彦不得尚焉。

又如北宋王禹偁《慰公主薨表》：

伏以某国公主自天钟秀,禀圣含华,声诗早咏于肃雍,选尚遂从于厘降。(《小畜集》卷二三)

[例四] 日昃

《尚书·无逸》：

周公曰："呜呼! 厥亦惟我周太王、王季,克自抑畏。文王卑服,即康功田功；徽柔懿恭,怀保小民,惠鲜鳏寡。自朝至于日中昃,不遑暇食,用咸和万民。"

后人据此组成"日昃"一词,表示勤政之义,在使用的过程中,往往带有与文王模拟的意思。

例如《汉书·王莽传上》载张竦为刘嘉作奏：

国家所以服此美,膺此名,飨此福,受此荣者,岂非太皇太后日昃之思,陛下夕惕之念哉!

又如《晋书·景帝纪》载魏帝诏：

公履义执忠,以宁区夏,式是百辟,总齐庶事,内摧寇虐,外静奸宄,日昃忧勤,劬劳夙夜。

又如《陈书·宣帝纪》载太建十一年诏：

朕日昃劬劳,思弘治要,而机事尚拥,政道未凝,夕惕于怀,罔知攸济。

第三节　委　婉

有一部分语典词的使用,则是为了使表达更加委婉。对于某些有所忌讳而不便直接表达的意思,古人往往会利用语典词来婉转表示。这也是语典词的一个重要的修辞意义。

最常见的,如表示"死亡"之义的语典词。因为死亡为人所忌讳,因此,古人利用经典,制造出了一系列表示死亡的语典词,来婉转表达死亡之义。

［例一］易箦

《礼记·檀弓上》：

> 曾子寝疾,病,乐正子春坐于床下,曾元、曾申坐于足,童子隅坐而执烛。童子曰："华而睆,大夫之箦与?"……曾子曰："然。斯季孙之赐也,我未之能易也。元,起易箦!"

后人据此以"易箦"表示人临终或死亡。

例如《周书·宇文广传》载武帝诏：

> 可斟酌前典,率由旧章,使易箦之言得申遗志,黜殡之请无亏令终。

又如南朝陈徐陵《广州刺史欧阳頠德政碑》：

> 屯骑府君早弃荣禄,易箦之日,几将毁终。（《艺文类聚》卷五二）

又如唐张说《唐故夏州都督太原王公神道碑》：

> 功存西域,身弃南荒；易箦中路,县棺反藏。（《张燕公集》卷一九）

［例二］属纩

《礼记·丧大记》：

> 属纩以俟绝气。

后人据此以"属纩"表示临终或死亡。

例如《隋书·萧岿传》载岿临终上表：

> 而摄生乖舛,遽罹痾疾,属纩在辰,顾阴待谢。

又如《唐大诏令集》卷一一《神尧遗诏》：

> 朕虽德愧古人,岂忘景行？属纩之后,三日便殡。

又如宋黄庭坚《祖母远忌疏二首》其一：

第五章 语典词的修辞意义及文化内涵

　　适当属犷之辰,深动降霜之感。(《山谷外集》卷一〇)
　又如涉及父母去世的意思,古人也都利用语典词,作委婉的表示。
　　[例三] 何怙
　　《诗经·小雅·蓼莪》:
　　　无父何怙?
后人截割"何怙",表示"无父",即丧父之意。
　　例如北宋宋祁《代求见书》:
　　　未卒谏垣之业,遽钟何怙之悲。(《景文集》卷五〇)
　　又如北宋范仲淹《求追赠考妣状》:
　　　窃念臣襁褓之中,已丁何怙,鞠养在母,慈爱过人。(《范文正集》卷一八)
　　又如南宋綦崇礼《代李邦彦谢起复表》:
　　　倚庐梓里,方深何怙之怀;出綍枫宸,遽复频虚之促。
(《北海集》卷二六)
　　[例四] 何恃
　　《诗经·小雅·蓼莪》:
　　　无母何恃?
后人截割"何恃",表示"无母",即丧母之意。
　　例如北宋石介《徐州张刑部书》:
　　　介生十年,失母氏之爱,继以两母,今皆何恃,而所恃者独父,尝自痛不能报三母鞠育之恩。(《徂徕集》卷一六)
　　又如北宋苏颂《不许诏》:
　　　协赞惟几之务,倚注方深;自罹何恃之艰,哭踊斯毕。
(《苏魏公文集》卷二二)
　　又如南宋綦崇礼《除刘光世特起复检校太傅宁武宁国军节度使开府仪同三司充江南东路宣抚使彭城郡开国公食邑五千三百户实封二千四百户依旧建康府置司制》:

理实难谌,天胡不吊,既抱靡瞻之痛,复缠何怙之悲。(《北海集》卷六)

[例五] 靡瞻

《诗经·小雅·小弁》:

靡瞻匪父。

后人截割"靡瞻",以表示丧父之意。

例如北宋夏竦《故金紫光禄大夫检校礼部尚书右神武卫大将军致仕使持节康州诸军事康州刺史充本州岛团练使上柱国开国伯食邑七百户赠镇南军节度使太原王公墓志铭》:

子四人……女四人……而皆靡瞻颡泣,何怙衔哀,孺慕无时,柴毁过礼。(《文庄集》卷二八)

又如南宋綦崇礼《除刘光世特起复检校太傅宁武宁国军节度使开府仪同三司充江南东路宣抚使彭城郡开国公食邑五千三百户实封二千四百户依旧建康府置司制》:

理实难谌,天胡不吊,既抱靡瞻之痛,复缠何怙之悲。(《北海集》卷六)

[例六] 云雷

出自《周易·屯》:

云雷,屯。君子以经纶。

因为屯卦的卦象为上坎(云)下震(雷),表示艰险和困难,所以中古时期的人们便用"云雷"作为屯卦的代名词,委婉表示时运艰难之意。

例如《宋书·邓琬传》载琬传京师檄:

阳六数艰,云雷相袭。高皇受历,时乘云辔,顿于促路。文祖定祥,系昭睿化,蔀于中年。

又如北周庾信《庾子山集》卷一三《周柱国大将军长孙俭神道碑》:

道钟屯剥,世属云雷。地轴左转,天关北开。

第四节　语典词的文化内涵

一个时代的词汇,是那个时代社会生活的反映。语典词的创造与使用,在一定程度上反映了中古时期文化的特点。语典词可以让我们直观地了解中古时期人们在哲学、政治、伦理道德等方面具体情况。如前面所说的有关利用《周易》、《老子》等哲学经典形成的大量语典词,可以看出,中古时期,特别是三国、六朝时期,人们对这些哲学经典的崇尚。而有关帝王的众多语典词,足以表现人们对君主的美化乃至神化。下面我们从伦理道德的角度,来对语典词所拥有的文化内涵作一些具体的说明。

中古时期伦理道德方面最突出的一点,便是崇尚孝道。这一点在语典词上的反映,便是利用先秦经典中与孝有关的文字,创造了形形色色有关孝道的语典词。

(一) 称呼父母的语典词

称呼养育自己的父母,用"父母"、"父"、"母"这样的名称,并没有多少感情的色彩,因此,中古时期的人们,利用先秦经典,创造出了不少"父母"的代称,以此寄托对父母的深厚感情。本书上文揭示的"岵屺"、"屺岵"、"怙恃"、"圣善"等都是其例。

(二) 感激父母养育之恩的语典词

为了对父母的养育之恩表示感激,中古时期的人们创造了数量众多的与之相关的语典词。除了上文提到的"顾复"等词外,还有不少类似的例子。

[例一] 劬劳

《诗经·小雅·蓼莪》有"哀哀父母,生我劬劳"一句,后人因以

"劬劳"作为语典词,表达对父母养育之恩的感激赞美之情。例如唐白居易《为崔相陈情表》:

> 建中初,德宗皇帝念臣亡伯位高无后,以犹子之义,命臣继绍,仍赐臣名。嗣袭虽移,孝思则在。上荷君命,永承继绝之宗;中夺私恩,遂阻劬劳之报。岁月旷久,情礼莫伸。(《白氏长庆集》卷六一)①

[例二] 生鞠

《诗经·小雅·蓼莪》有"父兮生我,母兮鞠我"一句,后人遂据以组合成"生鞠"一词,表示父母的养育之恩。例如宋郑侠《观孔义甫与谢致仕诗有感》:

> 慈乌于反哺,知以报生鞠。学术不寸施,犹之玉韫椟。

(《西塘集》卷九)

[例三] 免怀

《论语·阳货》有"子生三年,然后免于父母之怀。"后人遂用"免怀"表示父母对自己的养育。例如宋夏竦《辞起复知制诰表》:

> 蒙慈幼之育凡四十一年,报免怀之恩止二十七月。(《文庄集》卷五)

(三)表示奉养父母的语典词

孝子对自己父母的奉养,不仅是要在起居饮食上给以足够的关心,还要在精神方面力求父母愉悦,中古时期的很多有关奉养双亲的语典词,都反映了这样的内容。

[例一] 菽水

《礼记·檀弓下》:"子路曰:'伤哉!贫也!生无以为养,死无以为礼也。'孔子曰:'啜菽饮水尽其欢,斯之谓孝。'"中古时期的人们以"菽水"为词,表示对父母的奉养,表面上看,似乎只是照顾

---

① 本节所论语典词,其用例多不止一见,仅举一例,其余从略。

父母的饮食,实际则蕴含了"尽其欢"的意思。例如唐王勃《送劼赴太学序》:

> 嗟乎!不有居者,谁展色养之心;不有行者,孰就扬名之业。笾豆有践,菽水尽心。(《王子安集》卷七)

[例二] 婉愉①

《礼记·祭义》有"孝子之有深爱者,必有和气。有和气者,必有愉色。有愉色者,必有婉容",后人从中组合出"婉愉"一词,表示以和颜悦色侍奉双亲之义。例如宋胡寅《戏彩堂记》:

> 侯之婉愉乎斯堂,是诚足乐矣,而闻之者犹以为未究侯之志焉。(《斐然集》卷二〇)

[例三] 色养

《论语·为政》有"子游问孝。子曰:'今之孝者,是谓能养。至于犬马,比能有养,不敬,何以别乎?'子夏问孝。子曰:'色难。有事弟子服其劳,有酒食先生馔,曾是以为孝乎'"后人根据这段文字,组成"色养"一词,表示以恭敬的态度侍奉父母,不仅在物质上满足父母的生活,还要在精神上让父母愉悦。例如《晋书·山涛传》:

> 以母老辞职,诏曰:"君虽乃心在于色养,然职有上下,旦夕不废医药,且当割情,以隆在公。"

[例四] 温凊

《礼记·曲礼上》有"凡为人子之礼,冬温而夏凊,昏定而晨省"。郑玄注"定,安其床衽也;省,问其安否何如"。后人遂以"温凊"为词,表示子女对父母生活的关心。例如《宋书·谢瞻传》:

> 弟瞻,字宣镜。幼有殊行,年数岁,所生母郭氏久婴痼疾,晨昏温凊,和药捧膳,不阙一时,勤容戚颜,未尝暂改。

[例五] 定省

典源与上例同。后人以"定省"表示侍奉父母起居。例如《晋

---

① 《汉语大词典》未揭语源。

书·卢志传》：

> 今宜因太妃微疾，求还定省，推崇齐王，徐结四海之心，此计之上也。

[例六] 喜惧

《论语·里仁》有"子曰：'父母之年，不可不知也，一则以喜，一则以惧'"。孔子的意思是父母年纪大了，做子女的心里一是为其高寿而喜悦，一是为其衰老而担心。后人据此组成"喜惧"一词，表示父母年高，蕴含了子女对父母身体的关心之情。例如宋杨亿《致政李殿丞豫章东湖所居涵虚阁记》：

> 涵虚阁者，致政李公考盘之所也。李公挺生民之秀，负王佐之才，决科广庭，文雅第一，从政剧邑，吏人不欺。以太夫人在喜惧之年，有羸老之疾，拜书北阙，求养南陔，天子嘉之，恩礼尤异。（《武夷新集》卷六）

（四）悼念去世父母的语典词

对去世父母的追思悼念自然是孝的表现，除了本书前文提及的"何恃"、"何怙"、"失恃"、"失怙"、"靡瞻"等词外，这一类的语典词还有不少。

[例一] 凯风

《诗经·邶风》有《凯风》篇，毛诗序称其为"美孝子也"。后人因取"凯风"为词，表示对去世父母的追思与怀念。例如宋刘敞《赠魏郡太君制》：

> 具官某母氏积善在躬，钟福覃后，克有令子，进居法从，既启汤沐之封，足尉凯风之念。……尚惟幽冥，歆此殊休。（《彭城集》卷二○）

[例二] 寒泉

《诗经·邶风·凯风》有"爰有寒泉，在浚之下。有子七人，母氏劳苦"。因其诗是赞美孝子之诗，后人因取其中"寒泉"二字，作为对去世父母的追思之词。例如《宋书·殷景仁传》载景仁议：

　　苏夫人阶缘戚属，情以事深，寒泉之思，实感圣怀，明诏爰发，询求厥中。

[例三] 蓼莪

《诗经·小雅》有《蓼莪》篇，毛诗序称其诗咏"孝子不得终养尔"，后人以"蓼莪"为词，表示悼念父母之意。例如《晋书·杨骏传》：

　　永宁初，诏曰："舅氏失道，宗族陨坠，渭阳之思，孔怀感伤。其以蓩亭侯杨超为奉朝请骑都尉，以慰蓼莪之思焉。"

[例四] 匪莪

《诗经·小雅·蓼莪》有"蓼蓼者莪，匪莪伊蒿"一句，后人取其中的"匪莪"作为语典词，表示思念去世的父母。例如唐陈子昂《申州司马王府君墓志》：

　　太夫人以眉寿薨，时君年已七十二矣。礼以饮酒，而君绝浆；虞以降哀，而君泣血，筠筠在疚，栾棘其心，新谷未升，匪莪以殒，以某年青龙癸巳薨于某里第之正寝，孝之终也。（《陈拾遗集》卷六）

[例五] 衔恤

《诗经·小雅·蓼莪》有"无父何怙？无母何恃？出则衔恤，入则靡至。"后人取其中的"衔恤"，用作表示为父母守丧、悼念父母之意的语典词。例如汉蔡邕《司徒袁公夫人马氏碑铭》：

　　维光和七年司徒袁公夫人马氏薨，其十一月葬。哀子懿达、仁达衔恤哀痛，靡所写怀。（《蔡中郎集》卷六）

[例六] 不造

《诗经·周颂·闵予小子》有"遭家不造，嬛嬛在疚"。据毛诗序及郑笺，则此诗以周成王口吻写成，其中所谓"不造"，是指周武王去世一事。后人遂据此以"不造"为语典词，表示父亲去世之意。例如三国魏嵇康《幽愤诗》：

嗟余薄祜,少遭不造。哀茕靡识,越在襁褓。母兄鞠育,有慈无威。(《文选》卷二三)

［例七］在疚

典源同上。后人取"在疚"为词,表示居丧悲痛之义。例如《宋书·袁淑传》载世祖诏:

> 袁淑以身殉义,忠烈邈古,遗孤在疚,特所矜怀,可厚加赐恤,以慰存亡。

［例八］维则①

《诗经·大雅·下武》有"永言孝思,孝思维则",后人据此以"维则"表示对父母的怀念。例如宋夏竦《代丁相公贺元德皇后祔庙礼毕表》:

> 百官承式,奉徽册以惟寅;万世不祧,致明禋而永穆,丕显奉先之礼,茂昭维则之思。(《文庄集》卷一〇)

(五) 表示继成父业的语典词

《论语·学而》记孔子言:"父在,观其志;父没,观其行;三年无改于父之道,可谓孝矣。"《礼记·中庸》又记孔子言:"夫孝者,善继人之志,善述人之事者也。"在古人看来,能继父之志,承父之业,正是孝的重要表现。中古时期的人们因此创造了一系列的语典词,颂扬这种孝的方式。

［例一］堂构

《尚书·大诰》:"若考作室,既底法,厥子乃弗肯堂,矧肯构。"孔传:"以作室喻治政也。父已致法,子乃不肯为堂基,况肯构立屋乎?"后人遂以"堂构"喻父业,或表示继承父业。《后汉书·章帝纪》载章帝诏:

> 追惟先帝勤人之德,底绩远图,复禹弘业,圣迹滂流,至于

---

① 《汉语大词典》未收此条。

海表,不克堂构,朕甚惭焉。
又如《三国志·吴志·张昭传》:

(孙)权悲感未视事,昭谓权曰:"夫为人后者,贵能负荷先轨,克昌堂构,以成勋业也。"

[例二] 构堂

典源同上,表示父业。例如《旧唐书·高宗纪赞》:

伏戎于寝,构堂终坠。自蕴祸胎,邦家殄瘁。

[例三] 肯堂

典源同上,表示继承父业。例如宋杨亿《故陇西彭君墓碣铭并序》:

夫人武宁章氏……前君而亡,坟未宿草。嗣子歆承诗礼之训,挺岐嶷之姿,未及胜冠之年,已负肯堂之志,趣向远大,意行瑰琦。(《武夷新集》卷八)

[例四] 肯构

典源同上,表示继承父业。例如宋胡宿《李玮可起复云麾将军保州团练使制》:

属遭亲丧,例推权制,用正军团之秩,兼升环卫之名,式慰孝思,俾参朝请。庶几进见,特示眷怀,勉遵肯构之规,宜亮夺哀之意。(《文恭集》卷十八)

[例五] 析薪

《左传·昭公七年》有"古人有言曰:其父析薪,其子弗克负荷。(丰)施将惧不能任其先人之禄。"后人据此以"析薪"指称父业。例如汉蔡邕《祖德颂》:

析薪之业,畏不克荷。矧贪灵贶,以为已华。(《蔡中郎集》卷三)

[例六] 薪构①

---

① 《汉语大词典》未收此条。

也有人据上举《左传·昭公七年》与《尚书·大诰》的内容，分别取其中的"薪"与"构"，组成语典词"薪构"，表示父业。例如《隋书·许善心传》：

> 先君昔在前代早怀述作凡撰齐书为五十卷……善心早婴荼蓼，弗荷薪构，大建之末，频抗表闻，至德之初，蒙授史任，方愿油素采访，门庭记录，俯励弱才，仰成先志。

[例七] 干蛊

《周易·蛊》有"干父之蛊，有子，考无咎"。王弼注："以柔巽之质，干父之事，能承先轨，堪其任者也。"后人组成"干蛊"一词，表示继承父业之意。例如宋王禹偁《右卫上将军赠侍中宋公神道碑奉敕撰》：

> 有子十人……皆早闻诗礼，不坠箕裘，万石君之子孙，世惟朴谨；薄太后之兄弟，人言退让，承家干蛊，未易可量。(《小畜集》卷二八)

[例八] 箕裘

《礼记·学记》有"良冶之子，必学为裘；良弓之子，必学为箕"。后人以"箕裘"表示父业，蕴含了对父业的赞美。例如唐杨炯《唐同州长史宇文公神道碑》：

> 嗣子某官等，诗礼预闻，箕裘早学。生则尽其养，刘殷积粟于七年；殁则致其哀，唐颂绝浆于九日。(《盈川集》卷六)

[例九] 裘箕①

典源同上，表示父业。例如《走笔送僧义冲》：

> 冲师名家子，少年习裘箕。谈吐霏木屑，落笔皆珠玑。(《攻媿集》卷二)

[例十] 弓冶

典源同上，表示父业。例如《旧唐书·赵道兴传》：

---

① 《汉语大词典》未收此条。

太宗尝谓之曰："卿父为隋武候将军，甚有当官之誉。卿今克传弓冶，可谓不坠家声。"

[例十一] 裘冶①

典源同上，表示父业。例如宋洪适《代上宰相书》：

重念某寅缘世及，饔窃禄仕，虽裘冶之绪不敢废，而材智驽下，不能见颖，滥巾王官，庇身大邑。（《盘州文集》卷五一）

[例十二] 弓裘

典源同上，表示父业。例如唐宪宗《讨镇州王承宗德音》：

太尉武俊顷因多难，首建大勋，悬捧日之明诚，遏滔天之逆竖，武烈有过于震电，壮容具纪于丹青，余风凛然，虽死不朽，是宜子孙席宠，邦国同休。而王承宗坠于弓裘，骣其门户，不思祖考之德，忍与枭獍同谋，不顾天地之恩，敢以豺狼为性。（《唐大诏令集》卷一一九）

[例十三] 弓箕

典源同上，表示父业。例如《端州防御使李克文落起复依旧端州刺史充本州岛防御使》：

具官李克文明于韬略，真以干能，弓箕克嗣乎家声，符竹早隆于邦寄。（《咸平集》卷二八）

[例十四] 嗣服

《诗经·大雅·下武》有"永言孝思，昭哉嗣服"。据郑笺，则诗中"嗣服"是指武王能嗣行祖考之事，伐纣定天下。后人据此取"嗣服"表示继承父业之意，多用于帝王身份。例如《宋书·符瑞志下》：

伏惟陛下，重光嗣服，永言祖武，洽惠和于地络，烛皇明于天区，故能九服混心，万邦含爱。

---

① 《汉语大词典》未收此条。

第六章　语典词表义特点

语典词特别的成词机制，决定了其所蕴含的意义，总是与其所据以成词的原典义相关联。由于原典的内容含义丰富，利用原典文本所创造的语典词所对应的原典义往往有所侧重与取舍，另外，形成语典词的途径不同，也往往会使语典词的词形与词义的对应关系并不单一，有一形多义，也有一义多形。

第一节　语典词的表义特点

（一）与原典义的关联方式

根据语典词义与其所据以成词的原典义的关系，我们大致可以将语典词义与原典义的关联方式总结为四种情况：

一、语典词义关联原典全篇主题。

这方面的例子最明显的是那些利用《诗经》篇名所创造的语典词。本书第三章谈到来自《诗经》的语典词时曾举例说明，利用《诗经》某篇名形成的语典词所表达的意义，往往对应于《诗经》该篇说明其主题的毛序。诸如"关雎"、"螽斯"一类的词，便是这方面的典型。

二、语典词义关联原典全句文义。

这种关联方式，在通过节缩、约举等方式所创造的语典词上表现得最为显著。通过节缩形成的语典词"负乘"，表达的是原典《周易》中"负且乘,致寇至"一句的意思。通过约举形成的语典词"如丧",表达的是原典《尚书》中"百姓如丧考妣"一句的意思。

三、语典词义关联原典中的常见词语。

这主要表现在利用截割、组合、顺承等方式所形成的语典词上。例如"孔怀"表示原典《诗经》中"兄弟孔怀"中的"兄弟",用"屺岵"表示原典《诗经》中"陟彼岵兮,瞻望父兮……陟彼屺兮,瞻望母兮……"中的"父母"。用"枢机"表示原典《周易》中"言行,君子之枢机"中的"言行"。

四、语典词义关联原典文义的泛用或发挥。

例如《礼记·王制》有"命乡论秀士,升之司徒,曰选士。司徒论选士之秀者而升之学,曰俊士。升于司徒者不征于乡,升于学者不征于司徒,曰造士。"其中的"选士"、"俊士"、"造士"原来都是有所专指的词,后人据此组合出"选造"、"俊造"这样的语典词,不再是专指,而是泛指选拔出来的优秀人才。又如《尚书·大诰》有"若考作室,既底法,厥子乃弗肯堂,矧肯构?"后人据此创造出语典词"堂构",表示父亲的遗业或继承发扬父亲事业的意思,这是对原典文义的正面发挥。

(二)语典词与普通词语的表义区别

友人姚尧撰有博士论文《〈春秋公羊传〉语言研究》,利用词汇化的相关理论,对于语典词与普通语词的表义区别作了较好的分析①。这里略作介绍。

姚文参考国内外有关学者的观点,将一个句法结构或词法结构词汇化的过程按照程度从弱至强分成四个阶段,即:

L1:临时结构,包括短语、句法单位和跨层结构;

L2:凝固的短语,内部成分语义独立,且能接受句法规则操作;

---

① 本书所论的"语典词",在姚文中被称为"典故词"。

L3：复合词，分两种情况：a. 其中内部成分语义独立，但不能接受句法规则操作；b. 内部成分语义不独立，但能接受句法规则的操作；

L4：复合词，内部成分语义不独立，且不能接受句法规则操作。

对于普通语词来说，其词汇化的过程，都是由语言系统的内部力量推动，沿着这四个阶段循序渐进的，因此其意义与形式之间总有着或明显或迂曲的联系。但与之不同的是，有相当一部分的语典词，是由 L1 直接跳跃至 L4 来完成其词汇化历程的，如"友于""孔怀"之类的语典词。由于所经历的是一个突变的过程，因此，这一部分的语典词，在其形式与意义的联系上，就不是什么明显或迂曲的问题，而是几乎可以说根本没有关系。这一类语典词的成词理据来自于语言外部，对其作语言学意义上的形式分析已不再具有意义，只有联系这类语典词的据以词汇化的原典文本，我们才有可能理解其含义。

第二节 一形多义

由于种种原因，语典词的形式与意义往往并不是一一对应的。

有些语典词，虽然词形完全一样，但词义却有所不同。造成词义差别的原因，不外乎两个方面：一是因为同一词形的语典词可能来源不同，即分别来自不同的经典，或者分别来自同一经典的不同内容；二是因为虽然来自同一经典的同一内容，但是语典词的成词理据不同。

（一）来自不同经典

来自不同经典的语典词，虽然词形相同，由于所依据成词的原典内容不同,因此其意义往往也完全不同。

［例一］履霜

因来自两部不同的经典,因此有两个不同的语典词义:

1. 表示将会出现严重后果的预兆或开始做有严重后果的事情。

源自《周易·坤》:

> 初六,履霜坚冰至。

例如《后汉书·周纡传》载纡上疏:

> 夫涓流虽寡,浸成江河;爝火虽微,卒能燎野。履霜有渐,可不惩革。

又如《晋书·刘毅传》载晋安帝讨刘毅诏:

> 刘毅傲狠凶戾,履霜日久,中间覆败,宜即显戮。

2. 表示怀念双亲之义。

源自《礼记·祭义》:

> 是故君子合诸天道,春禘秋尝。霜露既降,君子履之,必有凄怆之心,非其寒之谓也;春露既濡,君子履之,必有怵惕之心,如将见之。乐以迎来,哀以送往,如禘有乐而尝无乐。

例如《魏书·萧宝夤传》载宝夤上贬萧正德表:

> 而正德居犹子之亲,窃通侯之贵,父荣于国,子爵于家,履霜弗闻,去就先结,隔绝山淮,温清永尽。

又如北宋夏竦《左骐骥使入内都知澄州刺史张景宗母追封琅邪县太君王氏可追封冯翊县太君制》:

> 当腹心之重委,茂忠孝之纯诚。享斯列鼎之荣,每极履霜之感。(《文庄集》卷三)

［例二］熊罴

因来自两部不同的经典,因此有两个不同的语典词义:

1. 指勇猛的武士。

源自《尚书·牧誓》:

尚桓桓，如虎如貔，如熊如罴。
例如《三国志·魏志·崔琰传》载琰谏书：

袁族富强，公子宽放，盘游滋侈，义声不闻。哲人君子，俄有色斯之志，熊罴壮士，堕于吞噬之用。

又如《南齐书·萧颖胄传》载颖胄檄文：

莫府亲贯甲胄，授律中权，董帅熊罴之士十有五万，征鼓纷沓，雷动荆南。

此外，还有组合成"虎罴"、"貔熊"等等，后世也各有用例，此不赘列。

2. 指生男之兆。

源自《诗经·小雅·斯干》：

大人占之，维熊维罴，男子之祥。

例如《三国志·魏志·高柔传》载柔上疏：

陛下聪达，穷理尽性，而倾皇子连多夭逝，熊罴之祥又未感应，群下之心，莫不悒戚。

又如晋陆云《荣启期赞》：

于铄先生，既体斯和，熊罴作祥，黄发皤皤。（《陆士龙集》卷六）

（二）来自同一经典的不同内容

即使是来自同一经典的语典词，由于来自经典的不同内容，自然也有不同的意义。例如：

［例一］利见

源自《周易》的不同内容，因此作为语典词，具有两个不同的意义。

1. 表示人臣进见君主之意。

源自《周易·乾》九二：

见龙在田，利见大人。

例如《抱朴子外篇·任命》:

  鳣鲔不居牛迹,大鹏不滞蒿林,愿先生委龙蛇之穴,升利见之涂。

又如《宋书·江夏文献王义恭传》载义恭上表:

  陛下顺简禽化,文明在躬,玉衡既正,泰阶载一,而犹发虑英髦,垂情反陋,幽谷空同,显著扬历。是以潜虬耸鳞,伫利见之期,翔凤弭翼,应来仪之感。

2. 表示君主取得天下,登上帝王之位①。

源自《周易·乾》九五:

  飞龙在天,利见大人。

例如《魏书·崔玄伯传》载玄伯议:

  逮于陛下应运龙飞,虽曰旧邦,受命惟新,是以登极之初,改代曰魏。又慕容永亦进魏土,夫魏者大名,神州之上国,斯乃革命之征验,利见之玄符也。

又《魏书·于忠传》载忠上表:

  自大明利见之始,百官总已之初,臣复得猥摄禁戎,缉宁内外,斯诚社稷之灵,兆民之福,臣何力之有焉?

又《魏书·高闾传》载闾上表:

  伏惟陛下天启圣姿,利见篡极,钦若昊天,光格宇宙。

[例二] 罔极

《诗经》的不同诗篇中有多处使用过"罔极"一词,分别表示不同的意义。后人以这些不同来源的"罔极"作为语典词,表示两种完全不同的意义。

1. 表示对父母的哀思之情。

源自《诗经·小雅·蓼莪》:

  父兮生我,母兮鞠我,拊我畜我,长我育我,顾我复我,出

---

① "利见"的这一义项,为《汉语大词典》"利见"条所未收。

入腹我。欲报之德,昊天罔极。

郑玄笺"欲报之德,昊天罔极":

之,犹是也。欲报父母是德,昊天乎我心无极。

例如晋康帝下顾和诏:

尚书令礼已过祥练,岂得听不赴急疾,而遂罔极之情乎!(《晋书·顾和传》)

又如《宋书·鲜卑吐谷浑传》载叶延年十岁,为报父仇苦练武艺,其母劝止,叶延答母道:

诚知无益,然叶延罔极之心不胜其痛耳。

又如南朝梁武帝《孝思赋》:

不娱悦于怀抱,唯罔极而缠心。(《艺文类聚》卷二〇)

2. 表示谗人或谗言。

源自《诗经·小雅·青蝇》:

营营青蝇,止于棘。谗人罔极,交乱四国。

例如《后汉书·李杜传赞》:

李杜司职,朋心合力,致主文宣,抗情伊稷,道亡时晦,终离罔极。

[例三] 德音

也因在《诗经》多次出现,所以作为语典词,有以下两个不同意思:

1. 表示美言,善言。

源自《诗经·邶风·日月》:

乃如之人兮,德音无良。

郑玄笺:

无善恩意之声语于我也。

又《谷风》:

德音莫违,及尔同死。

郑玄笺:

夫妇之言无相违者,则可与女长相与处至死。
例如《三国志·魏志·王朗传》载魏明帝答王郎诏:
君既劳思虑,又手笔将顺,三复德音,欣然无量。
又如《梁书·顾宪之传》:
宪之固陈不可,言甚切直。(竟陵)王答曰:"非君无以闻此德音。"
又如《魏书·宗钦传》载钦答高允书:
足下兼爱为心,每能存顾,养之以风味,惠之以德音,执玩反复,铭于心抱。

2. 美名。

源自《诗经·豳风·狼跋》:
公孙硕肤,德音不瑕。
又《小雅·南山有台》:
乐只君子,德音不已。
例如《后汉书·郦炎传》载炎诗:
陈平敖里社,韩信钓河曲。终居天下宰,食此万钟禄。德音流千载,功名重山岳。
又如《三国志·吴志·陆逊传》载逊呵谢景曰:
君今侍东宫,宜遵仁义,以彰德音,若彼之谈,不须讲也。
又如《旧唐书·魏徵传》载徵谏太宗言:
若以此罪责县吏,恐不益德音,徒骇天下耳目。

(三) 来自同一经典的同一内容

即使是来自于同一经典的同一内容的语典词,也会具有不同的意义。

有些经典中的语句,往往包含了比较丰富的内容,人们在将其作为依据制造语典词的时候,由于理解的角度、出发点等有所不同,导致所创造的语典词,虽然具有完全相同的词形,却有着不同的具体意义。

这种情况在源自《诗经》的语典词中有大量的例子。比如《诗经》篇名,有很多被后世的人当作语典词使用,这些语典词的含义,多数是来自人们对于具体诗歌的理解。由于从东汉开始,毛诗逐渐占据主要的地位,因此人们的这些理解大多来自毛诗的诗序。一般来说,诗序都有一个比较清晰而完整的意思,但因为毛诗的诗序在解释诗的主旨的时候,往往会涉及另外一些内容,人们在利用《诗经》篇名作语典词的时候,多数的时候会将诗序所解释的主要意义来作为语典词的词义,但也有的时候会根据诗序中的局部内容,来赋予语典词特殊的意义,这样就导致一个具有完全相同的词形的语典词出现了词义上差异。以下以"螽斯"为例,说明这方面的具体情况:

[例一] 螽斯

《诗经·周南·螽斯》序:

> 螽斯,后妃子孙众多也,言若螽斯不妒忌,则子孙众多也。

后人根据这段内容,用"螽斯"作为语典词,表示以下不同的意思。

1. 表示子孙众多。

诗序的主要内容,是说此诗是在歌颂"子孙众多",因此,利用本篇篇名"螽斯"所形成的语典词,很多是表示"子孙众多"之义。

例如《后汉书·襄楷传》:

> 桓帝时宦官专朝,政刑暴滥,又比失皇子,灾异尤数,延熹九年楷自家诣阙上疏曰:"……昔文王一妻,诞致十子,今宫女数千,未闻庆育,宜修德省刑,以广螽斯之祚。"

又如《三国志·魏志·高柔传》:

> 后宫皇子连夭,继嗣未育。柔上疏曰:"……窃闻后庭之数,或复过之,圣嗣不昌,殆能由此。臣愚以为可妙简淑媛,以备内官之数,其余尽遣还家。且以育精养神,专静为宝。如

此,则螽斯之征,可庶而致矣。"

又如《唐大诏令集》卷四一《封七女公主制》:

> 朕以四海奉皇太后于南宫,问安之时,诸女侍侧,螽斯之庆,上慰慈颜;鸤鸠之仁,内怀均养。

2. 表示妇人不妒忌。

由于《螽斯》一诗的诗序中,又涉及到了"不妒忌"的字眼,因此,后人在将"螽斯"作为语典词的时候,也往往表示"不妒忌"之义。

例如《宋书·后妃传》:

> 宋世诸主,莫不严妒,太宗每疾之。……左光禄大夫江湛孙㦲当尚世祖女,上乃使人为㦲作表让婚曰:"……夫螽斯之德,实致克昌;专妒之行,有妨繁衍。是以尚主之门,往往绝嗣;附马之身,通离衅咎。"

又如唐张说《题赠太尉益州大都督王公神道碑》:

> 如是元女,详发望云,业参练石,内被螽斯之德,外偃关雎之化,门风之至也。(《张燕公集》卷一八)

又如《大唐故郯国大长公主墓志铭并序》①:

> 公主克谐妇道,行叶螽斯,宾敬齐眉,不失其德。(《唐代墓志汇编》)

除了来自《诗经》篇名的语典词外,还有很多源自同一《诗经》正文的语典词,亦往往有着不同的意义。造成这种差异的原因,是因为语典词的成词方式有所不同。虽然是同一个词形,但实际的情况是,有的语典词不过是重新复活已经死去的古词,来表示这个古词原来所表示的意义,以达到字面上的古雅的效果;而有的语典词则是约举其中的一个词语,来表示其所在诗文的一个总体的意思。

---

① 见《唐代墓志汇编》,1845 页。

[例二] 明发

源自《诗经·小雅·小宛》：

> 我心忧伤，念昔先人。明发不寐，有怀二人。

毛传："明发，发夕至明。"后人有用"明发"表示黎明、早晨之义的，例如《宋书·乐志二》载王韶之《宋四厢乐歌》：

> 盛服待晨，明发来朝。

又如魏应璩《与满公琰书》：

> 徒恨宴乐始酣，白日倾夕，骊驹就驾，意不宣展，追惟耿介，迄于明发。（《艺文类聚》卷二八）

也有人因为《小宛》诗中提到"有怀二人"，而将"明发"作为表达怀念父母之情的语典词。例如《宋书·礼志四》：

> 伏惟至尊孝越姬文，情深明发，公服虽释，纯哀内缠。

来自《诗经》以外其他经典的语典词，也有不少一词多义的现象存在。例如"免怀"一词，出自《论语·阳货》：

> 子生三年，然后免于父母之怀。

后人有将其作为语典词，作为父母对自己养育之恩的雅称。例如《隋书·礼仪志三》载陈沈洙议：

> 且禫杖期者，十五月已有禫制，今申其免怀之感，故断以再周，止二十五月而已。

又如《通典》卷八九载田再思议：

> 降杀之丧，贵贱无隔，以报免怀之德，思酬罔极之恩。

也有利用此句，将"免怀"作为年方三岁的婴幼儿的代称。例如唐张说《郧国长公主神道碑》：

> 免怀之岁，天夺圣善，不食三日，哀比成人。（《文苑英华》卷九三三）

又如唐张说《夏州都督太原王公神道碑》：

> 孝友内兆于免怀，忠敬外灼于既冠。（《文苑英华》卷九一三）

第三节 一义多形

使用语典词主要旨在典雅,从这一目的出发,利用前文所说的八种成词方式所形成的词,都是语典词。人们在从事文学创作时,都讲究通过各种方式标新立异来展现自己的才学,语典词的创造也正是其中的一个方面。这样,或由于语典词所自的渊源不同,或由于语典词的成词方式有区别,势必会产生一种结果:即同一个意义,会有不同的词形来表示。这在语典词中并不是个别的现象。①

例如表示太子之义的语典词,便有好几个。

1. 洊雷

源自《周易·说卦》:

> 震一索而得男,故谓之长男……震为雷……为长子。

后人结合此文,利用《周易·震》中《象辞》"洊雷,震",将"洊雷"作为语典词,用作太子的代称。例如北周庾信《哀江南赋》:

> 王子滨洛之岁,兰成射策之年,始含香于建礼,仍矫翼于崇贤。游洊雷之讲肆,齿明离之胄筵。

2. 主器

源自《周易·序卦》:

> 主器者莫若长子,故受之以震。

例如《唐大诏令集》卷二七《立德王为皇太子诏》:

> 属者朝廷多故,兵革尚兴,怀柔方务于舞乾,典礼未行于主器,而群臣献议,百辟上言,请建元良,至以三四。

---

① 下面所涉及的语典词用例均不止一见,各仅举一例。

3. 明两

4. 明离

5. 继明

6. 离明

以上四词都源自《周易·离》中《象辞》：

> 明两作，离；大人以继明照于四方。

例如《唐大诏令集》卷二《代宗即位赦》：

> 圣慈弘深，册践明两，奉若廷训，敢有怠心。

例如南朝梁简文帝《上昭明太子集别传等表》：

> 臣以不肖，妄作明离，出入铜龙，瞻望故实，思所以揄扬盛轨，宣记德音。（《艺文类聚》卷一六）

例如《梁书·昭明太子传》载王筠哀册：

> 皇帝哀继明之寝耀，痛德嗣之殂芳。

例如《唐大诏令集》卷二八《册遂王为皇太子文》：

> 自顷离明辍曜，震位虚宫，地德可尊，人神攸属，式稽令典，载焕徽章，是用册尔为皇太子。

7. 重明

源自《周易·离》中《彖辞》：

> 重明以离乎正。

例如《梁书·昭明太子哀太子愍怀太子传》载姚察论：

> 若乃布衣韦带之士，在于畎亩之中，终日为之，其利亦已博矣。况乎处重明之位，居正体之尊，克念无怠，烝烝以孝，大舜之德，其何远之有哉！

8. 元良

源自《礼记·文王世子》：

> "……一有元良，万国以贞。"世子之谓也。

例如《南齐书·文惠太子传》载文惠太子临终上表：

> 臣地属元良，业微三善，光道树风，于焉盖阙。

9. 上嗣

源自《礼记·文王世子》：

> 其登俊、献、受爵，则以上嗣。

例如南朝梁简文帝《谢为皇太子表》：

> 臣牧拙樊汉，始获言归，遂以下才，属当上嗣，事异定陶之举，有类胶东之册。（《艺文类聚》卷一六）

10. 监抚

《左传·闵公二年》：

> 大子奉冢祀社稷之粢盛，……君行则守，有守则从。从曰抚军，守曰监国。

例如《梁书·简文帝纪》：

> 及居监抚，多所弘宥，文案簿领，纤毫不可欺。

又如表示兄弟之义的语典词，也有好多个。其中有不少是通过割裂的成词方式构成的。

1. 友于

源自《论语·为政》篇引《尚书》：

> 孝乎惟孝，友于兄弟。

例如曹植《求通亲亲表》：

> 今之否隔，友于同忧。

2. 孔怀

源自《诗经·小雅·常棣》：

> 死丧之威，兄弟孔怀。

例如《三国志·魏志·管辂传》裴注引《〈管辂别传〉叙》：

> （管）辰不以闇浅，得因孔怀之亲，数与辂有所谘论。

3. 棠（常）棣

源自《诗经·小雅·常棣》：

> 常棣之华，鄂不韡韡。凡今之人，莫如兄弟。

例如《晋书·吕纂载记》载房晷对吕纂言：

京邑交兵,友于接刃,虽(吕)弘自取夷灭,亦由陛下无棠棣之义,宜考己责躬以谢百姓。

4. 脊(鹡)令(鸰)

源自《诗经·小雅·常棣》:

　　脊令在原,兄弟急难。

例如晋袁宏《三国名臣序赞》:

　　子瑜都长,体性纯懿。谏而不犯,正而不毅。将命公庭,退忘私位。岂无鹡鸰,固慎名器。

5. 在原

源自《诗经·小雅·常棣》:

　　脊令在原,兄弟急难。

例如《梁书·武帝纪》载萧衍移京邑檄:

　　莫府荷眷前朝,义均休戚,上怀委付之重,下惟在原之痛,岂可卧薪引火,坐观倾覆!①

6. 急难

源自《诗经·小雅·常棣》:

　　脊令在原,兄弟急难。

例如《晋书·礼志中》载干宝论:

　　然则王昌兄弟相得之日,盖宜袷祭二母,等其礼馈,序其先后,配以左右,兄弟肃雍,交酬奏献,上以恕先父之志,中以高二母之德,下以齐兄弟之好,使义风弘于王教,慈让洽乎急难,不亦得礼之本乎?

7. 具尔

源自《诗经·大雅·行苇》:

　　戚戚兄弟,莫远具尔。

例如晋陆机《叹逝赋》:

---

① 所谓"在原之痛",是指永元二年萧衍之兄萧懿被害之事。

痛灵根之凤引,怨具尔之多丧。(《文选》卷一六)

8. 埙篪

源自《诗·小雅·何人斯》:

> 伯氏吹埙,仲氏吹篪。

字亦作"塤箎"。例如宋黄庭坚《送伯氏入都》:

> 岂无他人游,不如我塤箎。

又如表示皇帝号令、圣旨之义,也有几个不同的语典词。

1. 涣汗

源自《周易·涣》九五:

> 涣汗其大号。涣,王居无咎。

例如《宋书·王弘传》载弘上表:

> 但成旨已决,涣汗难反,加臣懦劣,少无此志,进不能抗言陈辞,以死自固,退不能重茧置冰,鲜食为瘠,祇畏天威,遂复俛仰。

2. 丝纶

源自《礼记·缁衣》:

> 王言如丝,其出如纶。

如《梁书·文帝纪》载萧绎檄文:

> 凶丑畏威,委命下吏,乞活淮肥,苟存徐兖。涣汗既行,丝纶爰被,我是以班师凯归,休牛息马。贼犹不悛,遂复矢流王屋,兵躔象魏。

又如表示"谗言"之义,也有几个不同的语典词。

1. 萋斐

源自《诗经·小雅·巷伯》:

> 萋兮斐兮,成是贝锦。彼谮人者,亦已大甚。

例如《梁书·刘孝绰传》载孝绰启:

> 臣不能衔珠避颣,倾柯卫足,以兹疏幸,与物多忤。兼逢匿怨之友,遂居司隶之官,交构是非,用成萋斐。

2. 贝锦

源自《诗经·小雅·巷伯》：

　　萋兮斐兮,成是贝锦。彼谮人者,亦已大甚。

例如《宋书·徐羡之传》载文帝诏：

　　羡之等暴蔑求专,忌贤畏逼,造构贝锦,成此无端,罔主蒙上,横加流屏,矫诬朝旨,致兹祸害。

3. 南箕

源自《诗经·小雅·巷伯》：

　　哆兮侈兮,成是南箕。彼谮人者,谁适与谋。

例如《周书·文帝纪》载宇文泰檄：

　　而(高)欢威福自己,生是乱阶,缉构南箕,指鹿为马,包藏凶逆,伺我神器。

4. 青蝇

源自《诗经·小雅·青蝇》：

　　营营青蝇,止于樊,岂弟君子,无信谗言。

例如《后汉书·邓骘传》载骘上书：

　　而臣兄弟独以无辜,为专权之臣所见批抵,青蝇之人所共构会,以臣婚姻王室,谓臣将抚其背,夺其位,退其身,受其执,于是遂作飞章以被于臣,欲使坠万仞之坑,践必死之地。

5. 罔极

源自《诗经·小雅·青蝇》：

　　谗人罔极,交乱四国。

例如《后汉书·李杜传赞》：

　　李杜司职,朋心合力,致主文宣,抗情伊稷,道亡时晦,终离罔极。

又如表示君主所统治的"天下"之义,也有多个不同的语典词。

1. 有截
源自《诗经·商颂·长发》：
>　　相土烈烈，海外有截……苞有三蘖，莫遂莫达，九有有截。

例如《北齐书·樊逊传》载逊对：
>　　后服之徒，既承风而慕化；有截之内，皆蹈德而咏仁。号以成、康，何难之有？

2. 禹甸
源自《诗经·小雅·信南山》：
>　　信彼南山，维禹甸之。

例如宋彭汝砺《登楼》：
>　　带砺固应归禹甸，羽干何事阻虞廷。（《鄱阳集》卷一〇）

3. 禹服
源自《尚书·仲虺之诰》：
>　　表正万邦，缵禹旧服。

例如《南齐书·乐志》载《太祖高皇帝神室奏高德宣烈乐歌辞》：
>　　握机肇运，光启禹服。

4. 禹迹
源自《尚书·立政》：
>　　其克诘尔戎兵，以陟禹之迹。

例如《宋书·武帝纪中》载梁敬帝诏：
>　　况今禹迹齐轨，九隩同文，司勋抗策，普天增伫。

5. 九服
源自《周礼·夏官·职方氏》：
>　　乃辨九服之邦国：方千里曰王畿，其外方五百里曰侯服，又其外方五百里曰甸服，又其外方五百里曰男服，又其外方五百里曰采服，又其外方五百里曰卫服，又其外方五百里曰蛮服，又其外方五百里曰夷服，又其外方五百里曰镇服，又其外

方五百里曰藩服。

例如《三国志·魏志·文帝纪》载汉献帝册：

赖武王神武,拯兹难于四方,惟清区夏,以保绥我宗庙,岂予一人获乂,俾九服实受其赐。

6. 九畡　九垓　九陔

源自《国语·郑语》：

王者居九畡之田,收经入以食兆民。

例如宋宋祁《王尧臣可三司使制》：

经九畡之入以制国用,笼万货之美以谨邦财。(《景文集》卷三一)

字亦作"九垓",例如南朝梁简文帝《南郊颂》：

化不言而先显,教不言而已肃。九垓同轨,四海无波。(《艺文类聚》卷三八)

字亦作"九陔",例如南朝梁沈约《大言应令诗》：

隘此大泛庭,方知九陔局。穷天岂弥指,尽地不容足。(《艺文类聚》卷一九)

7. 九隩

源自《国语·周语下》：

宅居九隩,合通四海。

例如《宋书·武帝纪中》载梁敬帝诏：

况今禹迹齐轨,九隩同文,司勋抗策,普天增伫。

8. 九围

源自《诗经·商颂·长发》：

帝命式于九围。

例如《晋书·乐志》张华《大豫舞歌》：

赫赫大晋,三后重晖。继明绍世,光抚九围。

9. 九有

源自《诗经·商颂·玄鸟》：

第六章 语典词表义特点

方命厥后,奄有九有。

例如《三国志·蜀志·却正传》载正《释讥》:

今三方鼎跱,九有未乂,悠悠四海,婴丁祸败。

10. 九域

源自《韩诗》:

方命厥后,奄有九域①。

例如《三国志·魏志·武帝纪》载九锡文:

今君称丕显德,明保朕躬,奉答天命,导扬弘烈,绥爰九域,莫不率俾,功高于伊、周,而赏卑于齐、晋,朕甚恧焉。

11. 九土

源自《国语·鲁语上》:

共工氏之伯九有也,其子曰后土,能平九土。

例如《后汉书·张衡传》载衡《思玄赋》:

思九土之殊风兮,从蓐收而遂徂。

12. 区夏

源自《尚书·康诰》:

用肇造我区夏。

例如《后汉书·张衡传》载衡《应间》:

故能同心戮力,勤恤人隐,奄受区夏,遂定帝位,皆谋臣之由也。

13. 方夏

源自《尚书·武成》:

诞膺天命,以抚方夏。

例如《三国志·蜀志·刘焉传》载焉建议:

刺史、太守货赂为官,割剥百姓,以致离叛。可选清名重臣以为牧伯,镇安方夏。

---

① 详《文选》卷三五潘元茂《册魏公九锡文》"绥爰九域"李善注所引。

14. 溥天

源自《诗经·小雅·北山》：

> 溥天之下,莫非王土。

例如《陈书·高祖本纪》载梁敬帝策：

> 四海困穷,天禄永终,王其允执厥中,轨仪前式,以副溥天之望。

15. 率土

源自《诗经·小雅·北山》：

> 率土之滨,莫非王臣。

例如《后汉书·邓骘传》载朱宠疏：

> 遂令骘等罹此酷滥,一门七人,并不以命,尸骸流离,怨魂不反,逆天感人,率土丧气。

16. 溥率①

源自《诗经·小雅·北山》：

> 溥天之下,莫非王土。率土之滨,莫非王臣。

例如宋杨亿《代宰相谢赐御札许士庶游宴及休假放朝表》：

> 宽大之诏浚发于穆清,涣汗之恩旁流于溥率。（《武夷新集》卷一五）

17. 率溥

源自《诗经·小雅·北山》：

> 溥天之下,莫非王土。率土之滨,莫非王臣。

例如宋周必大《合宫歌》：

> 清晓御丹凤,湛恩偏浃率溥,欢声雷动岳镇呼。（《文忠集》卷一一九）

以上介绍了语典词之间的各种形义关系,从中可以了解到中古时期的人们在创造语典词的时候,无论是在成词方式还是在对经典意义的利用上,都具有相当的自由度。透过这种自由度,可以

---

① 《汉语大词典》未收此条。

看出当时语典词的创造与使用达到了相当普遍的程度。一个语典词的产生,固然需要制作者费一番工夫;而它的使用,又需要受众的意会与接受。如果创作者与接受者没有一个共同的知识背景,没有相似的思维模式与追求,那就难于产生共鸣,也就不会出现这么多或一形多义或一义多形的语典词。

第四节 从语义场的角度看语典词的一义多形现象

我们说语典词有"一义多形"的情况存在,是为了表达的方便,其实严格说来,有些同义语典词并非真的完全同义,它们彼此之间多有词义上的细微差别,在语用范围上也往往有所不同。下面以"友于"、"埙篪"、"鲁卫"等语典词作为例子,作一些具体的分析。

根据语义场的理论,因为这些词语都具有"兄弟"这一意义,我们可以把它们看作是同一个语义场中的不同的词单位。作为一个语义场中的不同的词单位,它们彼此间又有互相制约、互相映衬的关系。这种关系是通过这些词彼此间细微的意义差别及语用区别表现出来的。

例如"友于",是通过截割《论语》中"友于兄弟"而形成的语典词,但从"友于"的词义及语用的实际情况来看,实际上并不仅仅只是取"友于"表示"兄弟"这么简单。可以这么说,"友于"在表示"兄弟"的同时,也多隐含了所指称的兄弟间有着友爱之情的意思,隐含的这一意思无疑是本自《论语》的文本。例如《三国志·魏志·陈思王植传》载曹植上求通亲亲表:

　　今之否隔,友于同忧,而臣独倡言者,窃不愿于圣世使有不蒙施之物。

曹植在这里并不是仅仅用"友于"替代"兄弟",而是通过使用"友于",

暗示了兄弟间互相友爱的意思,而这个隐含的意思,用"兄弟"一词是不容易表达的。类似的用法如南朝梁萧统《答晋安王书》:

> 但清风朗月,思我友于,各事藩维,未克棠棣,兴言届此,梦寐增劳。(《昭明太子集》卷四)

又如《唐大诏令集》卷二六唐玄宗《宁王谥让皇帝制》:

> 故太尉宁王宪……出临方镇,入配台阶,逾励忠勤,益闻周慎,实谓永为藩屏,以辅邦家,曾不憖遗,奄焉亡殁,友于之痛,震动良深。

其中的"友于",都不是一般意义的兄弟,而包含了兄弟间有着友爱之情的意思。

根据调查,用"友于"表示兄弟之意的用例中,绝大部分都隐含了兄弟友爱的附加义。也有少数一些用例,似乎是用"友于"表示并不友爱的兄弟,例如《魏书·吕纂传》载侍中房晷上奏:

> 先帝始崩,隐王幽逼;山陵甫讫,大司马惊疑肆逆,京邑交兵,友于接刃。虽洪自取夷灭,亦由陛下无棠棣之义。

其中的"友于接刃"指的是吕纂杀死其弟弟吕洪(弘)的事情,这样的兄弟自然不存在什么友爱,但房晷此奏,是在谴责吕纂对自己兄弟的残杀,其中故意用"友于",是为了表示对吕纂不顾兄弟友爱的讽刺之义,因此,即使是这样的"友于"用例,也同样是暗含了兄弟友爱的意思。

再看"埙(塤)篪",出自《诗经·小雅·何人斯》"伯氏吹埙,仲氏吹篪",郑玄笺:

> 伯仲,喻兄弟也。我与女恩如兄弟,其相应和如埙篪,以言俱为王臣,宜相亲爱。

"埙"、"篪"本是指两种乐器,后人根据《诗经》的内容,用"埙篪"表示兄弟之义,同时暗含了兄弟之间的关系如这两种乐器合奏时的和谐的意思。例如宋韩琦《祭龙图尹公师鲁文》:

> 余之与君,义虽朋执,情则埙篪,葬不执绋,奠不捧卮,使我大恨,痛切肝脾。(《安阳集》卷四三)

其中的"埙篪",作为"兄弟"的雅称,并不是指一般意义的兄弟,而隐含了两人相知相亲、融洽和谐的意思。又如宋黄庭坚《送伯氏入都》:

岂无他人游,不如我埙篪。(《山谷集》外集卷二)

诗中的"埙篪",在表示"兄弟"的同时,也表达了兄弟间和谐相处的附加意义。诗句的意思是说和别的人在一起,都不如和兄弟在一起融洽。

再看"鲁卫",出自《论语·子路》"鲁卫之政,兄弟也",后人截割"鲁卫",以表示"兄弟",但这种兄弟不是一般的兄弟,而是指像周朝分封于鲁、卫的周公、康公那样的帝王宗室兄弟。例如北周庾信《哀江南赋》:

天地离阻,神人惨酷。晋郑靡依,鲁卫不睦。(《庾子山集》卷二)

清倪璠注"鲁卫不睦"曰:

谓台城陷后,诸王不急讨贼,自相猜忌也。

据之可知,这里的"鲁卫",是指南朝梁宗室兄弟。

又如唐玄宗《过大哥宅探得歌字韵》:

鲁卫情先重,亲贤爱转多。(《张燕公集》卷二附)

其中的"鲁卫",当然也是指唐朝李氏皇族兄弟。

通过以上的分析可知,虽然作为语典词,"友于"、"埙篪"、"鲁卫"都表示兄弟的关系,但三者各有意义与语用的区别:"友于"蕴含了兄弟友爱的意思,"埙篪"则附带了兄弟和谐的意义,而"鲁卫"多用于表示皇室兄弟的关系。类似这样的成组的近义语典词,在整个语典词系统中还有不少,它们因为彼此之间的存在着互相制约的关系,而形成了一个个语义场。从语典词的角度,认识这些语义场,揭示其中的词单位间的词义及语用的区别,对汉语同义词的辨析来说,是一项很有意义的工作。

第七章　语典词研究与词典编纂

词典的立目释义,依赖于词汇研究的成果。由于以往对语典词缺乏系统的研究,不少词典中有关语典词的条目,存在着各种各样的问题。就拿一定程度上体现了上世纪汉语辞书编纂水平的《汉语大词典》来说,不少属于语典词的词条,由于编纂者缺乏对语典词的全面认识,或不能追溯其语源,或对古人使用语典词的某些规律不了解,因而出现了不同程度的错误和遗漏。以下选取其中一些较为典型的例子,分别从语典词的语源、构成方式、意义及历时考察等方面,对语典词研究在词典编纂方面的意义作一个说明,并希望能以此为《汉语大词典》的修订工作提供一些参考。

第一节　不明语典词而未揭语源

中古时期的语典词,有不少是利用人们所熟悉的经文中的词汇组合而来,所表达的意思自然也和经文中相应的内容有关,如果抛开其语源不论,则释义难免出错。

例如《汉语大词典》收有"选造"一词,全文如下:

　　选造　犹选建。《宋书·孝武帝纪》:"内难甫康,政训未洽,衣食有仍耗之弊,选造无观国之美。"

《汉语大词典》未能揭明"选造"一词的语源,而将"造"理解为

"建",并进一步得出所谓"犹选建"的释义,实属望文生义。《汉语大词典》收有"选建"一词,释义为"选才建国",这一意义并非为"选造"所有。《汉语大词典》"选造"条所引的书证,来自于孝武帝孝建元年的一封诏书。为了说明其释义之误,这里将书证所在的上下文转引如下:

> 首食尚农,经邦本务,贡士察行,宁朝当道。内难甫康,政训未洽,衣食有仍耗之弊,选造无观国之美。昔卫文勤民,高宗恭默,卒能收贤岩穴,大殷季年。朕每侧席疚怀,无忘鉴寐。凡诸守莅亲民之官,可详申旧条,劝尽地利。力田善蓄者,在所具以名闻。褒甄之科,精为其格。四方秀孝,非才勿举,献答允值,即就铨擢。若止无可采,犹赐除署;若有不堪酬奉,虚窃荣荐,遣还田里,加以禁锢。

不难看见,这一段诏书反复申述的,无非是两件事,即劝农与举士。其中书证所引的文字,是在说明实行这两件事的必要性,"衣食有仍耗之弊"是有关劝农的内容,而"选造无观国之美"则属于举士的话语。本书第四章论及通过"组合"的方式形成语典词的时候,曾说明"选造"一词,源自《礼记·王制》,泛指通过推选举荐而产生的有才德之士,上述书证中的"选造"即为此义。表示这一意义的"选造"在六朝文献中屡见不鲜,如《艺文类聚》卷三八梁简文帝《求宁国临城二公入学表》有"愿得耆年国胄,随肩选造",卷四八梁任昉《数吏部郎表》有"爱在前世,实光选造",等等。而《汉语大词典》收有"俊造"一词,也本自《礼记》的这段经文,其成词的方式与"选造"相同,可以作为参证。与"俊造"一样,"选造"是名词,正与上文"衣食"相对。从这一点上说,"选造"也不可能相当于"选建"。

又如《汉语大词典》"谦需"条:

> 谦需 犹谦弱。需,通"懦"。《隶释·汉博陵太守孔彪碑》:"劳而不伐,有实若虚,固执谦需,以病辞官。"

此条也未能揭示"谦需"一词的渊源所自。其实这是组合《周易》中

"谦"、"需"二卦卦名而组成的语典词。"谦"卦之中,无论其卦、爻辞,还是《象辞》、《彖辞》,都包含了谦卑之义,人所熟知,自不待言。而"需"卦中,也不乏守卑之义,例如其《彖辞》有:"需,须也,险在前也。刚健而不陷,其义不困穷也。"其初九《象辞》有:"需于郊,不犯难行也。"其九三《象辞》有:"需于泥,灾在外也。自我致寇,敬慎不败也。"而《杂卦》中对"需"卦的解释为:"需,不进也。"结合这些内容,我们认为,《隶释·汉博陵太守孔彪碑》中的"谦需"中的"需"字,应是指"需"卦,而不应读作"懦",进而曲为之说。结合碑文的语境来看,"谦需"在其中表示谦让、守卑之义,这正与上述"谦"、"需"二卦之卦义相合。而根据碑文,此碑写成于东汉灵帝建宁四年之后,也正是语典词使用之时。《隶续》中收有《司徒掾梁休碑》,其中也有"谦需"的用例,可供参考:

　　劳满奏上,拜新都令,谦需自劾,寝疾于家。

其中的"谦需",也同样是表示守谦的语典词。

　　在将语典词编入词典时,我们还必须注意到,有些语典词虽然有着完全相同的形式,但实际上却有着不同的来源,而其出处则直接关系到语典词的词义,如果我们知其一而不知其二,则往往会产生疏漏。我们看《汉语大词典》"承筐"条:

　　承筐　1.《诗·小雅·鹿鸣》:"我有嘉宾,鼓瑟吹笙。吹笙鼓簧,承筐是将。"朱熹集传:"承,奉也。筐,所以盛币帛者也。"后以"承筐"借指欢迎宾客。南朝宋谢灵运《过白岸亭》诗:"伤彼人百哀,嘉尔承筐乐。"2.借指馈赠礼品。清王昶《湖海诗传·邹炳泰》:"晓屏清真廉介,素以名节自持,山东、江西两任学政,非特苞苴屏绝,即偶有承筐,亦必却也。"

这一条只说明了"承筐"一词的一个出处,其实除了《诗经》以外,"承筐"还有另一个出处,那便是《周易》。《周易·归妹》上六:

　　女承筐,无实,士刲羊,无血,无攸利。《象》曰:上六"无实",承虚筐也。

因属《归妹》的爻辞,后人便利用"承筐",表示女子婚嫁持家之义,这与来自《诗经》的语典词义完全不同。例如唐王勃《王子安集》卷二《采莲赋》:

> 若乃南鄙义妻,东吴信妇,结缡整佩,承筐奉幂,忽君子兮有行,复良人兮远征,南讨九真百越,北戍鸡田雁城,念去魂骇,相视骨惊。

又如唐独孤及《毘陵集》卷一〇《前左骁骑兵曹参军河南独孤公故夫人京兆韦氏墓志》:

> 仁厚而不福,德备而不寿,是天不惠于我家也。向使锡厥永年,正家承筐,宜尔子孙,百禄是享,非夫人曷归?

又如卷一二《唐前楚州司马河南独孤公故夫人博陵崔氏墓志铭》:

> 夫人之德,柔明淑慎。从夫以礼,承筐以顺。奉若家节,率由彝训。

据此可知,《汉语大词典》该条由于没能全部探明"承筐"一词的语源,遗漏了其另一个语典词义。

又如《汉语大词典》"日昃"条:

> 日昃　太阳偏西,约下午二时左右。《易·离》:"日昃之离,何可久也?"三国魏曹植《杂诗》之三:"西北有织妇,绮缟何缤纷!明晨秉机杼,日昃不成文。"宋曾巩《自福州召判太常寺上殿札子》:"昼而访问至于日昃,夕而省览至于夜分。"清陈梦雷《华严岭》诗:"日昃下层冈,遥遥度阡陌。"

这一词条只揭示了"日昃"一词在先秦经典中的一个词源及其本义,忽略了该词在先秦经典中的另一个词源及其语典词义。我们在前文曾提到"日昃"一词来自于《尚书·无逸》中"自朝至于日中昃,不遑暇食",原是说明文王因勤政而延误了吃饭的时间,后人便据此用"日昃"一词来形容帝王的勤政。例如《后汉书·祭祀志上》载汉武帝封禅文:

在位三十二年,年六十二。乾乾日昃,不敢荒宁,涉危历险,亲巡黎元,恭肃神祇,惠恤耆老,理庶遵古,聪允明恕。

又如《晋书·刘颂传》载颂上疏：

分职既定,无所与焉,非惮日昃之勤,而牵于逸豫之虞,诚以政体宜然,事势致之也。

又如《唐大诏令集》卷一一五《遣刘晏宣慰诸道勅》：

时迈未可,日昃增劳,载怀鸿雁之诗,用解吾人之愠。

唐李贤注《后汉书·章帝纪》"日昃劬劳"：

日昃,日昳。《尚书》曰："文王自朝至于日中昃,不遑暇食。"

该注准确地揭示了"日昃"一词表示帝王勤政之义的词源。事实上,从西汉末年以来的文献中,"日昃"作为形容帝王勤政的语典词用例不胜枚举,可惜《汉语大词典》未能收入该词的这一重要义项。

这里还需要进一步说明的是,由于没能明确"日昃"的语源之一是《尚书》,还导致了《汉语大词典》中与"日昃"有关的几个词条的连带出现错误。例如《汉语大词典》"日仄"条：

日仄　同"日昃"。

《汉书·萧望之传》："兴周召之遗业,亲日仄之兼听。"《汉书·薛宣传》："陛下至德仁厚,哀闵元元,躬有日仄之劳,而亡佚豫之乐。"《后汉书·光武帝纪下》："每旦视朝,日仄乃罢。"古书"昃"字通假"仄",自然不容置疑,问题是"日仄"条所举的三个书证,其中的"日仄"一词,显然是来自于《尚书》的语典词,无一不是在形容帝王的勤政,而决不是仅仅指"太阳偏西,约下午二时左右"的意思。但我们结合《汉语大词典》的这两个词条,却无法获得"日仄"条中这三个书证中该词的正确释义。

又例如《汉语大词典》"昃食"条：

昃食　过午进膳。谓勤于政事。南朝陈徐陵《陈文皇帝哀册文》："勤民听政,昃食宵衣。"《陈书·高祖纪上》："公求衣昧旦,昃食高舂,兴构宫闱,具瞻遐迩。"《续资治通鉴·宋仁宗庆历四年》:"朕昃食厉志,庶几治古。"
从这一词条的释义及书证来看,"昃食"显然同样源自《尚书·无逸》中"自朝至于日中昃,不遑暇食",但是该词条并没有揭示这一词源,因而没能很清楚地说明"昃食"之所以表示勤政的原因及其修辞意义。

《汉语大词典》中,与"昃食"条的问题相似的词条还有以下几条:

  日昃不食　太阳已偏西还不吃饭。形容专心致志,勤勉不懈。清魏源《默觚下·治篇二》:"尧步、舜趋、禹驰、汤骤,世愈降则愈劳。况欲以过门不入、日昃不食之世,反诸标枝野鹿,其不为西晋者几希?"

  日昃旰食　太阳偏西天色晚了才吃饭。形容勤于政事。晋葛洪《抱朴子·诘鲍》:"王者临深履尾,不足喻危,假寐待旦,日昃旰食,将何为惧祸及也?"

  日昃忘食　太阳已偏西还顾不上吃饭。形容专心致志,勤勉不懈。《晋书·张骏传》:"寡君以乃祖乃父世济忠良,未能雪天人之大耻,解众庶之倒悬,日昃忘食,枕戈待旦。"《魏书·鹿悆传》:"然高墉峻堞,非可易登;广浃深隍,实为难践。是用日昃忘食、中宵愤惋者也。"《旧唐书·良吏传上·陈君宾》:"朕以隋末乱离,毒被海内,率土百姓,零落殆尽……是以日昃忘食,未明求衣,晓夜孜孜,惟以赡养为虑。"

  旰昃　天晚。多用于颂扬帝王勤于政事。《南齐书·明帝纪》:"永言古昔,无忘旰昃。"《旧唐书·僖宗纪》:"旰昃劳怀,寝兴思理,涉道犹浅,导化未孚。"宋苏舜钦《诣匦疏》:"臣窃观国史,见祖宗逐日视朝,旰昃方罢。"

这些词条的意义,应该都与上述《尚书·无逸》有直接的联系[①],遗

---

① "旰",义为晚、迟,"旰食"可能来源自于《左传·昭公二十年》"楚君大夫其旰食乎"一句。

憾的是,《汉语大词典》在对这些词条作释义时,均未能予以说明。

又如《汉语大词典》"云雨"条第 6 义项:

> 6.《后汉书·邓骘传》:"托日月之末光,被云雨之渥泽。"因用"云雨"比喻恩泽。三国魏曹植《封二子为公谢恩章》:"洪恩罔极,云雨增加。"宋叶适《寄李季章参政》诗:"误蒙兼金重,自视一羽轻。唯当刮老眼,云雨看施行。"清唐孙华《恕堂再次前韵见赠复次韵答之》:"诗家废疾不可起,借君妙手加攻砭;终资鸿笔作云雨,触石肤寸群濡沾。"

此条以《后汉书》作为"云雨"一词的语源是错误的。"云雨"之所以能够表示恩泽,恐怕是因为《周易》的缘故。《周易·乾·象辞》有:"云行雨施,品物流形。"孔颖达疏:"'云行雨施,品物流形'者,此二句释'亨'之德也,言乾能用天之德,使云气流行,雨泽施布,故品类之物,流布成形,各得亨通,无所壅蔽,是其'亨'也。"又《周易·乾·文言》有:"云行雨施,天下平也。"孔颖达疏:"云行雨施,天下平者,云天下普得其利而均平不偏陂。"因为云雨对于自然万物而言,具有滋养的恩惠,后人根据《周易》的这一文句,节缩出"云雨"一词,作为表示恩泽的语典词。其实《汉语大词典》本词条所引《后汉书·邓骘传》的这段文字后,李贤有注称:"《易》曰:'夫圣人与天地合其德,日月齐其光。'又云:'云行雨施,天下平也。'"可知李贤也认为,邓骘疏中的"云雨",其语源应来自于《周易》的"云行雨施"。而所引宋叶适的书证,既称"云雨看施行",则也恰可证明此词来自《周易》无疑。

又如《大词典》中"致戎"条:

> 致戎 用兵征讨。《国语·周语上》:"商王帝辛,大恶于民。庶民不忍,欣戴武王,以致戎于商牧。"韦昭注:"戎,兵也。"

这一条以《国语》为语源,说明了"致戎"一词表示"用兵征讨"之意,但实际上中古时期的人们常用为语典词的"致戎",还有另一个语

源,表示的是完全不同的"招致戎寇"的意思。我们在《周易》中也可以看到"致戎"的字眼,《周易·解》六三:

> 负且乘,致寇至,贞吝。

其《象辞》作:

> 负且乘,亦可丑也。自我致戎,又谁咎也?

孔颖达正义:

> "自我致戎,又谁咎也"者,言此寇难由己之招,非是他人致此过咎,故曰"又谁咎也"。

后人根据《解》卦的这一段内容,创造出几个表示不堪其任之义的语典词,如"负乘"、"致寇"等,而"致戎"也同样是其中之一。例如《艺文类聚》卷五九刘宋傅亮《征思赋》:

> 逢休明之余佑,托菲薄之末晖,既致戎于皇幄,亦彼己于宰闱,伤鹈梁之载扬,咏伐檀而屡思。

这一段话总的意思是说自己托皇帝的恩惠,仗着有一点小才能,在中央获得了与自己的能力不相称的职位,因此而每每想起《诗经·曹风·候人》以及《魏风·伐檀》中对尸位素餐者的讥刺。其中"既致戎于皇幄,亦彼己于宰闱"正是对自己所担任的职务的一种谦称。"彼己",亦写作"彼其",是来自于《诗经》的语典词,《曹风·候人》有"维鹈在梁,不濡其翼。彼其之子,不称其服。"郑玄笺:"不称者,言德薄而服尊。"后人截取"彼己",用以表示功德不称其职之义。傅亮赋中"亦彼己于宰闱",用的正是这个意思。而与之相骈俪的"既致戎于皇幄",实际上几乎是同样的意思,只不过这里的"致戎",显然出自上述《周易》的有关内容,其意义则与来自《诗经》的"彼己"没有什么大的区别,都是对自己任职的至谦表示。

由此可见,上述《汉语大词典》的"致戎"条,遗漏了"致戎"的另一个出处,因而并未收入其来自《周易》的语典词义。

《汉语大词典》还有一些属于语典词的词条,虽然释义未必有错,但由于没有能揭明语源,让人有知其然而不知其所以然的遗憾。

例如《汉语大词典》"所天"条：

> 所天　1. 旧称所依靠的人。指君主或储君。《后汉书·梁竦传》："乃敢昧死自陈所天。"李贤注："臣以君为天，故云'所天'。"晋陆机《谢平原内史表》："钳口结舌，不敢上诉所天。"唐颜真卿《冯翊太守谢上表》："伏惟陛下察其戆愚，收其后效，臣虽万死，实荷所天。"2. 旧称所依靠的人。指父。晋武帝《答群臣请易服复膳诏》："吾本诸生，家传礼来久，何必一旦便易此情于所天。"宋方勺《泊宅编》卷一："予生浙东，世业农，总角失所天。"3. 旧称所依靠的人。指丈夫。晋潘岳《寡妇赋》："少丧父母，适人而所天又殒。"唐顾况《弃妇词》："十五许嫁君，二十移所天。"

为什么会将"所天"用以表示所依靠的人呢？在第一个义项中，编者引李贤注作了一定的解释，而第二、三义项则没有说明。其实后面的这两个义项，都源自于《仪礼·丧服》："故父者，子之天也；夫者，妻之天也。"而《汉语大词典》这两个义项下所列的书证，也都属语典词流行时代的产物，其所取义，必是依据了《仪礼》的文字。

又如《汉语大词典》"纶诏"条：

> 纶诏　即诏书。《晋书·儒林传·徐邈》："迁中书侍郎，专掌纶诏，帝甚亲昵之。"前蜀韦庄《和郑拾遗秋日感事一百韵》："伫归蓬岛后，纶诏润青缃。"

该词条的释义并没有错，问题在于并没有揭示诏书何以称"纶诏"，令人遗憾。将帝王的诏书称之为"纶诏"，应该是根据了《礼记·缁衣》中"王言如丝，其出如纶"的文字，如果能说明这一点，不仅可以让使用者知道"纶诏"一词的成词理据，还能进一步让使用者明白使用这个词的修辞意味。

又如《汉语大词典》"纂戎"条：

> 纂戎　1. 谓继承光大先人业绩。晋潘岳《杨荆州诔》："纂

戎洪绪,克构堂基。"南朝梁刘勰《文心雕龙·时序》:"至明帝纂戎,制诗度曲,征篇章之士,置崇文之观。"2. 谓继承先人武功。《全唐诗》卷十五载《郊庙歌辞·享懿德太子庙乐章·武舞作》:"纂戎将禁暴,崇儒更敷政。"

这一条也未能揭示语源。"纂"通"缵","纂戎"也写作"缵戎"。"缵戎"出自《诗经·大雅·烝民》"缵戎祖考,王躬是保"。"缵戎"是绍继光大之意。

第二节 不明语典词而误释

有时,即使明确了语典词的来源,但如果不了解语典词的构成方式或成词理据,也很难正确理解语典词。例如,有不少语典词是通过割裂经文的形式而形成的,如果我们了解割裂的目的在于避俗求雅,特点在于其所割去的正是其所要表达的,那么对通过割裂而产生的语典词便不致于产生理解错误,反之则很容易出现偏差。

如《汉语大词典》"圣善"条:

圣善 1. 聪明贤良。《诗·邶风·凯风》:"母氏圣善,我无令人。"毛传:"圣,叡也。"郑玄笺:"叡作圣,令,善也。母乃有叡知之善德。" 2. 专用以称颂母德。(书证略)3. 父母的代称。《文选·杨修〈答临淄侯〉》:"伏惟君侯少长贵盛,体发旦之资,有圣善之教。"吕向注:"圣善,谓植父武帝也。"《汉魏南北朝墓志集释·北魏元彧墓志》:"早违陟岵,兼丧孔怀,训育所资,实唯圣善。"唐张说《郧国长公主神道碑》:"免怀之岁,天夺圣善。"宋彭乘《续墨客挥犀·丰城老人生子》:"东坡即席戏作八句,其警联云:'圣善方当而立岁,乃翁已及古稀年。'"

其中第三个义项的释义是不准确的,"圣善"只指母亲,并不兼指父亲。"圣善"的这个义项,实际上是其作为由割裂而产生的语典词的一个意义。而其所割裂的经文来自于《诗经·邶风·凯风》"母氏圣善"一句,割取"圣善"用于表示"母氏",只是为了避俗直书人所熟知的"母亲"之类的字样,而达到求雅的目的。就《大词典》所提供的四个书证来看,除第一个书证似乎有疑问外,后三个书证中的"圣善"都是指母亲,兹分别简单说明如下:第二书证中的"陟岵"与"孔怀"亦是源自《诗经》的语典词,分别指父亲与兄弟;结合墓志下文中又有"母子二人,更相为气"的字样,可知书证所引文字的意思是由于墓主早年便没有了父兄,所以其教育是由母亲一人承担的,其中的"圣善"与表示父亲的"陟岵"相对,当然是指其母亲。第三书证中的所言之事,在《新唐书·诸帝公主传》有相关的记载:"鄎国公主,崔贵妃所生。三岁而妃薨,哭泣不食三日,如成人。"则其"圣善"指母亲自然没有疑问。第四书证不过是在戏讽生子的这对夫妇妻子(妾)之年轻与丈夫之年老,将"圣善"与表示父亲的"乃翁"相对,其义自然是指母亲。即使是第一个书证,我们认为其中所涉及的"圣善"亦不例外是指母亲,所谓"圣善,谓植父武帝也"云云纯属吕向的臆断,不可据信。杨修的这一段文字是在叙述曹植幼年之事,而从《三国志·魏志·武宣卞皇后传》等有关内容来看,曹丕曹植兄弟幼年时应是由其母卞氏抚养教育的,曹操也曾称赞卞氏"抚养诸子,有母仪之德","圣善之教"正指此事,"圣善"应该是指曹植的母亲卞氏。

　　如果既不知语典词渊源所自,又不知其构词特点,则解释时出现错误更是难免的了。

　　如《汉语大词典》"作解"条:

　　　　作解　谓解救百姓。唐包佶《庆祀雨师乐章·迎神》:"作解之功,乐惟有年。"唐刘禹锡《代杜司徒谢追赠表》:"陛下应乾御极,作解庇人。"宋王禹偁《贺御楼肆赦表》:"泽流率土,仍推作解之恩。"参见"解网"、"解愠"。

仅从《汉语大词典》的释义及所提供的书证来看,似乎没有什么问题,但实际上这样的释义是不可据信的。"作解"语出《周易·解》:"雷雨作,解,君子以赦过宥罪"。后人从这句话截取"雷雨作解",用以表示"赦过宥罪"之义。如《唐代墓志汇编》所收撰成于元和年间的《有唐故抚州法曹参军员外置陇西李府君墓志铭并序》中有:

> 冤气未申于九重,谪官已闻于万里,贬崖州澄迈县尉。恭承诏命,远达朱崖,天之爱人,事或见革。旋逢雷雨作解,量移抚州法曹,方闻霈泽,北望生还。

何以本来贬作边远的崖州的一个小小县尉,"逢雷雨作解"后,便改为抚州(今江西临川一带)主管司法的法曹?那是因为"雷雨作解",便是赦免宽宥的意思。《汉语大词典》收有"雷雨作解"一词,并说明了古人用此词来表示赦过宥罪的意思,可惜没有更进一步说明,"雷雨作解"又可节缩成"作解",而同样表示赦过宥罪的意思。例如《全唐文》卷十六载中宗《虑囚制》:

> 礼防君子,自昔通规;律禁小人,由来共贯。朕情存革务,志在惩慝,欲申作解之恩,虑开侥幸之路,非所以纳人轨物,垂裕后昆。

所谓"欲申作解之恩,虑开侥幸之路",意思是说想要推广赦过宥罪之恩,但又担心为犯罪者打开了侥幸之路。又如《旧唐书·刘邺传》载邺所上奏章:

> 故崖州司户参军李德裕,……顷以微累,窜于遐荒,既迫衰残,竟归冥寞。其子晔坐贬象州立山县尉,去年遇陛下布惟新之命,覃作解之恩,移授郴州郴县尉。

检《旧唐书·懿宗本纪》可知,刘邺所谓"去年遇陛下布惟新之命,覃作解之恩",是指前一年懿宗即位,而实行大赦之事。这里的"作解"正是赦罪之意。

回过头来再看《汉语大词典》所提供的三个书证,其中后面两个中的"作解"都无非是赦过宥罪之义。而第一个书证中的"作解",可解释为"雷雨"之意,此处属于割裂"雷雨作解"而以"作解"

表示"雷雨"的用例。这样看来,《汉语大词典》这一词条因不明语典词而导致的失误也许还不止一处。

又如《汉语大词典》"大憨"条:

> 大憨　极为人所怨恶。《书·康诰》:"元恶大憝,矧惟不孝不友。"孔传:"大恶之人犹为人所大恶。"后用以称极奸恶的人,首恶之人。晋潘岳《西征赋》:"愠韩马之大憝,阻关谷以称乱。"唐刘禹锡《天平军节度使厅壁记》:"天宝末,大憝起于幽都。"《明史·刑法志一》:"巨恶大憝,案如山积。"

这一词条粗看也似乎并没有问题,其实不然。我们在前文曾介绍了"大憝"是属于通过割裂而形成的语典词,"大憝"之所以有"首恶之人"的意思,是因为人们从《尚书·康诰》的"元恶大憝"中截取了"大憝"来表示"元恶"。语典词"大憝"的这种成词方式,与"友于"一词完全一样。但我们看《汉语大词典》的"友于"条,其释义与"大憝"条有所不同。《汉语大词典》"友于"条:

> 友于　1.《书·君陈》:"惟孝友于兄弟。"后即以"友于"为兄弟友爱之义。《后汉书·史弼传》:"陛下隆于友于,不忍遏绝。"《魏书·良吏传·宋世景》:"世景友于之性,过绝于人,及道玙死,哭之哀切。"清蒲松龄《聊斋志异·向杲》:"〔向杲〕与庶兄晟,友于最敦。"2.借指兄弟。三国魏曹植《求通亲亲表》:"今之否隔,友于同忧。"唐白居易《东南行一百韵》:"万里抛朋侣,三年隔友于。"清昭梿《啸亭杂录·亲骨肉》:"其连枝友于之爱,实后世所罕见也。"

很清楚,《汉语大词典》在解释"友于"之义时,于"兄弟友爱之义"外,另立第二个义项,称"借指兄弟",是因为编者知道"友于"并不等于"兄弟",虽然没有说明原因,但称其"借指兄弟",说明编者明白,后人所用的这个意义的"友于"一词,是通过割裂"友于兄弟"而来的,读者也能根据这两个义项,了解"友于"一词与"兄弟"的关系。将《汉语大词典》中"大憝"和"友于"这两个词条作比较,"大憝"条没有将作为语典词而特有的"首恶之人"义与《尚书·康诰》中的原义分开作解释,很容易让人误以为"大憝"的"首恶之人"义是由原义引申出来的,而不是因为通过割裂而获得的。

除了割裂这种方式外,有些例子中语典词的意义,也同样需要我们联系其渊源所自的经典的上下文来作出判断,否则难以抉发其语典词义。《汉语大词典》在这方面也存在着一些失误。

例如《汉语大词典》"西成"条:

> 西成　谓秋天庄稼已熟,农事告成。《书·尧典》:"平秩西成。"孔颖达疏:"秋位在西,于时万物成熟。"唐高适《东平路中遇大水》诗:"稼穑随波澜,西成不可求。"

这一词条对于"西成"一词的释义并不全面。为了说明问题,我们来看《尚书·尧典》中与"西成"有关的上下文:

> 乃命羲、和:钦若昊天,历象日月星辰,敬授民时;……分命和仲:宅西曰昧谷,寅饯纳日,平秩西成。宵中星虚,以殷仲秋。

我国古代将春夏秋冬四季与东南西北四方相对应,秋天对应西方,即孔颖达疏此所谓"秋位在西",因此,古人也有根据上引《尚书·尧典》的内容,将"西成"作为秋天的别称。这样的例子在中古的文献中有不少,例如《宋书·傅亮传》载亮所作《感物赋》:

> 余以暮秋之月,述职内禁,夜清务隙,游目艺苑。……怅然有怀,感物兴思,遂赋之云尔:

> 在西成之暮晷,肃皇命于禁中。聆蜻蜓于前庑,鉴朗月于房栊。

其中的"西成",与农事完全无涉,而只是秋季的一种典雅表达。

又如《艺文类聚》卷一四载梁沈约《齐明帝哀策文》:

> 经原野之荒凉,属西成之云暮。伐金鼓以清道,扬悲笳而启路。

根据《南齐书·明帝纪》及《资治通鉴》卷一四一等书的记载,齐明帝死于永泰元年七月,八月葬于兴安陵。哀策文中的"西成之云暮",正是指其下葬之时所属的暮秋时节。

又如《旧唐书·音乐志三》载《迎俎用雍和》:

> 律应西成,气躔南吕。珪币咸列,笙竽备举。苾苾兰羞,芬芬桂醑。式资宴贶,用调霜序。

其中的"西成",也显然只是指秋季之义。

根据上述用例,可知《汉语大词典》"西成"条失立了其表示秋天的雅言义项。

又如《汉语大词典》"江沱"条:

> 江沱　亦作"江沲"。
>
> 长江和沱江。亦指长江流域和沱江流域。《书·禹贡》:"浮于江、沱、潜、汉。"陆德明释文:"江、沱、潜、汉,四水名。"南朝齐谢朓《和王长史卧病》:"顾影惭騑服,载笔旅江沱。"南朝梁元帝《玄览赋》:"张素盖而萦州屿,驰白马而越江沲。"唐杜甫《别唐十五诚因寄礼部贾侍郎》诗:"为我谢贾公,病肺卧江沱。"明李梦阳《赠何舍人赍诏南纪诸镇》诗:"锦帆暮闪江沱日,江沱秋交多烈风。"

此条没有揭明"江沱"的另一个词源,导致了其释义与书证之间的矛盾。

我们认为中古文献中所出现的"江沱",至少有一部分是语典词,源于《诗经·召南·江有汜》:

> 江有汜,之子归,不我以。不我以,其后也悔。
>
> 江有渚,之子归,不我与。不我与,其后也处。
>
> 江有沱,之子归,不我过。不我过,其啸也歌。

毛传注"沱"称:"沱,江之别者。"毛传的意思,不过是说明"沱"是江水的支流而已,并没有坐实为沱江。如果参考毛传注"汜"称"决复入为汜",注"渚"称"渚,小洲也,水岐成渚",可以更清楚地看出毛传解释"汜、渚、沱"时,仅仅是泛指江水的支流或小洲,并没有特指某一具体的支流。事实上《汉语大词典》的"沱"字条,其所列的第一个义项也称是"江水支流的通称",并引《诗经·召南·江有汜》及高亨注"小水入于大水叫做沱"为证。因为"汜、渚、沱"都与江边有关系,后人利用《江有汜》中的诗句,制造出"江汜"、"江渚"、"江沱"等词,来泛指长江或江边之义。例如《三国志·吴志·周鲂传》载周鲂与曹休笺其二:

  鲂远在边隅,江汜分绝,恩泽教化,未蒙抚及,而于山谷之间,遥陈所怀,惧以大义,未见信纳。

这里的"江汜分绝",与周鲂与曹休的第一笺中提到的"远隔江川"是同一个意思,即为长江所分隔之意,"江汜"实指长江。

又如《晋书·周浚传赞》:

  开林才理,爰登贵仕,绩著折冲,化行江汜。

其中的"化行江汜",结合本传,可知是指周浚镇秣陵时"宾礼故老,搜求俊乂"而令"吴人悦服"之事。这里的江汜是只能指江边的意思。

又如《三国志·吴志·孙晧传》载晧与王浚等书:

  至于今者,猥烦六军,衡盖路次,远临江渚,举国震惶,假息漏刻。

又如《梁书·杜崱传》载元帝诏:

  崱京兆旧姓,元凯苗裔,家传学业,世载忠贞。自驱传江渚,政号廉能;推毂浅原,实闻清静。

这两例中的"江渚",都是指长江边的意思。

而"江沱"一词的情况,也与"江汜"、"江渚"的情形相似。例如北周庾信《将命使北始渡瓜步江》:

  校尉始辞国,楼船欲渡河。辎轩临碛岸,旌节映江沱。

  (《庾子山集》卷四)

其中的"江沱"恐怕无法与"沱江"或"沱江流域"联系起来。根据诗题,这首诗是在庾信出使西魏渡瓜步时所作。"瓜步"是古地名,在今南京六合东南,有瓜步山,山临大江。诗中所谓"碛岸"、"江沱"云云,都应该是指瓜步山一带的江边的景色。"江沱"只能是指长江边。

现在再看《汉语大词典》所举梁元帝《玄览赋》的"江沱"用例,为了说明问题的需要,我们将与之有关的上下文一起引出:

> 临阊门之跨水,竦重阙而开都;观泉亭之涌波,窟巍巍而峨峨。张素盖而萦洲屿,驰白马而赴江沱。登舜桥而延首,假禹井而淹留。

其中上下文所提及的"阊门"、"舜桥"、"禹井"等地名,根据《建康实录》、《会稽志》等书的记载,都是长江下游一带的地名①,故此处文辞所及,与长江中游的沱水及上游的沱江无涉。且此处"江沱"与"洲屿"相骈,"洲屿"泛指江中之沙洲,并非特指某一具体的地点,与之相同,"江沱"也应该是泛指江边之地。

上述两例"江沱"用例的使用者梁元帝与庾信,无疑都属熟悉经典且擅长典雅文风之辈,其诗文中出现源自《诗经》的语典词是很自然的事。

综上所论可知,《汉语大词典》因为不明"江沱"一词渊源所自,遗漏了其表示江边之义的语典义项。

第三节 不明语典词义而失立义项

要揭示语典词的意义,必须调查使用者对语典词所本经文意义的理解。例如前所说,由《诗经》篇目所形成的语典词,其意义往往与毛诗的诗序有关,如果撇开诗序不论,则容易出现误解。《汉语大词典》中涉及《诗经》篇目的词条,大都能联系诗序,抉发其语

---

① 《建康实录》卷二:"阊门即吴西郭门也。"又《会稽志》卷一一"百官桥":"百官桥,在县西北三十五里。《寰宇记》云,越州余姚舜桥,避丹朱于此,百官候之,故亦名百官桥。"又"禹井":"禹井,在县东南会稽山。《山海经》注:会稽郡山阴县南山上有禹井。《水经》云:山东有硎,去庙七里,谓之禹井。"

典词义,但也有一些词条,尚待补充。

例如《汉语大词典》收有"樛木"一词:

> 樛木 枝向下弯曲的树。《诗·周南·樛木》:"南有樛木,葛藟累之。"郑玄笺:"木下曲曰樛。"《汉书·叙传上》:"葛绵绵于樛木,咏《南风》以为绥。"颜师古注:"樛木,下垂之木也。"唐黄滔《送君南浦赋》:"林骈樛木,摧诚而敢望合欢;洲跃嘉鱼,取信而当期剖腹。"宋王安石《示安大师》诗:"踞堂俯视何所有,窈窕樛木垂楔櫨。"

《汉语大词典》的释义只顾及了樛木的本义,而没有涉及其作为源自《诗经》的语典词义。《诗·周南·樛木序》:"樛木,后妃逮下也。言能逮下而无嫉妒之心焉。"魏晋南北朝以来的文人,利用这一诗序,以"樛木"为词,来表示妇女不嫉妒的品德。这样的用例在当时的文献中屡见不鲜,如晋张华《中宫所歌》:

> 先王统大业,玄化渐八维。仪刑乎万邦,内训隆壸闱。皇英垂帝典,大雅咏三妃。执德宣隆教,正位理厥机。含章体柔顺,帅礼蹈谦祗。螽斯弘慈惠,樛木逮幽微。徽音穆清风,高义邈不追。遗荣参日月,百世仰余辉。

其中"樛木"与"螽斯"对举,两词都是来自《诗经》的语典词。所谓"樛木逮幽微",意思是其不嫉妒的恩惠施及微贱者之身。又如《汉魏南北朝墓志汇编·东魏·魏上宰侍中司徒公领尚书令太傅领太尉公假黄钺九锡任城文宣王文靖太妃墓志铭》:

> 太妃恭勤妇业,助治家道,中馈是宜,内政有序;务先窈窕,不有妒忌之心;博进才贤,而无险诐之志。……《易》称一人得友,《诗》著三五在东①,以兹樛木之恩,成此螽斯之业。抚养异宫,恩同已子,故能化自斗闱,声闻邦国。

---

① 原文标点作"易称一人,得文诗著,三五在东",误,今改正。又"文"当是"友"之形讹。"一人得友",语出《易·损》六三爻辞"一人行则得其友"。"三五在东"见《诗·召南·小星》。

这里的"樛木之恩",主要是指不嫉妒的意思。这个意义的"樛木",到唐代时也还有用例,如唐皇甫琼《对词标文苑科策》:

> 伏惟圣母皇帝陛下辟阴阳之一气,独化初皇;启日月之三光,混成太极。……忱在进贤,道叶采苓之化;恩无不逮,德合樛木之风。(《文苑英华》卷四八一)

前文说到,由于有些诗序所包含的内容较多,因此,利用《诗经》篇目所形成的语典词,其意义往往会侧重于诗序的某一方面,于是便会出现这样的情况:即同一个语典词往往具有多个不同的意义。在《汉语大词典》中,有一些词条,注意到了语典词义与《诗序》内容的一部分关系,但并不全面,由此造成了一些失误。

如其"螽斯"条:

> 螽斯 1.虫名。(略) 2.《诗经》篇名。《诗·周南·螽斯序》:"螽斯,后妃子孙众多也,言若螽斯不妒忌,则子孙众多也。"后用为多子之典实。《后汉书·皇后纪下·顺烈梁皇后》:"夫阳以博施为德,阴以不专为义,螽斯则百,福之所由兴也。"明陈汝元《金莲记·慈训》:"追昔缘成孔雀,期今庆衍螽斯。"清陈维崧《满江红·秋日几士兄姬人生子词以志喜》词:"嫂已庆,螽斯绰;孙渐解,胜衣揖。"

诚然,中古文献中有不少"螽斯"用例是表示多子的意思,但我们也发现还有大量的用例并不能用这一意思来作解释。例如《晋书·明穆庾皇后传》载明帝《立皇后册》:

> 夫坤得尚柔,妇道承姑,崇粢盛之礼,敦螽斯之义。是以利在永贞,克隆堂基,母仪天下,潜畅阴教。

又如《宋书·孝武文穆王皇后传》:

> 宋世诸主,莫不严妒。太宗每疾之。……左光禄大夫江湛孙敳当尚世祖女,上乃使人为敳作表让婚,曰:"……夫螽斯之德,实致克昌,专妒之行,有妨繁衍。是以尚主之门,往往绝嗣,驸马之身,通离衅咎。"

又如《唐代墓志汇编·故繁昌县令马君墓志》：

> 夫人常氏，门胄清华，容德兼蕴，外敷令淑，内含肃顺，慕螽斯以立身，挹关雎以砥行。所以合葬玄堂，庶千龄而不朽；同归梓椁，与天地而长存。

在这些例子中的"螽斯"一词，如果用"多子"之义来解释都是无法说通的，显然，这些"螽斯"应另有其义。根据上下文的内容，我们认为这些例子中的"螽斯"一词，都扣住了《诗·周南·螽斯序》中的"不妒忌"一点，而借指妇人不妒忌的美德。这是"螽斯"这一语典词的另一个常用意义。这样的例子，对于我们的辞书编纂来说，应该具有一定的参考价值。

又如《大词典》"小星"条：

> 小星　1. 小而无名的星。《诗·召南·小星》："嘒彼小星，三五在东。"毛传："小星，众无名者。"清蒲松龄《聊斋志异·雷曹》："小星动摇，似可摘而下者。"2.《诗·召南》篇名。《诗·召南·小星序》："小星，惠及下也。夫人无妒忌之行，惠及贱妾。"后因以"小星"为妾的代称。明吴炳《疗妒羹·贤风》："夫人时常宽慰，许备小星。"清钮琇《觚剩·云娘》："公子治吉席，将为小星催妆。云忽易戎服，擎所佩刀，出立堂上，责公子。"老舍《老张的哲学》第十："真的八爷要纳小星？"

本条失立了"小星"作为语典词的一个重要的义项，即表示妇女不妒忌之德。

《诗·召南·小星》序：

> 小星，惠及下也。夫人无妒忌之行，惠及贱妾，进御于君，知其命有贵贱，能尽其心矣。

后人根据诗序，用"小星"表示夫人不妒忌的美德。

如北魏《魏代扬州长史南梁郡太守宜阳子司马景妻墓志铭》：

> 又夫人性寡妒忌，多于容纳，敦桃夭之宜上，笃小星之逮

下。故能庆显螽斯，五男三女，出入闺闱。(《汉魏南北朝墓志汇编·北魏》)

又如唐代墓志残碑：

亡宫者，不直何许人也。爰自良家，入陪天闱，专一成性，淑慎居心。夙夜在今，小星之辉方耀；春秋非我，大年之数先穷。(《唐代墓志汇编·残志〇三八》，P2563)

又如唐崔众甫《弘农杨氏墓志并序》：

柔风琬淑，惠性瑞和，年廿一，归于太中大夫、青州刺史荥阳郑府君。佐中馈之礼也。小星纳惠，助夫□汉之光；贯□承宠，载协得□之美。(《唐代墓志续编·开元一二三》P537)

《汉语大词典》的有些语典词条目，虽然揭示了其语源，但由于不明白其作为语典词的特殊含义，导致失立义项。

例如"包羞"一词①，《汉语大词典》全文如下：

包羞　忍受羞辱。《易·否》："六三，包羞。《象》曰：'包羞，位不当也。'"孔颖达疏："位不当所包承之事，惟羞辱已。"唐陆龟蒙《寒泉子对秦惠王》："大王出则夺气，入则包羞。"明刘基《题扇面牡丹花》诗："舞罢春风却回首，六宫红粉总包羞。"梁启超《论中国学术思想变迁之大势》第四章："汉高蚤年最恶儒。有儒冠者辄溲溺之，其吐弃也至矣。而郦食其、叔孙通、陆贾等深自贬抑，包羞忍垢以从之。"

这一词条未能揭明"包羞"作为语典词的特殊含义。我们在论述有关源自《周易》的语典词时说过，不少源自《周易》的语典词是后人利用《象辞》的解释性文字制造出来的，其作为语典词所包含的意义往往与相关的《象辞》有关，"包羞"也正是这样的例子。后人利用《象辞》"'包羞'，位不当也"的解释，将"包羞"作为语典词，来表示"位不当"，即处于不适合的职位的意思。例如宋刘安世《论胡宗

---

① 《汉语大词典》另有表示食品之义的"包羞"词条，实即"庖馐"，与此不同。

愈除右丞不当第二十一》：

> 宗愈幸累疏之不出，盗据丞辖，包羞期年，辱国已甚。
> （《尽言集》卷四）

又如宋苏颂《待罪》：

> 虽二圣覆之如天，未令投迹于四裔，而群臣谓其失职，岂宜包羞于近班。（《苏魏公文集》卷六九）

据此可知，《汉语大词典》"包羞"条失立了其作为语典词所含有的"处于不合适的职位"的义项。

又如《汉语大词典》"离明"条：

> 离明 1. 日；日光。2. 喻指君上的明察。

此条失收该词表示"太子"的语典词义项。《周易·离》有《象辞》："明两作离，大人以继明照于四方。"后人因此而创造出"离明"一词，以喻指太子。例如《唐大诏令集》卷二八《册立遂王为皇太子文》：

> 自顷离明辍曜，震位虚宫，地德可尊，人神攸属，式稽令典，载焕徽章，是用册尔为皇太子。

又如《册府元龟》卷五四四载宋务先上疏：

> 陛下自登皇极，未建元良，非以守器承祧，养德赞业，离明不可辍曜，震位不可久空，伏愿早择贤能，以光储副。

又如《汉语大词典》"作霖"条：

> 作霖 《书·说命上》："若济巨川，用汝作舟楫；若岁大旱，用汝作霖雨。"孔传："霖，三日雨。霖以救旱。"原谓充作救旱之雨，后以指降甘霖或下雨。唐杜牧《云》诗："莫隐高唐去，枯苗待作霖。"唐卢殷《欲销云》诗："如逢作霖处，当为起氤氲。"

这一条，遗漏了"作霖"一词在中古时期的一个常见义项，即表示担任宰相之类的重要职务的意思。这个词义来自于《大词典》所引的《尚书·说命上》，不过，其所引的这段文字不完全，难以看出后人为何能用"作霖"表示上述意思，今不惮其烦，将《尚书·说命上》中的有关内容全引如下：

> 乃审厥象，俾以形旁求于天下。说筑傅岩之野，惟肖。爰立作相。王置诸其左右，命之曰："朝夕纳诲，以辅台德。若金，用汝作砺；若济巨川，用汝作舟楫；若岁大旱，用汝作霖雨。"

据之可知，这是武丁任命傅说为相时对傅说所说的话。后人因此而将"作霖"喻指充任宰相之类重要职务的意思（中古时期还从此段文字中产生出"作砺"一词，表示与"作霖"同样的意思，详见前文有关《尚书》语典词的章节。）。例如唐黄滔《南海韦尚书启》：

> 朝廷不欲止于鸳省，便入凤池，须加分阃之尊，用饰作霖之盛。（《黄御史集》卷七）

又如北宋范仲淹《阅古堂诗》：

> 仆已白发翁，量力欲投簪。公方青春期，抱道当作霖。（《范文正集》卷二）

又如南宋赵鼎《谢生日赐牲饩表》：

> 伏念臣偶玷荣求，居惭固陋。职参师律，莫施借箸之筹；位忝台司，久负作霖之命。（《忠正德文集》卷四）

第四节　不明语典词义历时演变而释义不全面

语典词使用的历时考察，对于辞书编纂也有重要的意义。不同时代的人们对于经文的理解是有所不同的，各个时代赋予语典词以什么意义，取决于那个时代的人们对于经文的理解，语典词的这一特点在词典编纂时必须加以注意。

例如《汉语大词典》收有"遵养"一词：

> 遵养　谓顺应时势或环境而积蓄力量。《晋书·明帝

纪》:"属王敦挟震主之威,将移神器,帝崎岖遵养,以弱制强,潜谋独断,廓清大祲。"宋苏辙《论前后处置夏国乖方札子》:"夏人公然桀傲,不遣谢使,再遣兵马蹂践泾原,朝廷方务遵养,不复诛讨。"明高启《顾荣庙》诗:"崎岖诸王幕,沉湎务遵养。"清王夫之《读四书大全说·中庸第十八章》:"在夫子立言之旨,则以见时未至而事未起,则文王遵养以为道;时已至而事已集,则武周忧劳以见功。"

这一词条存在着明显失误。首先,没能揭明语源。"遵养"一词语出《诗·周颂·酌》:"于铄王师,遵养时晦。时纯熙矣,是用大介。"《汉语大词典》收有"遵养时晦"一词,并指明其语出《诗经》,不过,《汉语大词典》的"遵养"条并没有说明其与"遵养时晦"之间的联系。其次,释义与书证也有错误。毛传对"遵养时晦"一句是这样解释的:"遵,率。养,取。晦,昧也。"郑笺:"率殷之叛国以事纣,养是暗昧之君,以老其恶。"显然,郑玄将"养"理解为"容忍、长养"的意思。六朝时,人们根据这一理解,从《诗经》中截取"遵养",作为表示对坏人作一定程度宽容忍让之意的一个词语。这样的用例在六朝的文献中比比皆是,如《晋书·刘毅传》载安帝《征刘毅诏》:

> 刘毅傲狠凶戾,履霜日久,中间覆败,宜即显戮。晋法含弘,复蒙宠授。曾不思愆内讼,怨望滋甚。赖宰辅藏疾,特加遵养,遂复推毂陕西,宠荣隆泰,庶能洗心感遇,革音改意。而长恶不悛,志为奸宄,陵上虐下,纵逸无度。

诏中"遵养"的对象,无疑是刘毅,而"遵养"之义,应该是"容忍"。又如《庾亮传》载庾亮《与郗鉴笺》:

> (王导)挟震主之威以临制百官,百官莫之敢忤。是先帝无顾命之臣,势屈于骄奸而遵养之也。赵贾之徒有无君之心,是而可忍,孰不可忍!

其中的"遵养之",便是容忍王导的意思。再如《宋书·庐陵王义真传》载文帝《追恤庐陵王义真诏》:

>天未悔祸，运钟屯险，群凶肆丑，专窃国柄，祸心潜构，衅生不图。朕每永念仇耻，含痛内结，遵养奸慝，情礼未申。

以及《松滋侯子房传》载明帝《徙松滋侯子房诏》：

>阴慝已露，宜尽宪辟，实以方难未夷，曲加遵养。

其中的"遵养"，显然也都是容忍之义。

再看《汉语大词典》所提供的书证，《晋书》的那个例子中的"遵养"也难说不是容忍的意思。其实，根据我们的调查，六朝时期，"遵养"的用例几乎都是容忍的意思。即使是唐代的文献中，也依然存在着大量表示容忍的"遵养"的用例，例如唐人《为魏王梁王贺贼帅李尽灭死及新殿成上礼食表》：

>陛下乃眷愚悖，情深遵养，聊用七旬之舞，未加五戒之罚。

（《文苑英华》卷六一三）

其中的"遵养"显然也是容忍之义，这是因为唐人对于《诗经》中这段内容的理解和六朝时人基本一致。孔颖达对"遵养时晦"的传笺作进一步疏解时说："《释诂》又云：遵、率，循也。俱训为循，是遵得为率。武王于纣，养而取之，故以养为取。"可以看出，这一理解与毛传郑笺是一脉相承的。

不过，宋元以后，"遵养"一词的意义开始有所变化，这是因为宋人对相关经文的理解与前人有所不同。朱熹的《诗集传》将"于铄王师，遵养时晦"解释为："言其初有于铄之师而不用，退自循养，与时俱晦。"这样的理解显然与上述毛郑孔诸人有所不同。宋代华镇《越州跛鳖先生赵万宗传》中有"郑公遵养于樵风，逸少高举于兰渚"的用例，其中"遵养"一词的意思，跟《大词典》所列的宋代以来的书证一样，与朱子的理解没有多大的区别。

又如《汉语大词典》人部"介石"条：

>1. 谓操守坚贞。语出《易·豫》："介于石，不终日，贞吉。"《宋书·谢灵运传》："时来之机，悟先于介石，纳隍之诚，一援于生民。"《北史·隋本纪下》："岂美璞韬采，未值良工；将

介石在怀,确乎难拔?"明陆采《明珠记·珠圆》:"义士施偷天之计,郎君秉介石之心。"2. 碑石①。(书证略)

关于这一条,存在两个问题:一、误举书证,所举《宋书·谢灵运传》之例中"介石"之义与"操守坚贞"无涉。二、失立义项,我们认为,"介石"一词除了上述义项外,还有"征兆"、"时机的急迫、稍纵即逝"或"及时把握时机"等意义。其用例常见于六朝时期的文献。

所举《谢灵运传》之例中的"介石"一词与"操守坚贞"没有关系。根据传文可知,这是谢灵运奉使在彭城慰劳征伐长安回来的刘裕所作的《撰征赋》中的文字。检阅上下文,我们认为这里的"介石"之义,与占卜有关。本传载此赋之序称:

> 值天祚攸兴,昧弱授机,龟筮元谋,符瑞景征。于是仰祇俯协,顺天从兆,兴止戈之师,躬暂劳之讨。

六朝人行事好占卜。序文所示,刘裕之北伐,亦不例外。所谓"龟符元谋,符瑞景征"即为其事。其后正文又言及此事:

> 俟太平之旷期,属应运之圣明。坤寄通于四渎,乾假照于三辰。水润土以显比,火炎天而同人。惟上相之睿哲,当草昧而经纶。总九流而贞观,协五才而平分。时来之机,悟先于介石;纳隍之诚,一援于生民。龟筮允臧,人鬼同情。顺天行诛,司典详刑。树牙选徒,秉钺抗旌。弧矢罄楚孝之心智,戈棘单吴子之精灵。

据此文可知,大概北伐前所得之卦为"比"与"同人"。我们知道,这两卦均为吉卦,所以下文又有"龟筮允臧,人鬼同情"之类的话。联系上下文,我们认为"时来之机,悟先于介石"一句与占卜有关,正是"介石"显示了"时来之机"。"介石"在文中有"征兆"之义。

由于"征兆"若不加利用,则很快丧失意义,因此"介石"也多用以形容时机的急迫、稍纵即逝。例如《魏书·司马绍传》载司马绍

---

① "碑石"一义,因与本书所论无涉,另当别论。

与王敦书：

> 公迈德树勋,遐迩归怀,任社稷之讬,居总己之统,然道里长远,江川阻深,动有介石之机,而回旋之间固以有所丧矣。
> 谓公宜入辅朝政,得旦夕酬谘,朝士亦佥以为然。

据《魏书》的记载,晋明帝司马绍此书是因"王敦将篡,讽绍征己"而作。上引的文字是说王敦担负着领导国家的重任,但是却远处外藩,如果一旦有"介石之机"需要王敦作决定时,等到通知他或他回来处理,则机会很可能就丧失了,因此要求王敦从国家利益出发,入京师辅政,以便随时咨询。"介石之机"应是需要当机立断、及时把握的时机。

再如《晋书·王敦传》载王敦上疏：

> 自从信隗已来,刑罚不中,街谈巷议,皆云如吴之将亡。……愿出臣表,谘之朝臣,介石之几,不俟终日,令诸军早退,不至虚扰。

根据《晋书·王敦传》等的有关记载,王敦于永昌元年起兵,是以诛刘隗为名。在上此疏之前,王敦已上疏要求晋元帝诛杀刘隗,其中有"愿陛下深垂省察,速斩隗首,则众望厌服,皇祚复隆"、"隗首朝悬,诸军夕退"等文字。据之可知,此疏"介石之几,不俟终日"的意思是要元帝把握稍纵即逝的时机,当机立断,立即诛杀刘隗,以使王敦所率领的军队撤退。

再如《梁书·元帝纪》载王僧辩表：

> 臣闻日月贞明,太阳不可以阙照；天地贞观,乾道不可以久惕。……宝器存乎至重,介石慎于易差。黔首岂可少选无君,宗祧岂可一日无主。伏愿陛下扫地升中,柴天改物。事迫凶危,运钟扰攘,盖不劳宗正奉诏,博士择时,南面即可居尊,西向无所让德。

这是王僧辩在获悉简文帝为侯景所弑后,给当时湘东王萧绎所上的表。在表中王僧辩希望萧绎能抓住时机,立即即帝位,以免为别人夺得先机，产生如"赤眉更立盆子，隗嚣讬置高庙"①的不利局面。所谓"介石慎于易差"，也就是说时机稍纵即逝，要慎于把握的意思。②

由此再进一步，"介石"又有"及时把握时机"之义。如《宋书·武帝纪上》载晋安帝授刘裕策：

> 既而岁月屡迁，神器已远，忠孝幽寄，实贯三灵。尔乃介石胜机，宣契毕举，诉苍天以为正，挥义旅而一驱。

此文乃指刘裕元兴三年二月起兵讨伐桓玄之事。文中"介石胜机"之语，是指刘裕与何无忌等把握时机，果断突袭桓修，成功斩杀桓修而起兵之事。

再如《魏书·陈建传》载陈建上表：

> 愚谓时不再来，机宜易失，毫分之差，致悔千里，天与不取，反受其咎，所谓见而不作，过在介石者也。

很明显，这里的"介石"，也应当是把握时机，当机立断的意思。

综上所述，我们可以看出，在六朝的文献中，"介石"之义多与"征兆"、"时机"相关，根据我们对六朝文献的调查，还没有发现用作后来所谓"操守坚贞"之义的例子。

那么问题是，六朝的人为什么会有这样的理解呢？我们认为很可能与《易·系辞下》的这段文字有关：

> 子曰："知几其神乎？君子上交不谄，下交不渎，其知几乎？几者，动之微，吉之先见者也。君子见几而作，不俟终日。《易》曰：'介于石，不终日，贞吉。'介如石焉，宁用终日，断可识也。"

《系辞》这一段文字的主要意思，是在说君子当见几而作，不俟终日。引《豫》六二爻辞，是因为《周易》中的该爻具有此义。从"介如

---

① 见王僧辩此表下文。
② 《梁书·元帝纪》中其后还载有王僧辩、徐陵等为劝元帝即位所上三表，反复申明此义，可为佐证。

石焉,宁用终日,断可识也。"①这样的解释,可以看出,"不俟终日"不过是在说明采取行动之迅捷果断,也即对应"作"。那么,爻辞中剩下的跟"见几"之义有关的便只有"介于石"了。

显然,六朝人对于"介石"的理解,应该来自于这一段《系辞》。

而隋唐人将"介石"理解为"操守坚贞",则很有可能来自王弼注。

《十三经注疏·周易正义》魏王弼于《豫》六二下注:

> 处豫之时,得位履中,安夫贞正,不求苟豫者也。顺不苟从,豫不违中,是以上交不谄,下交不渎。明祸福之所生,故不苟说;辩必然之理,故不改其操介如石焉,"不终日"明矣。②

唐孔颖达对此作疏:

> 介于石者,得位履中,安夫贞正,不苟求逸豫,上交不谄,下交不渎,知几事之初始,明祸福之所生,不苟求逸豫,守志耿介似石。然见几之速,不待终竟一日,去恶修善,恒守正得吉也。

很明显,孔疏中的"守志耿介似于石"对应的是王注中"不改其操介如石焉",显然是因为王注的这句话,使那个时代的人认为"介石"有"操守坚贞"之义。

那么,这里就有一个疑问,那就是王弼注《周易》,排击汉儒,扫去旧文,独标新学,在六朝之时已俨然可以与以郑玄为代表的汉儒分庭抗礼③,可是为什么王弼注《豫》六二时提到的"不改其操介如石焉"一句,在六朝时从没有人理睬,非要到隋唐以后才大行其道呢?

这种情况的出现,很可能与不同时代的人对王弼注的解读不

---

① "介如石"即"介于石",说见《经传释词》卷一"于"字条。
② 所引《周易正义》中注疏的文字与标点,皆取准于北京大学出版社所出李学勤主编的标点本《十三经注疏》。
③ 有关王弼注与郑玄注自晋代以来并列学官的情况,可参阅《南齐书·陆澄传》所载陆澄与王俭书。

同有关。

我们觉得,六朝人读王弼注中"不改其操介如石焉"一句时,以"不改其操"断句,而以"介如石焉"属下句;而从上引孔颖达的疏可以看出,以孔颖达为代表的隋唐人则以"介如石焉"属上为句,将"操介"读为一词。

比较上面所引的王弼对《豫》六二的注文及《系辞》的有关文字,可以很清楚的看出,王弼其实是在援引《系辞》来解释爻辞。其中"上交不谄,下交不渎"为照录《系辞》原文,自不待言。我们认为"介如石焉,'不终日'明矣",也不过是《系辞》中"介如石焉,宁用终日,断可识也"的一个简略的表达。而上文"明祸福之所生,故不苟说;辩必然之理,故不改其操"是对"上交不谄,下交不渎"的进一步申说。"不改其操"与"不苟说"相对成文。如果是这样,那么在王弼的注中,"介如石焉"就与操守没有什么直接的联系,这也就是为什么六朝人不用"介石"来形容操守的原因。

其实孔疏中体现出来的将"介如石焉"属上为句的理解,恐怕非王注之意。因为作那样的句读之后,紧接着下文所说的"'不终日'明矣"就显得很突兀,为什么"不苟说"、"不改其操介如石焉",就能"'不终日'明矣"呢?确实匪夷所思。正因为如此,恪守疏不破注的孔颖达,在处理这一句时,也不得不改注中的顺承语气而为疏中的转折语气,仔细玩读,我们不难体会这一点。

从《汉语大词典》所引《北史·隋本纪》的例子来看①,这种误读隋代时已经存在。自《周易正义》通行于世,生徒都奉孔疏为圭臬,于是缪种流传,"介石"之为"操守坚贞",在唐以后的文献中屡见迭出;而六朝人所理解的与"征兆"、"时机"等有关的意义很快湮没无闻。

需要另外说明的是,"介石"之"介",字也作"砎"。陆德明《经

---

① 例文出自隋炀帝大业三年所下诏书,亦见《隋书·炀帝纪上》。

典释文》于"介于石"下注：

> 介，古文作砎，马作扴。

因此，后来所习见的"介石"，在较早的文献里往往作"砎石"。

如《晋书·伏滔传》载伏滔《正淮论》下篇：

> 夫王凌面缚，得之于砎石；仲恭接刃，成之于后觉也。而高祖以之宵征，世宗以之发疾，岂不勤哉！

"仲恭"为毌丘俭字，王凌与毌丘俭作乱的事分别见《三国志·魏志》二人的本传。其中王凌之谋为人告发，司马懿预知之后，立即亲征，仅九日便掩至其地，王凌不得已，面缚就擒。关于这两人作乱的事，伏滔在本传所载的《正淮论》上篇中已提及：

> 夫悬象著明，而休征表于列宿；……昔妖星出于东南而弱楚以亡，飞宇横于天汉而刘安诛绝，近则火星晨见而王凌首谋，长彗宵映而毌丘袭乱。斯则表乎天时也。

显然，上举《正淮论》下篇的文字，正是承上篇此处文字而来，"得之于砎石"的意思是说司马懿在预先得知有关预兆之后，立即把握时机，先发制人，一举取得成功。这与其子司马师在毌丘俭起兵之后被迫带病应战不同，"砎石"与"后觉"相对成文，正体现了这一不同。"砎石"在这里有"预知征兆"的意思。

我们据此再看《汉语大词典》石部"砎"条：

> 坚硬。《晋书·桓温传》：故员通贵于无滞，明哲尚于应机，砎如石焉，所以成务。

其中"砎"字之义究竟为何，诚可商榷。① 但例文中"砎如石焉"语出《周易·系辞下》则无疑问，应当亦是"当机立断"之义。

又其下"砎石"条：

> 坚硬的石头。比喻耿介的气质。《晋书·孔坦传》："知将

---

① 郑玄释此"砎"为"磨砎"，马融所据本字作"扴"，释为"投小石声"。见《经典释文》所引。

军忿疾丑类,翻然同举。承问欣豫,庆若在己。何知几之先觉,砎石之易悟哉。"

揆以上文所论,此条不仅未能说明"砎石"一词渊源所自及其与"介石"的关系,而且其释义亦未能得其实。

综上所述,词典的编纂者由于没能注意"介石"一词词义的历时演变,因而导致了一系列的错误。

第五节 不明语典词表义规律而释义不确

掌握了语典词在表义方面的某些规律,可以更准确地解释其意义。《汉语大词典》中有些词条由于不明语典词的表义规律而释义不确,有待修订。

例如《汉语大词典》"则哲"条:

> 则哲 《书·皋陶谟》:"知人则哲,能官人。"后以"则哲"谓知人。《后汉书·乐成靖王党传》:"朕无'则哲'之明,致简统失序,罔以尉承大姬,增怀永叹。"南朝宋谢庄《求贤表》:"故楚书以善人为宝,虞典以则哲为难。"唐颜真卿《谢吏部侍郎表》:"伏揆虚薄,祗惧实深。常恐上尘则哲之明,下负窃位之责。"宋王禹偁《拟贬萧瑀出家诏》:"朕失任贤之道,昧则哲之明。"

这一条的释义并不确切。我们在前文论及来自《尚书》的语典词时,曾指出其中有一部分语典词,由于来自于与尧、舜、禹等帝王有关的文字,因而往往被后人用作专门表示与帝王相关的意义。"则哲"也属于这样的语典词。根据我们的调查,作为语典词,"则哲"决不仅仅表示"知人",更重要的是,它几乎专门用于表示"帝王知人"。即就《汉语大词典》所举的书证来看,其中的"则哲",也无一不是指"帝王知人"之意。我们觉得,如果在解释"则哲"之义时,加上"多用于帝王的身份"之类的补充说明,也许会进一步提高辞书在释义方面的准确程度,为使用者提供更多更重要的信息。

又如《大词典》"愿言"条:

  愿言　思念殷切貌。《诗·卫风·伯兮》:"愿言思伯,甘心首疾。"郑玄笺:"愿,念也。我念思伯,心不能已。"晋谢混《游西池诗》:"逍遥越城肆,愿言屡经过。"宋华岳《早春即事》诗:"愿言相约花前醉,莫放春容过海棠。"清顾炎武《江上》诗:"愿言随飞龙,一上单于台。"

本条只设立了"愿言"作为形容词的一个义项,而遗漏了该词的另两个义项:

1. 表示思念对方。

《诗经·邶风·二子乘舟》有"愿言思子",后人截取"愿言",表示"思子"。

例如三国魏嵇康《兄秀才公穆入军赠诗十九首》:

  驾言出游,日夕忘归。思我良朋,如渴如饥。愿言不获,怆矣其悲。(《嵇中散集》卷一)

又如晋陆云《从事中郎张彦明为中护军其三》:

  出抚家邦,入翔紫微。有命既集,愿言永违。(《陆士龙集》卷二)

又如北宋胡宿《谢知郡中舍》:

  未谐宴晤,徒切愿言,益冀保颐,用宽驰系。(《文恭集》卷三四)

2. 表示希望。

"愿言"一词,六朝时就有人开始用以表示希望的意思。

例如晋陶渊明的作品中就多次使用"愿言"表示希望,如《示周续之祖企谢景夷三郎》:

  老夫有所爱,思与尔为邻。愿言诲诸子,从我颍水滨。

(《陶渊明集》卷二)

又如唐玄宗《惟此温泉是称愈疾岂予独受其福思与兆人共之也乘暇巡游乃言其志》：

  绩为蠲邪著，功因养正宣。愿言将亿兆，同此共昌延。

(《文苑英华》卷一七一)

又如宋范仲淹《四民诗·士》：

  昔多松柏心，今皆桃李色。愿言造物主，回此天地力。

我们再检视《汉语大词典》本条所列的后两个书证，其中的"愿言"，应该都是表示希望之意，而与"思念殷切貌"没有关系。

第六节　未就语典词作全面调查而失收词目

语典词的调查研究，可以大量补充以《汉语大词典》为代表的大型汉语词典的条目，这里举若干尚未被《汉语大词典》收录的语典词为例，略作说明。

[例一] 从禄

《诗经·小雅·正月》：

  忧心茕茕，念我无禄。民之无辜，并其臣仆。哀我人斯，于何从禄？瞻乌所止，于谁之屋？

关于"从禄"，郑玄笺：

  哀乎！今我民人见遇如此，当于何从得天禄，免于是难。

孔颖达疏：

  禄名本出于居官食廪得禄者，是福庆之事，故谓福佑为禄。虽民无福，亦谓之无禄也。

据此可知，"从禄"在《诗经》中的原意是获得天禄，即得到福佑的意思。六朝时人开始用"从禄"来表示获得官禄，即出仕、做官。

如南朝宋谢晦《悲人道》：

> 俱悼耕兮从禄，睹世道兮艰诐。规志局兮功名，每谓之兮为易。（《宋书·谢晦传》）

又如南朝宋王僧达上表：

> 曩者以亲贫须养，俛俯从禄，解褐后府，十有余旬。（《宋书·王僧达传》）

又如《宋书·宗炳传》：

> 二兄蚤卒，孤累甚多，家贫无以相赡，颇营稼穑。高祖数致饩赉，其后子弟从禄，乃悉不复受。

又如南朝梁王僧孺《在县祭杜西曹教一首》：

> 聚散不恒，一然为别。吾从禄南障，彼返亦东皋。①（《文馆词林》卷六九九）

又如南朝梁陶弘景《肘后百一方序》：

> 今搢绅君子若常处闲佚，乃可师药有方。脱从禄外邑，将命远途；或祗直禁闱，晨宵闭隔；或羁束戎阵，城垒严阻，忽惊急仓卒，唯拱手相看。（《艺文类聚》卷七五）

唐宋时也有其例，如唐宋之问《玩郡斋海榴》：

> 从禄滞遐郡，赏是惜流年。（《文苑英华》卷三二二）

又如南宋许景衡《与吕守》：

> 顾以从禄远去，无阶趋走下风，瞻望门墙，滋剧向往。（《横塘集》卷一六）

甚至元明时也还有人使用，如明黄省曾《朱氏寄翁遗文序》：

> 张氏开土，旌弓广罗，束帛丘壑，庶宜从禄矣。（《明文海》卷二四〇）

［例二］岁聿

---

① "亦"当是"迹"字的讹文，"返迹"意为返回、回去，正与"从禄"相对应。

《汉语大词典》收有"岁聿云莫"和"岁聿其莫"两个条目①,解释为一年将尽,说明"聿"为语助,揭示其语源为《诗·唐风·蟋蟀》中的"蟋蟀在堂,岁聿其莫",并举《魏书·乐志》作为书证。诚然,上述词语在六朝以来的文献中屡见不鲜。其实《诗经》的这一语源,还产生出"岁聿"一词,中古汉语乃至近代汉语也多见其例。

根据调查可知,该词至少具有三个意义:

1. 岁、年。

例如东汉《张公神碑》:

　　诏命有司,祭以中牲。岁聿再荐,公其飨零。(《隶释》卷三)

又如陆云《移书太常荐同郡张赡》:

　　曾泉改路,悬车将迈,考盘下位,岁聿屡迁。(《晋书·陆云传》)

又如南朝宋张望《蜡除诗》:

　　人欣八蜡畅,讵知岁聿尽。(《艺文类聚》卷五)

2. 岁月。

例如晋何承天《鼓吹铙歌·上陵者》:

　　嗟岁聿,游不还,志气衰沮,玄鬓斑。②(《宋书·乐志》)

3. 岁暮。

例如南朝梁到洽《赠任昉诗》:

　　欣遇以来,四载斯日。运谢如流,时焉岁聿。月次既穷,星回已毕。玄象昼昏,明庶晓疾。(《文馆词林》卷一五八)

又隋王胄《在陈释奠金石会应令》:

　　时惟岁聿,律变灰迁。鸿门寒重,璧水冰坚。(《文馆词林》卷一六〇)

---

① 其中"岁聿云莫"是附条。
② "岁聿"的这一意义应该源自《唐风·蟋蟀》的"岁聿其逝"。

[例三] 弗兴

《尚书·顾命》：

> 今天降疾，殆弗兴弗悟。

其中的"弗兴"，亦写作"不兴"，原是病重不起的意思，由于这句话出自病重将崩的周成王之口，后人据此将"弗兴"用作表示重病不治之义的语典词，多用于帝王身份。

例如《晋书·恭帝纪》：

> （义熙）十四年十二月戊寅，安帝崩，刘裕矫称诏曰："……方凭阿衡，维新洪业，而遘疾大渐，将遂弗兴。"

又如晋潘岳《南阳长公主诔》：

> 天道辅贤，宜亨遐寿，如何短命，曾不华首，寝疾弗兴，繁荣摧朽。（《艺文类聚》卷一六）

又如《晋书·成帝纪》：

> （咸康八年）夏六月，帝不豫，诏曰："朕以眇年，获嗣洪绪……今遘疾，殆不兴，是用震悼于厥心。"

[例四] 周余

《诗经·大雅·云汉》：

> 周余黎民，靡有孑遗。

"周余"，原意是周代所剩余的意思，后人截取"周余"，以表示"黎民"。

例如《魏书·后废帝安定王纪》载诏：

> 风化未均，眷彼周余，专为渔猎，朕所以夙兴夜寐，有惕于怀。

又《魏书·岛夷萧衍传》载慕容绍宗檄文：

> 猛虎未方其害，饿狼讵侔其祸。惵惵周余，救死无地。

又如《晋书·武十三王传论》：

> 遂使茫茫禹迹，咸窟穴于豺狼；惵惵周余，竟沉沦于涂炭。

    以上的六个方面，是笔者在研究语典词的过程中所发现的《汉语大词典》存在的问题。这些问题，都是因为词典的编纂者在编纂的过程中，未能从语典词的角度，对来自经典的词语予以专门关注而造成的。从中也可以体现今天的语典词研究对于词典编纂的实际意义。我们相信，语典词研究所取得的成果，对于《汉语大词典》的修订将具有不可或缺的参考价值。

第八章　语典词研究与古籍整理

今天要对古籍作校勘、标点、辨伪等方面的整理工作,离不开汉语史的调查与研究,而其中有关词汇的方面又占据着相当的份量。传世的中古文献,存在着大量独具特色的语典词,认识这些语典词,掌握有关语典词的相关知识,对于这些文献的整理工作来说很重要。以下通过具体的例子,分别从标点、校勘、辨伪三个方面说明语典词研究对于古籍整理的实践意义。

第一节　标　　点

关于语典词研究对于古籍标点方面的意义,我们主要以中华书局点校本二十四史为例加以说明。

中华书局 1959 年出版的点校本《史记》在所附《点校后记》中指出:"标号的用或不用以及怎么样用,对于如何了解原文大有关系。"这里所谓的"标号",是指点校者给古籍中的地名、人名、书名等等专用名词所加的专名号,具体地说,就是给地名、人名之类的专名标上一条直线,给书名、舞曲名等等标上一条波浪线。现在看来,上述"标号"工作在二十四史的整理工作中虽然总体上不是令人头疼的事情,但其中仍然不乏有待研究的难题,其中有些标号的问题便牵涉到语典词。例如中华书局点校本《后汉书》、《晋书》、

第八章　语典词研究与古籍整理

《宋书》、《南齐书》、《梁书》、《陈书》、《隋书》、《魏书》、《南史》、《北史》、《旧唐书》等至少十一部史书中，在对语典词的标号方面，便存在着大量可以进一步商榷的问题。以下我们主要以语典词"渭阳"作为典型，来讨论这方面存在的问题。

这里所说的语典词"渭阳"，典出于《诗经·秦风·渭阳》一诗，表示舅甥情谊或舅氏之意。该词虽然与《诗经·秦风·渭阳》有关，但它已不再是《渭阳》篇的篇名，也不再是《渭阳》篇中的地名。因此，凡是在《诗经》以后的典籍中出现的"渭阳"，如果确实是指代《诗经·秦风·渭阳》一诗的篇名，那就必须加书名线；如果是表示地名的"渭阳"，则属专有名词，那就必须加专名线；如果既非篇名、又非地名，而是一个表示与"舅氏"相关意思的语典词，那就不应当加书名线或地名线。以往中华书局点校本诸史的整理者在处理"渭阳"一类词时，出现了有时标书名线、有时标地名线、有时不加任何标号的不同做法，没有一个统一的认识标准，而导致这种标号上的混乱现象，关键便在于对"渭阳"一词的语典词性质认识不清。

语典词"渭阳"作为"舅氏"或"舅甥之情"的同义词语，是中古时代的士人根据《诗经·秦风·渭阳》一诗所创造的一个新词。《毛诗》序说：

> 《渭阳》，康公念母也。康公之母，晋献公之女。文公遭丽姬之难，未反，而秦姬卒。穆公纳文公，康公时为大子，赠送文公于渭之阳，念母之不见也，我见舅氏，如母存焉。及其即位，思而作是诗也。

东汉以来，人们根据诗序的解释，将"渭阳"一词作为典故，与外祖一族联系起来。《世说新语·言语》所载三国魏明帝筑馆事，就真实地反映了这种情况：

> 魏明帝为外祖母筑馆于甄氏。既成，自行视，谓左右曰："馆当以何为名？"侍中缪袭曰："陛下圣思齐于哲王，罔极过于曾闵。此馆之兴，情钟舅氏，宜以渭阳为名。"

从"情钟舅氏,宜以渭阳为名"云云,可推知缪袭之所以取馆名为"渭阳",应该是依据了《渭阳》一诗,藉以体现明帝念怀舅氏的心情;而《世说新语》的作者将其选录入"言语"一类,也正是出于欣赏缪氏的用典的心理。又《三国志·魏志·后妃传》记载明帝因"思念舅氏不已",故为其大兴土木,而"名其里曰渭阳里",也属于类似的事情。

当时的文人,往往根据《诗经》,将"渭阳"作为一个具有典故性质的新词,用来表示舅舅与外甥相互之间的情谊,或直接指称舅舅,以追求典雅的修辞效果。这种文化现象在传世的文献中,留下了大量的例子。如《隶释》卷九载《费凤别碑》:

> 夫人笃旧好,不以存亡改。文平感渭阳,凄怆益以甚。

其中的"渭阳",即为语典词,表示舅甥之情。又如晋枣腆《赠石季伦》诗:

> 我舅敷命,于彼徐方。载咏陟冈,言念渭阳。乃泝洪流,泛身馀艎。

所谓"言念渭阳",犹言思念舅氏,决不是怀念"渭阳"那个地方。

笔者发现,二十四史特别是宋代以前的诸史中,也有不少用"渭阳"这个语典词来表示舅甥情谊或代称舅舅的例子。各史的整理者在对这一语典词施加标号时竟有着四种完全不同的处理方法:1.加表示篇名的书名线;2.加表示地名的专名线;3.单就其中的"渭"加表示地名的专名线;4.不加任何标号。更有趣的是,上述的标号矛盾现象,不仅出自不同史书的整理者之手;即使是同一史书的整理者,也存在着标号前后不一的情况;情况最严重的是,在记载了同一件事情的不同史书中,整理者对语典词"渭阳"竟然施加了三种完全不同的标号。上述标号的矛盾现象显然意味着整理者对语典词"渭阳"的含义不甚了然,而这种矛盾现象又必然会使读者陷入莫衷一是的泥潭;更何况从二十四史整理的体例统一的角度来看,诸史中出现的"渭阳"一词的标号分歧问题,既关系

第八章 语典词研究与古籍整理

到"专名"与"非专名"的界限问题，又关系到二十四史整理工作的标号规范问题，因此无论如何也有深入研究的必要。

有些史书的整理者，将属于语典词的"渭阳"，看成了《诗经·秦风·渭阳》的篇名，错加了表示篇名的书名线。这些误加的书名线，无疑会给读者造成理解上的困惑。

例如《后汉书·马防传》载章帝诏：

> 舅氏一门，俱就国封，四时陵庙无助祭先后者，朕甚伤之。其令许侯思愆田庐，有司勿复请，以慰朕《渭阳》之情①。（页857）②

在这里，整理者之所以为"渭阳"加了书名线，大约是误解了李贤为此"渭阳"二字所作的注：

> 《渭阳》，《诗·秦风》也。秦康公送舅晋文公于渭之阳，念母之不见也。其诗曰："我见舅氏，如母存焉。"

其实，上引李贤注的内容，只是向读者指明"渭阳"一词的典源，而不是说诏书的"渭阳"就是《诗经》的篇名。如果李贤只是为了揭示文中的"渭阳"是《诗经》的一篇，那么只须注上"《渭阳》，《诗·秦风》也"六字即可，又何必再加上其他有助于说明"渭阳"一词意义的文字？从上文的"舅氏一门"云云可以看出，诏书的"渭阳之情"显然指外甥对舅氏一族的感情，其中的"渭阳"属诏书为了追求典雅而使用的具有典故性质的词语，不当加书名线。

又如《宋书·袁湛传》：

> 初，陈郡谢重，王胡之外孙，于诸舅礼敬多阙。重子绚，湛之甥也，尝于公座凌湛，湛正色谓曰："汝便是两世无《渭阳》之

---

① 展开讨论的史书的例文篇幅，以体现"渭阳"表示甥舅之谊为限。无法在较短的篇幅内体现的，则加简注说明。

② 原文标点为竖排书名线，今改为横排书名号。又所举例文中，凡不涉及本书所讨论的内容，原点校本上所加的专名线等也予省。所举例子分别括注其所在中华书局点校本中的页码。

情。"绚有愧色。(页1498)

谢绚与乃父谢重,对各自的舅舅均缺乏礼敬之情,所以遭到袁湛的训斥。如果我们将袁湛话中的"渭阳"用"舅甥"来代替,应该不会影响其主要意思的表达;唯一微妙的区别在于,与用没有表情的"舅甥"一词相比,使用典出《诗经》的语典词"渭阳"暗含了舅甥关系本当和睦的讽刺意味。这里的"渭阳",虽然典出《诗经》,但显然与表示篇名的"渭阳"有本质的区别,因此也不当用书名线。

再如《旧唐书·崔沔传》:

> 所以父以尊崇,母以厌降,岂亡爱敬,宜存伦序……此先王不易之道。前圣所志,后贤所传,其来久矣……往修新礼,时改旧章,渐广《渭阳》之恩,不遵洙、泗之典①。(页4931)

"渐广渭阳之恩",是指皇帝逐渐提高对舅氏一族恩情的意思,其中的"渭阳"当然也是表示舅甥关系的语典词,而不是指《诗经》篇名,因此不该加书名线;如果照上面标成"渐广《渭阳》之恩",试问,该怎么理解其中"《渭阳》篇的恩情"呢?

如果说,上引《旧唐书》"渭阳"的标号虽然不妥,但我们只要细心参详,还是可以判断出"渭阳"的大概含义的话,那么,在下面一些例子中,点校本的标号就难免叫今天的读者感到困惑了。

例如《魏书·清河王传》:

> 司空高肇以帝舅宠任,既擅威权,谋去良宗……怿因侍宴酒酣,乃谓肇曰:"天子兄弟讵有几人,而炎炎不息?昔王莽头秃,亦藉《渭阳》之资,遂篡汉室,今君曲形见矣,恐复终成乱阶。"(页591)

标成"亦藉《渭阳》之资"的这一句,究竟是什么意思?可不可以理

---

① "洙"、"泗"二字,点校本分别加了专名线,但从"洙泗"一词在文中的实际意义看,以不加为妥。二十四史中利用地名形成的典故词,也应准此。

解成是指王莽熟读《诗经·秦风·渭阳》篇？如果这样理解，那么王莽又怎能仅凭这一点而"遂篡汉室"呢？检《汉书·王莽传》可知，王莽是孝元皇后弟弟的儿子，虽然因为父亲早死，他未能像叔伯及堂兄弟一样轻易获得爵位，但是最终还是依靠了世父王凤的托付，而拜为黄门郎，进入仕途。所谓的"藉渭阳之资"，正是指凭借了其父亲是皇帝舅舅的这一层关系。显然，这里的"渭阳"属语典词，非指《诗经》篇名，不当加书名线。

类似于上述给语典词"渭阳"加书名线的例子，还见于点校本二十四史中的《晋书·杨骏传》"《渭阳》之思"（页1180）；《南齐书·陈显达传》"《渭阳》之悲"（页492、493）；又《萧赤斧传》"曾无《渭阳》追远之情"（页668）；又《江祏传》"舅殊无《渭阳》之情"（页751）；《梁书·武帝纪上》"或《渭阳》余感"（页6）；又《张弘策传》"兴感《渭阳》"（页207），等等。

给语典词"渭阳"加书名线，容易引起读者的误解，已如上论；与之相比，为语典词"渭阳"加上表示地名的专名线，或单就其中的"渭"字加表示水名的专名线的做法，则更容易使读者陷入难以理解的困境。

例如《旧唐书·李靖传论》：

卫公将家子，绰有渭阳之风。（页2493）

整理者给"渭阳"一词加上专名线，应该是为了提示这里的"渭阳"是个地名。如果受了这样的提示，那么我们无论如何也不会明白"绰有渭阳之风"是在表彰李靖的什么优点，因为遍考史实，我们实在看不到李靖与"渭阳"这一地区有什么关系。根据本传可知，李靖是隋代名将韩擒虎的外甥，称其"绰有渭阳之风"，正是赞美李靖有韩擒虎的大将风范。这里的"渭阳"，作为语典词，实属"舅舅"的代名词，如果我们撇开修辞不论，那么代之以"舅氏"、"舅父"、"乃舅"之类的词语，毫不影响意思的表达。显然，不以专名线对"渭阳"作标识，反而有助于读者不受地名标号的错误干扰而直接获得正确的理解。

又如《南史·晋安王子懋传》：

> （于）琳之从二百人仗自入斋，子懋笑谓之曰："不意渭阳，翻成枭镜。"（页1112）

这段文字记载的是于琳之带了二百人去杀萧子懋时发生的事情。整理者在"渭阳"下加了专名线后，读者很自然会将其看作是一个地名。但这样一来，这段文字便令人费解：为什么萧子懋在临死之前，会刻意提到远在北方无论与他还是与于琳之都毫无关系的"渭阳"地区？而且从词义上看，表示地名的"渭阳"，也无法与下文表示凶戾寡恩之人的"枭镜"一词相对应。很清楚，这里的"渭阳"决不是地名，而是指萧子懋的舅舅于琳之其人，因为根据本传前文记载，于琳之为子懋母阮氏同产弟于瑶之之兄。明乎此，我们不难看出，如果给这样的语典词加上表示地名的专名线，那就只能在古书的"阅读与理解"上起到干扰读者的不良作用。

这一类的例子点校本中也有不少，例如《隋书·独孤陁传》有"言念渭阳之情"（页1791）；《南史·袁湛传》有"汝便是两世无渭阳情"（页697）；又《江祏传》有"舅殊无渭阳之情"（页1182）；又《阮孝绪传》有"王诸子笃渭阳之情"（页1895）；《北史·清河王怿传》有"亦藉渭阳之资"（页716），等等。

笔者还注意到，有些史书的点校本中，甚至出现了给语典词"渭阳"中的"渭"单独加上专名线的情况。

例如《旧唐书·礼仪志七》：

> 又母之昆弟，情切渭阳，瞿辅讼舅之冤，窦氏宅甥之相，我之出也，义亦殷焉。（页1026）

这里的"渭阳"，也表示甥舅情谊，而不表示"渭水之北"的意思。现在给"渭"字下标专名线，岂不意味着"渭阳"的"渭"指的是唐代的渭水，这显然会误导读者。类似的例子，本志下文有"渐广渭阳之恩"（页1032）；《魏书·礼志一》有"同渭阳之远感"（页2751）等。

上揭点校本二十四史中语典词"渭阳"的标号分歧，难免使人产生混乱的感觉。不仅不同史书的整理者有着不同的处理方式；即使是同一史书，也存在着前后不统一的事实；甚至于在记载同一事情的不同史书中，整理者对这个词语竟采用了多达三种完全不同的标号。例如有关袁湛训斥谢绚的记载，表示完全相同意思的"渭阳"一词，在《宋书》、《晋书》和《南史》中竟出现了加书名线、加专名线以及不加标号三种完全不同的处理方式。以历史的眼光来看，我们当然不能因目前存在的这种不统一的现象，而对前辈学者求全责备；但随着学术研究的推进，如果从代表今天学术水平的角度出发，那么，这样的混乱显然有必要在当前的修订工作中加以解决。

要解决专名标号问题，首先必须研究清楚专名与非专名的界限，也就是必须弄清有关词语所表达的概念，并由此明确该词的性质。我们知道，语言中的每个词都有外部结构，即记录该词的语音或文字；每一个词又都有内部结构，即该词所表达的概念。我们之所以给某些词(文字)加上书名线或专名线，既是为了提示该词(文字)所表达的概念，说明它是书名、篇名等等；同时也是为了给该词(文字)的外部结构作一个标识，避免由字面而引起混淆，帮助读者更准确地理解原文。正是从这一原则出发，点校本二十四史中出现实为《诗经》篇名的"渭阳"时，整理者都照例加上了书名线，对于今天的读者来说，这当然是必要的。

例如《北齐书·杨愔传》：

> （杨愔）六岁学史书，十一受《诗》、《易》，好《左氏春秋》，幼丧母，曾诣舅源子恭。子恭与之饮。问读何书，曰："诵《诗》。"子恭曰："诵至《渭阳》未邪？"愔便号泣感噎。（页453）

从上下文看，"渭阳"无疑是指《诗经》篇名。给它标上书名线，自然是有益于读者的做法。同样的例子也见于《旧唐书·礼仪志七》：

> 故周王念齐，每称舅甥之国；秦伯怀晋，实切《渭阳》之诗。

而当史书中出现确为地名的"渭阳"时,整理者也都加上了专名线。例如《史记·孝文本纪》:

　　赵人新垣平以望气见,因说上设立渭阳五庙。(页 430)

又如《魏书·岛夷刘裕传》:

　　赫连屈丐掠渭阳,义真遣沈田子率军讨之。(页 2134)

类似的例子很多,这里就不一一列举了。这些符号的使用,无疑都有助于读者理解这些"渭阳"所代表的概念。与此相反,如果不是《诗经》的篇名却为之加上书名线,或者不是地名而为之加专名线,那就必然导致误读。点校本二十四史中语典词"渭阳"的标号所存在的问题表明,通过研究各个词语的实际意义,明确其性质,以决定其标号处理,是摆在修订者面前的一项重要任务。

由有关袁湛、萧子懋、刘暄等人的记载中"渭阳"一词出现在口语里的事实可知,六朝时,用"渭阳"作为语典词,表示舅甥情谊或指称舅父的情况,至少在上层社会中较为普遍。唐宋以迄明清,作为语典词使用的"渭阳"用例,文献中也层见迭出。对于"渭阳"一词的这种典故性质,以往史书的整理者也并非完全没有认识。

例如关于上揭《南齐书·江祏传》中"舅殊无渭阳之情"一条,清代乾隆时的学者万承苍就在《殿本考证》中说过:

　　按《渭阳》之诗,言甥之致情于舅也,后人多反用之。《南史·晋安王子懋传》"不意渭阳,翻成枭镜"亦以"渭阳"为舅氏之称。

这条材料,对于相关史书的整理者来说,理应是重要的参考,可惜不知道为什么,即使是《殿本考证》所针对的《南齐书·江祏传》,点校本也没能反映出这一点。

此外,即使是现代的整理者,也不乏对这种事实有正确认识的。以成于众手的点校本《晋书》为例,有些整理者对书中出现的语典词"渭阳"就没有施加任何标号。

例如《成帝纪论》:

>成帝因削弱之资,守江、淮之地,政出渭阳,声乖威服。(页187)

"政出渭阳",犹言政出舅氏。纪文中称成帝"少为舅氏所制"云云,就是指成帝为其舅庾冰所左右的事实。由此可见,这里的"渭阳"完全是舅氏的代名词。整理者对"渭阳"一词不施加任何标号,应该就是出于这样的考察。

类似的处理,还有《文明王皇后传》的"渭阳之感"(页952);《羊聃传》的"以慰太妃渭阳之思"(页1384);《谢安传》的"可谓世无渭阳情也"(页2088);《王恺传》的"王恺地即渭阳"(页2422);《慕容皝载记》的"陛下深敦渭阳"(页2819),等等。这种不曾将语典词"渭阳"误解成《诗经》篇名或地名的事实,体现了当时的整理者对语典词的正确认识,应该作为今天从事修订工作的学者的重要参考。

作为个案,"渭阳"一词的标号分歧,典型地反映出了二十四史点校本在处理这类根据《诗经》篇名而形成的语典词的标点时所存在的问题。就我们所见,"渭阳"式的语典词,在古书中并不少见。三百篇中相当一部分篇名的文字,都曾被东汉以来的文人根据诗序或内容,赋予特定的意思,成为了全新的双音节词。尽管从字面上看,这些词都与"渭阳"一样,与《诗经》的某一篇名相同,但从所记录的概念来看,这些词都不再是指《诗经》的某一篇名,而是表示与该诗的诗序或诗句相关的特定的意思,因此,对于这一类语词,实在应该将它看作普通的词语,而不能再施加任何表示专名意义的标号。从这个角度检视以往二十四史点校本,就可以发现还有很多与《诗经》篇名相关的词语的标点,有重新推敲的必要。限以篇幅,以下略举数例作为发凡。

1. 螽斯、樛木

《后汉书·襄楷传》载楷上疏:

>今宫女数千,未闻庆育,宜修德省刑,以广《螽斯》之祚。

（页 1078）

李贤有注：

>《诗经·国风序》曰："《螽斯》，后妃子孙众多也，言若螽斯不妒忌，则子孙众多也。"注云："螽斯，蚣蝑也。凡有情欲者无不妒忌，唯蚣蝑不尔，各得受气而生子，故以喻焉①。"

据李注可知，这个"螽斯"，是古人依据《诗经·国风·螽斯》序而创造的一个表示多子之意的词语，虽然其词义与《螽斯》篇有关，但已不是专指《螽斯》篇的篇名。如果在文中用"多子"代替"螽斯"，不会影响基本意思的表达，而裴楷之所以舍"多子"之类的词而代之以"螽斯"，是考虑到在修辞典雅的同时，该词暗含的"后妃子孙众多"之义也更切合皇帝的身份。因此，这里的"螽斯"不应加书名线。本书《荀爽传》有"四曰配阳施，祈螽斯"（页 2055）、《三国志·魏志·高柔传》有"则螽斯之征可庶而致矣"（页 686）等，其中的"螽斯"一词的词义与本例相似，整理者均未加书名线，不失为妥当的处理。

同时笔者也注意到，由于《螽斯》篇序语涉"不妒忌"，因此，后人也有将"螽斯"作为语典词，表示女人不妒忌的美德的用例。点校本中对这样的"螽斯"加书名线，同样是不合适的。如《南史·王诞传》载宋孝武帝使人为江斅所作表：

> 夫《螽斯》之德，实致克昌，专妒之行，有妨繁衍。（页 620）

将"螽斯"与"专妒"对举，显然也是指不妒忌的美德。《晋书·明穆庾皇后传》有"敦螽斯之义"（页 973）、《宋书·孝武文穆王皇后传》有"夫螽斯之德"（页 1292）等，以往的整理者均未加书名线，可供参考。

---

① 检阮元校刻《十三经注疏》郑玄笺知，"故以喻焉"四字实为李贤之语，不应阑入郑笺。揆此四字，唐人似也未将"螽斯"看作篇名。

与"螽斯"相似的,还有语典词"樛木"。该词的词义本自《诗经·周南·樛木》序:

> 《樛木》,后妃逮下也。言能逮下而无嫉妒之心焉。

后人据此将"樛木"作为语典词,形容女人不嫉妒的品德。与上举的"螽斯"一样,这样的词该不该加书名线,也值得斟酌。如《晋书·乐志上》所载张华《中宫所歌》有如下标点的文字:

> 《螽斯》弘慈惠,《樛木》逮幽微。(页691)

其中的"樛木"与"螽斯"一样,也是指皇后不妒忌的美德,恐怕也应该与"螽斯"一起去掉书名线为是。

2. 考盘、兔罝

《晋书·苻坚载记》附《王猛传》载苻坚语:

> 卿昔蟠蟠布衣,朕龙潜弱冠……朕奇卿于暂见,拟卿为卧龙,卿亦异朕于一言,回《考盘》之雅志,岂不精契神交,千载之会!(页2932)

这是苻坚因王猛表让加官而对王猛所说的一段话。所谓"回考盘之雅志",是指本传所载王猛与苻坚一见之下,便放弃隐居之心而追随苻坚之事。其中的"考盘"属语典词。我们看《诗经·卫风·考盘》序:

> 《考盘》,刺庄公也。不能继先公之业,使贤者退而穷处。

中古时期的人们将"考盘"作为语典词,来指隐居或隐居的贤者。例如《广弘明集》卷一九萧子良《与荆州隐士刘虬书》:

> 葛洪考盘于海岫,释远肥遁于钟阜,每践其遗踪,辄深九原之叹。

之所以将"考盘"与"肥遁"对举,就是因为"考盘"意为隐居。又如《晋书·刘聪载记》:

> 聪临上秋阁,诛其特进綦毋达,太中大夫公师彧,尚书王琰、田歆,少府陈休,左卫卜崇,大司农朱诞等,皆群阉所忌也。侍中卜乾泣谏聪曰:"陛下方隆武宣之化,欲使幽谷无考盘,奈

何一旦先诛忠良,将何以垂之于后!

这里的"考盘"则进一步引申成了"隐居者"的意思。

上述苻坚所说的"考盘",仅仅是依据了诗序的部分内容而形成的表示贤者隐居的语典词。需要指出的是,虽然《考盘》诗句有"考盘在涧",毛传有"考,成;盘,乐也"的解释,但我们觉得,后人用"考盘"表示隐居,应该是依据了序的说明,所以本例的"考盘",大概不能看作是直接套用《诗经》的原文,而表示"成乐"之意;退一步讲,即使将其看作是直接套用《诗经》的原文,那么书名线也无从加起。我们看到《晋书·陆云传》有"考盘下位"(页1484)、《杜夷传》有"考盘空谷"(页2353)、《刘聪载记》有"欲使幽谷无考盘(页2671)、"《旧唐书·司空图传》有"自考盘高卧"(页5038)等例,其中的"考盘"均未加书名线,这无疑是正确的处理。

与"考盘"类似的,又有"兔罝"一词。见于《宋书·宗炳传》载武帝诏:

> 吾忝大宠,思延贤彦,而《兔罝》潜处,《考盘》未臻,侧席丘园,良增虚伫。南阳宗炳、雁门周续之,并植操幽栖,无闷巾褐,可下辟召,以礼屈之。(页2278)

此诏旨在辟召隐居的宗炳等人,诏中的"考盘"一词,是指像宗炳、周续之这样"未臻"而"潜处"的贤人的代名词,不宜加书名线以作限制。而诏中"兔罝"一词的性质,与"考盘"相似,它的词义本自《诗经·国风·兔罝》序:

> 《兔罝》,后妃之化也。关雎之化行,则莫不好德,贤人众多矣。

因此,诏中的"兔罝",也是贤人的代名词,自然也不能加书名线来作错误的限制。

3. 皇华、四牡

《宋书·谢灵运传》载灵运《撰征赋》:

第八章　语典词研究与古籍整理

> 天子感《东山》之劬劳①，庆格天之光大，明发兴于鉴寐，使臣遵于原隰。余摄官承乏，谬充殊役，《皇华》愧于先《雅》，靡盬顿于征人。以仲冬就行，分春反命。（页1744）

"《皇华》"应该是《诗经·小雅·皇皇者华》的简称，称其"愧于先《雅》"，令人费解。因为根据该诗序：

> 《皇皇者华》，君遣使臣也。送之以礼乐，言远而有光华也。

笔者实在无法看出其诗何愧之有。其实，细读例文，不难理解谢灵运所使用的"皇华"，是据上述诗序而制造的语典词，表示奉命出使之义。所谓的"皇华愧于先《雅》"，是作者对自己充任使臣不称职的谦逊表达。将"皇华"作为与使臣相关的语典词来使用，史书不乏其例，如《宋书·明帝纪》有"每尽皇华之旨"（页154）；《梁书·元帝纪》有"况臣等显奉皇华"（页130）；《陈书·徐陵传》有"游客岂皇华之势"（页328）；《魏书·高聪传》有"善勗皇华"（页1520）；《隋书·裴矩传》有"故皇华遣使"（页1580）等等，以往的整理者均未加书名线，可供参考。

与"皇华"类似的，则有"四牡"一词。如《魏书·高阳王雍传》载雍表：

> 又蕃使之人，必抽朝彦。或历崄千余，或履危万里，登有死亡之忧，咸怀不返之戚，魂骨奉忠，以尸将命。先朝赏格，酬以爵品；今朝改式，止及阶劳。折以代考，有乖使望。非所以奖励《皇华》而敦崇《四牡》者也。（页554）

"《皇华》"怎么奖励？"《四牡》"又如何敦崇？其实这里的"皇华"与前面所提到的用例类似，是使者之义的典雅表达。而"四牡"一词，也不外乎此。《诗经·小雅·四牡》序：

---

① "东山"也是据《诗经·国风·东山》篇序而创造的典故词，这里表示征伐之义，也不宜加书名线。为避行文枝蔓，特兹加注。

> 《四牡》，劳使臣之来也。有功而见知则说矣。

可知上文的"四牡"也是语典词，表示犒劳使臣之义，自然也不该加书名线。

以上例子可以看出，点校本二十四史中与《诗经》篇名相关的语典词，以往的整理者所施加的标号，有很多需要重新考虑。今天的修订者有必要对这一点引起重视。

前所刺举的，属于给已经不再是指《诗经》篇名的词语误加书名线的例子。这里再附带说明一种相反的情况，即点校本二十四史中还存在着未给《诗经》的某些篇名加书名线的事实。例如《魏书·李彪传》载彪表：

> 礼云：臣有大丧，君三年不呼其门。此圣人缘情制礼，以终孝子之情者也。周季陵夷，丧礼稍亡，是以要绖即戎，素冠作刺，逮于虐秦，殆皆泯矣。（页1388）

据《诗经·桧风·素冠》序"《素冠》，刺不能三年也。"可知，例文的"素冠"，实仅指《素冠》篇，应该取准于《南齐书·王敬则传》"固已《风》《雅》作刺"（页486）及《南齐书·高帝纪上》"岂直《小宛》兴刺"（页15）等例加书名线。而《北史·李彪传》"素冠"（页1458）也未加书名线，同误。这种情况也须引起修订者的注意。

上面以"渭阳"为典型讨论了中华书局点校本二十四史中存在涉及语典词的标点问题，这一类的问题当然不仅仅局限在点校本二十四史中，其他古籍的点校本中也往往存在。下面再略举二例以作说明。

[例一] 天津古籍出版社1992年出版的《汉魏南北朝墓志汇编》，其中有东魏《魏上宰侍中司徒公领尚书令太傅领太尉公假黄钺九锡任城文宣王文靖太妃墓志铭》：

> 太妃恭勤妇业，助治家道……古今英异，易称一人，得文诗著，三五在东，以兹樛木之恩，成此螽斯之业。

这一段文字的标点，由于没有从语典词的角度对文章加以考察，导

致了一连串的误断。需要说明的是,原文中的"文"字,应是"友"字的形近之误。正确的标点应该是:

> 太妃恭勤妇业,助治家道,……古今英异,《易》称一人得文(友),《诗》著三五在东,以兹樛木之恩,成此螽斯之业。

所谓"《易》称一人得友",是指《周易·损》六三爻辞:"三人行,则损一人。一人行,则得其友。"而所谓"《诗》著三五在东"是指《诗经·召南·小星》:"嘒彼小星,三五在东。"

[例二] 中华书局《日藏弘仁本文馆词林校证》卷三四六后汉崔骃《北巡颂一首并序》:

> 虽雍容清庙,谧尔无为,垂拱穆穆,神行化驰,犹存灵于有宓之屯。展炎农之阻,饥帝尧之诱,咨大禹之骈胝,故匪居匪遑,勖乎庶黎。

这里的标点错误,可以结合从语典词和用韵两个角度来加以说明。从"虽"、"犹"、"故"三字来看,这是一个复句,表达一个完整的意思,中间不应该换韵。从"为"、"驰"、"胝"、"黎"都属古韵脂部可知,这段文字应当是押脂部韵,但是"屯"、"阻"、"诱"却都不是脂部字,而"饥"、"咨"为脂部字,于韵切合;从"大禹之骈胝"这样的句式类推,文中"屯展"、"阻饥"、"诱咨"应与"骈胝"一样是词,不应割裂。事实上,"阻饥"、"诱咨(亦作畴咨)"分别是出自《尚书》的《舜典》、《尧典》①的语典词。唯有"屯展"二字既不成词,"展"又非脂部字,是个疑问。笔者推测"展"字当是"夷"字之讹,有三点理由:一、"夷"为脂部字,协韵。二、"屯夷"意为困厄,合文义。三、"夷"也写作"𡰥"②,有可能讹成"展"字。如果在处理这一段文字的标点的过程中,能从语典词的角度来加以考察,再结合用韵的调查,

---

① 《尚书·舜典》:"帝曰:'弃,黎民阻饥,汝后稷,播时百谷。'"又《尧典》:"帝曰:'畴咨若时登庸?'"

② 如《玉篇·尸部》:"𡰥,古文夷字。"又《广韵·脂韵》:"𡰥,阳𡰥,地名。本古文夷字。"

应该不难避免这样的误断。

第二节 校 勘

语典词的研究对于古籍校勘来说,同样具有不可或缺的意义。在古籍的校勘工作中,如果我们对语典词缺乏必要的关注,则很可能会留下一定程度的缺憾,反之,如果能结合语典词加以考察,则可以帮助我们发现或论证古籍在传钞过程中的某些讹误。下面我们通过一些具体的例子来说明这方面的情况。

[例一]《晋书·元帝纪》载元帝即位诏:

> 予一人畏天之威,用弗敢违。遂登坛南岳,受终文祖,焚柴颁瑞,告类上帝。惟朕寡德,缵我洪绪,若涉大川,罔知攸济。(P149)

其中的"缵我",在日本古典研究会1969年出版的《影弘仁本文馆词林》卷六六八《东晋元帝改元大赦诏》中作"绩戎"。严可均《全晋文》卷八辑录此文作"绩戎",并出校记称:"绩当作缵"。严说是。"我"当是"戎"之形讹。"缵戎"属语典词,出自《诗经·大雅·烝民》"缵戎祖考",据孔颖达疏,原意为继承光大。中古文献中常用以指继承,或专指继承皇位,如《影弘仁本文馆词林》卷六六九所载《东晋安帝平贼大赦诏》:"朕以眇身,夙承多福,缵戎洪绪,托于兆人之上,实以不德,丛脞于位。"又如《南齐书·明帝纪》载明帝即位诏:"猥以虚薄,缵戎大业①。"(P84)(亦见载于《影弘仁本文馆词林》卷六九五,题为《南齐明帝即位改元大赦诏》)又如《北齐书·高德政传》:"世宗暴崩,事出仓卒,群情草草。勋将等以缵戎事重,劝

---

① 点校本《南齐书》出校记称作"戎"为避明帝祖父萧承之讳,恐非是。详《南齐书》卷六《明帝纪》校勘记[二](P93)。

帝早赴晋阳。"(P407)又如《梁书·武帝纪上》载萧衍令:"虽曰缵戎,殆同创革。"(P15)(亦见载于《影弘仁本文馆词林》卷六六八,题为《梁武帝断华侈令》)

"缵"又可以通"纂"①,因此"缵戎"也可以写作"纂戎"。据此来看中华书局点校本《魏书·宗钦传》载宗钦赠高允诗其八:

尹佚谟周,孔明述鲁。抑扬群致,宪章三五。昂昂高生,纂我遐武。勿谓古今,建规易矩②。

其中的"纂我"应该"纂戎"的讹变。"纂"与"纂"相通,"我"则是"戎"之讹。作"我",唯一的可能是指赠诗者宗钦,但如果是宗钦的话,"纂我遐武"这样的话,明显包含有对高允不敬的意思,这是根本不可能成立的,因此,"我"字肯定是讹文。诗中提到的"尹佚",相传是周朝正直不阿的史官,"尹佚谟周"便是指其担任史官之事;"孔明"应该是孔丘与左丘明的合称,因为一个著《春秋》,一个著《春秋左传》,因此称为"孔明述鲁",由于高允曾与崔浩撰写了史书《国记》,宗钦诗中"纂戎遐武"的意思,是赞扬其继承古代尹佚、孔丘、左丘明的优秀的史书编撰传统。

[例二] 中华书局点校本《陈书·高祖纪上》载梁敬帝策:

况乎长彗横天,已征布新之兆,璧日斯既,实表更姓之符。是以始创义师,紫云曜彩,肇惟尊主,黄龙负舟。楛矢素翚,梯山以至,白环玉玦,慕德而臻。若夫安国字萌,本因万物之志,时乘御(辩)[宇],良会乐推之心。七百无常期,皇王非一族。

点校者于"时乘御(辩)[宇]"下出校记称:"据南监本改,按殿本亦从南监本改。"根据所附点校说明,点校本《陈书》所用的底本为百衲本,原文所作"御辩"是否有误,这是需要作进一步推敲的。笔者

---

① 关于"缵"通"纂"的例证,详高亨《古字通假会典》寒部第六,犹字声系,齐鲁书社,214页。

② "建"字于文义无取,当是"违"字形近之讹,《影弘仁本文馆词林》卷一五八作"违"可证。

认为这里的"御辩"一词,很可能是来自于《庄子·逍遥游》:

> 若夫乘天地之正,而御六气之辩,以游无穷者,彼且恶乎待哉!

其中的"辩"字,郭庆藩《庄子集释》据《广雅》释为变,当得其实。"御辩"是驾驭变化的意思。上举《陈书》中的这段文字,是梁帝禅位陈霸先时的策文,主要的意思无非是说,现在天人之心都倾向于陈氏,天下正处于巨变之际,驾驭顺应这种变化,正是应了人们乐意拥戴之心。"时乘御辩"正是表示顺应这种变化的意思。"时乘"出自《周易·乾》"时乘六龙以御天"的语典词,表示登上帝位的同时,隐含了顺应时代变化的意思。"御辩"也有同样的意思。《陈书》用"时乘御辩"来表示顺应时代的要求而登上帝位之意并非始创,而实有所承,前此如南朝齐谢朓《三日侍宴曲水代人应诏》:

> 往晦必明,来硕资骞。于皇克圣,时乘御辩。宝历载晖,瑶光重践。昭昭旧物,熙熙迁善。(《谢宣城集》卷一)

而用"御辩"表示帝王以时登上帝位,也多有其例,如《隋书·宇文恺传》载恺明堂议表:

> 伏惟皇帝陛下提衡握契,御辩乘乾,咸五登三①,复上皇之化,流凶去暴,丕下武之绪。

又如唐骆宾王《为齐州父者请陪封禅表》:

> 伏惟皇帝乘乾握纪,纂三统之重光;御辩登枢,应千龄之累圣。(《文苑英华》卷六〇〇)

这两例中的"御辩"都与"乘乾"并举,表示应时登上帝位之意。所有这些用例,都可以证明百衲本《隋书》作"时乘御辩",应该是保留了古书的原貌,所谓的"时乘御宇",很可能是后人因不明"御辩"所出而作的臆改。

---

① "咸"疑是"减"之讹,"减五登三"出汉司马相如《难蜀父老》"上减五,下登三",李善《文选注》引李奇注此称:"五帝之德,汉比为减;三王之德,汉出其上。"

[例三]《日藏弘仁本文馆词林校证》卷一五七东晋王胡之《答谢安》：

> 畴昔宴游，缱绻髫龀。或方童颜，或始角巾。骞褐揽帔，濯素□吝。壑无染流，丘无罥刃。今也华发，卑高殊韵。形迹外乖，理畅内润。

本诗押去声韵，而"巾"为平声，出韵。"角巾"应是"角卯"形近之误。"卯"为去声谏韵字，可与"龀"、"吝"、"刃"等字通押，整理者未能出校。"角卯"本自《诗经·齐风·甫田》："婉兮娈兮，总角卯兮。"毛传："总角，聚两髦也。卯，幼稚也。"后人截取其中"角卯"二字，作为表示童稚的语典词。例如唐韩愈《崔十六少府摄伊阳以诗及书见投因酬三十韵》：

> 捧书随诸兄，累累两角卯。

另外，本诗中"角卯"、"童颜"呼应上文"髫龀"，文义切合；如作"角巾"，表示隐士所饰，则于文义无取。

[例四]《日藏弘仁本文馆词林校证》卷四五二北齐魏收《征南将军和安碑铭》：

> 公为别将平南府长史，受命即戎，忘身致概。爪时散地，征旅潜亡，公仁以为任，信而开物，逃窜归命，多全要领。

其中的"爪时"，当是"瓜时"之误。作为语典词，"瓜时"出自《左传·庄公八年》："齐侯使连称、管至父戍葵丘，瓜时而往，曰：'及瓜而代'。"本来是指结瓜之时。在本文中可能未必是确指结瓜之时，而是喻指换戍换防之时。下文的"散地"，语出《孙子·九地》："诸侯自战其地，为散地。"在自己的领地上作战，士兵很容易逃散。结合上下文的内容，可以看出，所谓"瓜时散地，征旅潜亡"是指和安接任之时，士兵多有逃亡。

[例五]《日藏弘仁本文馆词林校证》卷五〇七后周武帝《伐北齐诏》：

> 且天道不取，道家所忌，改昧侮亡，兵之上术。

其中的"改昧",当从《周书·武帝纪下》作"攻昧"。"攻昧"和"侮亡"都是来自于《左传》的语典词。《左传·宣公十二年》:"兼弱攻昧,武之善经也。……仲虺有言曰:'取乱侮亡',兼弱也。""攻昧"是指打击昏乱者。

[例六]《周书·晋荡公护传》载武帝诏:

"不能竭其诚效,罄以心力,尽事君之节,申送往之诚。"

其中的"事君",当从《影弘仁本文馆词林》卷六六九《后周武帝诛宇文护大赦诏》作"事居"。作为语典词,"事居"源自于《左传·僖公九年》:

送往事居,耦俱无猜,贞也。

杜预注:

往,死者;居,生者;耦,两也。送死事生两无猜恨,所谓正也。

后来多用于对死去的国君和活着的国君的态度。例如《宋书·谢晦传》载谢晦上表:

臣虽凡浅,感恩自厉,送往事居,诚贯幽显。

又如《周书·窦炽于翼传赞》:

而烈士贞臣,赴蹈不已,岂忠义所感,视死如归者欤。于、李之送往事居,有曲于此。

《影弘仁本文馆词林》卷六六九另载《宋文帝诛徐羡之傅亮谢晦大赦诏》亦有:

送往无复言之效,事居阙忠贞之节。

类似例子多不胜举。足可证明"君"为"居"形近之讹。

[例七]《日藏弘仁本文馆词林校证》卷六六二《东晋安帝征刘毅诏》:

晋法含弘,复蒙宠授,曾不思怨内讼,怨望滋甚,赖宰辅箴疾,特加遵养。遂复推毂陕西,庶能感革心。"(页二二四)

其中的"箴疾",当从《晋书·刘毅传》载安帝诏作"藏疾"。作为语

典词,"藏疾"出自《左传·宣公十五年》:

> 川泽纳污,山薮藏疾,瑾瑜匿瑕,国君含垢。

本义为藏匿毒害之物。后多用于表示宽容别人的意思。如《三国志·魏志·楚王彪传》载高贵乡公诏:

> 故楚王彪,背国附奸,身死嗣替,虽自取之,犹哀矜焉。夫含垢藏疾,亲亲之道也,其封彪世子嘉为常山真定王。

又如《晋书·王导传》载王导语:

> (苏)峻猜险,必不奉诏。且山薮藏疾,宜包容之。

又如《宋书·臧质传》载柳元景檄书:

> 初践殿守,忘犬马之情,奔趣帑藏,顿倾天府。山海弘量,苞荒箴疾,录其一介之心,掩其不逞之衅。

本例安帝诏书的意思是说刘毅虽然有很多不是,但所幸执政者宽容了他,还给他很好的待遇。"箴"当是"藏"形近之讹。

[例八]《日藏弘仁本文馆词林校证》卷六六九《东晋安帝平桓玄改元大赦诏》:

> 贼臣桓玄,乘衅肆乱。……三帅凌威,所在席卷。大憨授首,计日旋轸。

其中的"大憨",当从《晋书·安帝纪》作"大憝"。作为语典词,"大憝"出自《尚书·康诰》:

> 元恶大憝,矧惟不孝不友。

本意为为人所极度憎恶。后人截取"大憝"以表示"元恶",即首恶之人。安帝诏中所谓"大憝",就是指当时谋反的桓玄。据《安帝纪》的记载,就在此诏颁发的前一年,即元兴三年五月,桓玄被督护冯迁斩于貊盘洲,"大憝授首",即指此事。将"大憝"作为语典词,来指称首恶之人,其用例在六朝史书中所在多是,如《宋书·武帝纪中》载晋帝与刘裕策文:

> 大憝折首,群逆毕夷。

又如《梁书·武帝纪上》载萧衍檄文:

> 电掩强敌,克歼大憨。

《陈书·高祖纪上》载梁帝与陈霸先策文：

> 戮此大憨,若烹小鲜。

而"大憨"则不见史书记载,"憨"必是"憨"形近之讹。

［例九］《日藏弘仁本文馆词林校证》卷六九五《梁武帝克定京邑赦令》：

> 皇家不造,遘此昏凶,祸延动植,虐被人鬼。社庙之危,蠢焉如缀。吾身藉皇宗,曲荷先顾,受任边疆,推毂万里。眷言瞻焉,痛心在目。

其中的"瞻焉",当从《梁书·武帝纪上》作"瞻乌"。作为语典词,"瞻乌"出自《诗经·小雅·正月》：

> 瞻乌爰止,于谁之屋?

孔颖达疏：

> 此视乌于所止,当止于谁之屋乎? 以兴视我民人所归,亦当归于谁之君乎?

后人多用"瞻乌"作为语典词,喻指身处乱世而颠沛流离的老百姓。如《宋书·南郡王义宣传》：

> 如使群逆并济,众邪竞逐,将恐瞻乌之命,未识所止,构怨连祸,孰知其极。

南朝梁沈约《齐明帝谥议》：

> 嗣主狂凶,人伦道尽,宗社阽危,瞻乌靡托。(《艺文类聚》卷十四)

本例梁武帝诏中的"瞻乌",并准此例。"焉"当是"乌"形近之讹。

［例十］上海古籍出版社1981年新1版汪绍楹先生校本《艺文类聚》,其卷五六有梁宣帝《建除诗》：

> 建国惟神业,十世本灵长。除奇逾汉祖,傒后类殷汤。

这四句诗中有两个文字讹误,其一是"奇"字,当是"苟"字的形近之讹,这是比较明显的错误,且无关乎语典词,故兹略而不谈。我们要说的是另一处涉及语典词的文字讹误：即诗中的"十世"，当作"卜世"，"十"字当是"卜"字的形误。作为语典词，"卜世"出自《左传·宣公三年》：

> 成王定鼎于郏鄏，卜世三十，卜年七百，天所命也。

本是指预测传国的世数，后多用作国运的雅称。例如《晋书·元帝纪》载群臣劝进表：

> 伏惟高祖宣皇帝肇基景命，世祖武皇帝遂造区夏，三叶重光，四圣继轨，惠泽侔于有虞，卜世过于周氏。

而"卜世灵长"的说法，亦屡见不鲜。例如《宋书·谢晦传》载晦表：

> 若天祚大宋，卜世灵长，义师克振，中流清荡，便当浮舟东下，戮此三竖，申理冤耻，谢罪阙庭，虽伏锧赴镬，无恨于心。

又如《魏书·咸阳王传》：

> 高祖曰："为欲止在一身？为欲传之子孙？"禧曰："既卜世灵长，愿欲传之来业。"

又如《北齐书·恩幸传》：

> 纵龟鼎之祚卜世灵长，属此淫昏，无不亡之理。

"十世"非惟从情理上不足称"灵长"，而且在修辞上也无法骈俪"建国"，合以上举诸例，当为"卜世"之误可无庸置疑。

[例十一] 上海古籍出版社 1981 年新 1 版汪绍楹先生校本《艺文类聚》卷五九刘宋傅亮《征思赋》：

> 逢休明之余佑，托菲薄之末晖，既致戎于皇幄，亦彼已于宰闱。

其中的"彼已"，应校改作"彼己"。"彼己"是来自《诗经》的语典词。《诗经·曹风·候人》："彼其之子，不称其服。"郑玄笺："不称者，言其德薄而服尊。"后人因截取"彼其"，表示才能道德不称其位之义。其字亦写作"彼己"、"彼记"①。

---

① 《左传·僖公二十四年》引作"彼己"、《礼记·表记》引作"彼记"。

例如《后汉书·明帝纪》载明帝永平二年诏：

> 朕固薄德，何以克当，《易》陈负乘，《诗》刺彼己，永念惭疚，无忘厥心。

又如《三国志·魏志·陈思王植传》：

> 今臣无德可述，无功可纪，若此终年，无益国朝，将挂风人彼其之讥，是以上惭玄冕，俯愧朱绂。

又如北宋宋祁《代章集贤让拜相第二表》：

> 伏望皇帝陛下念任人之尤重，谅省分之足矜，质臣以彼己之言，许停赞制；免臣以疾颠之咎，俾示曲全。（《景文集》卷三九）

傅亮赋中称"亦彼己于宰闱"，是对自己所任职务的谦称。"彼已"不辞，"已"当是"己"形近之讹。

[例十二]《汉魏南北朝墓志汇编·北魏·魏故世宗宣武皇帝第一贵嫔夫人司马氏墓志铭》：

> 夫人攸归遹止，能成百两之礼；潮服常清，弗失葛覃之训。

其中的"潮服"于文义无取，一定是"澣服"的形近之讹。这一句中，"攸归"、"百两"、"葛覃"都是来自《诗经》的语典词。而"澣服"实际上是也是与《诗经》有关的语典词，《诗经·周南·葛覃序》：

> 葛覃，后妃之本也。后妃在父母家，则志在于女功之事，躬俭节用，服澣濯之衣，尊敬师傅，则可以归安父母，化天下以妇道也。

而《葛覃》中也有"薄澣我衣"之句，"澣服"一词，正是出自《葛覃》。"澣"同"浣"，"澣服常清"，意思是所洗之衣经常保持干净，这正是符合《葛覃序》中对后妃之德的要求的内容。"澣服"一词常见于有关歌颂妇女美德的诗文中，例如北宋王珪《皇长女封德宁公主制》：

> 皇长女秉幽靖之仪，赋柔明之德，神祚衍于遐派，天资茂于芳年，有勤澣服之工，尝摅绘图之戒。（《华阳集》卷三七）

又如南宋王炎《太上皇后挽诗》：

> 大帝资阴德,吾皇仰母慈。盛仪犹澣服,新乐在含饴。
（《双溪类稿》卷七）

[例十三]《建康实录》卷一二《宋·太祖文皇帝》(425)：

> 案,敬叔率其庸鄙,乏阙典坟,行与道违,心与义塞。息天性之属①,遗顾复之思,伤仁败俗,情礼都尽。

其中的"天性之属",当从南宋绍兴本《建康实录》作"天属之性"。"天属"一词,出自《庄子·山木》:林回弃千金之璧,负赤子而趋。或曰:"为其布与？赤子之布寡矣；为其累与？赤子之累多矣；弃千金之璧,负赤子而趋,何也?"林回曰:"彼以利合,此以天属也。"后人根据这段内容,以"天属"表示血缘关系或有血缘关系的父子、母子、兄弟、姐妹等。例如《晋书·哀帝纪》载哀帝升平五年诏：

> 夫昭穆之义,固宜本之天属。继体承基,古今常道。宜上嗣显宗,以修本统。

又如《宋书·后妃传》载太宗诏：

> 太皇太后蚤垂爱遇,沿情即事,同于天属。

本文中所谓的"天属之性",即指郗氏父子兄弟的血缘关系。

又：其中的"思",南宋绍兴本同,当从四库全书本《建康实录》作"恩"。"顾复"一词语出《诗经·小雅·蓼莪》："父兮生我,母兮鞠我,拊我畜我,长我育我,顾我复我,出入腹我。"本意指父母在养育子女时反复顾视的意思,后来便以"顾复之恩"代指父母的养育之恩。如《后汉书·陈忠传》载陈忠上言："建武之初,新承大乱,凡诸国政,多趣简易,大臣即不得告宁,而群司营禄念私,鲜循三年之丧,以报顾复之恩者。"《实录》此处所引为荀伯子之奏,其中所提到的郗敬叔,其父兄为殷仲堪所害,而郗敬叔不思复仇,甚至与殷仲堪之子殷缅之因为所任官职的缘故,同处公庭,荀氏认为敬叔所为,完全违背了人的天性,而置父母的养育之恩于不顾。四库本校

---

① "天性之属",绍兴本及四库本作"天属之性"。

改的依据,不外乎此。

[例十四]中华书局点校本《宋书·乐志四》载何承天《鼓吹铙歌·上陵者》：

> 嗟岁聿,游不还,志气衰沮,玄鬓斑。

点校者于"游不还"下出校记称："'游',《乐府诗集》一九作'逝'"。《宋书》的点校者往往参校《乐府诗集》并据以改字,这里只出异文而不改字,大概是觉得理由不够充分。我们可以从语典词的角度为校改提供依据。文中的"岁聿"属于语典词,结合上下文的意思,我们认为该词来自于《诗经·唐风·蟋蟀》"岁聿其逝"一句,在这里表示"岁月"之意。如果作"游"字,于文义无取。而如果从《乐府诗集》作"逝",则可以看出,"嗟岁月,逝不还"六字,正相当于"岁聿其逝"一句,表示岁月一去不复返之意；再结合下文表示人变得衰老的意思,校改作"逝"应该是有较充分理由的。

第三节 辨伪与考证

由于语典词具有较明显的时代特色,因此语典词的研究对于文献的辨伪与考证也具有辅助作用。考察文献中的语典词,并结合语典词的时代性特征,便能帮助我们在判断文献的作者与时代方面获得较为有力的证据。

[例一]《文选》卷四七载史孝山《出师颂》：

> 茫茫上天,降祚有汉。兆基开业,人神攸赞。五曜宵映,素灵夜叹。皇运来授,万宝增焕。历纪十二,天命中易。西零不顺,东夷遘逆。乃命上将,授以雄戟。桓桓上将,实天所启。允文允武,明诗悦礼。宪章百揆,为世作楷。昔在孟津,惟师尚父,素旄一麾,浑一区宇。苍生更始,朔风变楚。薄伐猃狁,至于太原。诗人歌之,犹叹其艰。况我将军,穷城极边。鼓无

停响,旗不暋褰。泽沾遐荒,功铭鼎铉。我出我师,于彼西疆。天子饯我,路车乘黄。言念伯舅,恩深渭阳。介圭既削,列壤酬勋。今我将军,启土上郡。传子传孙,显显令问。

李善注对其作者有所考证:

> 范晔《后汉书》曰:王莽末,沛国史岑,字子孝①,以文章显。《文章志》及《集林》、《今书七志》并同,皆载岑《出师颂》,而《流别集》及《集林》又载岑《和熹邓后颂》并序。计莽之末,以讫和熹,百有余年。又《东观汉记》,东平王苍上《光武中兴颂》,明帝问校书郎此与谁等,对云前世史岑之比。斯则莽末之史岑,明帝之时已云前世,不得为和熹之颂明矣。然盖有二史岑,字子孝者仕王莽之末,字孝山者当和熹之际,但书典散亡,未详孝山爵里,诸家遂以孝山之文,载于子孝之集,非也。鹭则邓后之兄,元舅则鹭也。

李善认为此《出师颂》的作者是生活在和熹之际的史岑,其字为孝山,推定这个人与范晔《后汉书》所记载的生活在王莽末年字子孝者不是同一个人。在这里,我们可以从语典词的角度为李善的考证提供旁证。颂文中"百揆"、"渭阳"等语典词的使用,也不像是王莽末年文人的笔法。

《全汉文》中,笔者没有调查到"百揆"一词的用例。② 而《全后汉文》"百揆"一词的用例,共有5处,分别如下:

卷二七桓麟《太尉刘宽碑》(中平二年二月)"悉谟百揆四门之职"

卷四九史岑《出师颂》"宪章百揆"。

卷五四张衡《上疏陈事》"百揆允当"。

---

① 今本《文选》李善注皆作"字孝山",误,今据百衲本《后汉书》及《唐钞文选集注汇存》改正。

② 严可均《全汉文》唯有张良文后附《张良与四皓书》中有"百揆之佐"一处用例,但此文严氏已斥为伪作。

卷七六蔡邕《太傅胡广碑》"百揆时叙"。

卷八四边让《章华台赋》"百揆时叙"。

其中桓麟、蔡邕、边让三人的文章均写于灵帝建宁元年(168)之后。桓麟《太尉刘宽碑》中的刘宽卒于灵帝中平二年(185),蔡邕《太傅胡广碑》中的胡广卒于灵帝建宁五年(172),至于边让,虽然《后汉书·边让传》未明言其创作《章华台赋》具体时间,但在蔡邕向何进推荐边让时,希望身为大将军的何进能不拘年辈,破格起用年轻的边让,其中有"若以年齿为嫌,则颜回不得贯德行之首,子奇终无阿宰之功"的话,而据《后汉书·何进传》,何进受任大将军在灵帝中平元年(184),就算蔡邕的推荐是在这一年,边让的生年也应该在桓帝末年,那么他写作此赋的年代一定在灵帝建宁元年(168)之后。

这5个用例中最早的是张衡的《上疏陈事》。根据《后汉书·张衡传》及《后汉纪》的相关记载,张衡此文写作于汉顺帝永和五年(140),上距王莽末年,有一百多年。这样看来,如果史岑是生活和、安帝年间的人(89—125),离张衡写作的时代不远,同为一时风尚所及,不过时间略有先后而已。而如果史岑是王莽末年的人,则距离张衡写作的年代有一百多年,他是否是一个在遣词造句方面远远走在时代前面的人,那是很值得怀疑的。

至于出自《诗经》的语典词"渭阳"的用例,《全汉文》中同样也没有找到。《全后汉文》中共有3例,分别是:

卷四章帝《令马光就国诏》"以慰朕渭阳之情"。

卷四九史岑《出师颂》"恩深渭阳"。

卷一○七阙名《费凤别碑》"文平感渭阳"。

其中章帝之诏据《后汉书·马防传》记载,颁于建初八年(83)。而《费凤别碑》中载费凤汉安二年(143)年三十一举孝廉,则碑文的写作总在此年之后。而如上所述,如果史岑是生活在和、安帝年间的人,则正介于此两用例发生的年代之间,这也同样可以从语典词使用的角度为李善的考证提供左证。

[例二] 严可均在《全汉文》卷一四张良文后附有《张良与四皓书》，他在前面加了如下的按语：

> 小说有张良与四皓书，四皓答张良书，谓出《殷芸小说》。其辞肤浅，非秦汉人语。殷芸梁人，也未必收此，盖近代人伪作也。今姑附于后。

严可均判断此书当是伪作，不过他是根据"其辞肤浅"来作的判断，不免流于空泛，缺乏确切的证据。我们可以从语典词的角度来作一些具体的考证。《张良与四皓书》中还有下面这一段文字：

> 良以顽薄，承乏忝官，所谓绝景不御而驾服驽骀。方今元首钦明文思，百揆之佐，立则延首，坐则引领，日仄而方丈不御，夜眠而阊阖不闭。

其中"百揆"的用例，如上所述，在《全汉文》中不见一例，真要将此书说成是张良所作，那这种孤例从汉语史的角度是很难解释的。此外，像来自《左传·成公二年》"摄官承乏"的"承乏"被重新起用作做官的谦词，也要到晋朝时才有用例。这些语典词也许可以作为证明这篇文章属于伪托之作的具体证据。

结　　语

　　本书所涉及的中古时期,特别是魏晋南北朝时期,是社会激烈动荡而又具有独特文化背景的特殊时期,也是汉语词汇发展变化的关键时期。双音节词的大量产生,是这一时期词汇变化的一个重要特点。本书选取语典词作这一时期的词汇史的专题调查,旨在为全面描写这一时期的汉语史作一点填补空白的工作。

　　本书所讨论的语典词,一方面是中古时期社会历史发展的产物,另一方面也是汉语词汇双音节化的产物。以这一类词汇为专题,展开深入的研究,是汉语史研究方面亟待展开的一个重要内容。这项研究对于深入了解经典文化对于语言的具体影响,充分调查词汇变化的具体细节,并在此基础上归纳出词汇发展的一般理论,具有一定的个案价值。同时,这种研究对于古籍整理及词典编纂等领域也具有值得重视的实用价值。

　　通过研究,我们了解了语典词产生与使用的时代背景,掌握了主要的经典滋生语典词的一般情况以及不同特点,初步揭示了语典词的修辞特色与文化意义,探索了语典词成词的多种不同方式,分析了语典词的形义特点,举例说明了语典词研究对于古籍整理及词典编纂方面的具体价值。本专题研究可资借鉴的前人成果非常有限,希望本研究所取得的成果,能为今后进一步深入研究这一类词语提供一个起点。

　　作为一项刚刚起步的中古汉语词汇专题研究,需要做大量的具体工作。由于各种条件的限制,本书所得出的结论,虽然无不建立在大量调查的基础之上,但由于对语典词的调查工作,在很多方面一时还难以达到穷尽的程度,因此,其中一定会有不少地方,有待今后深入研究并进一步完善。再有,从现今已有的语言学的理论的高度,对作为语言系统的一部分的语典词作更多更深刻的解释,当然是语典词研究中的一个重要的方面,但由于是第一次对语典词作尽可能全面系统的调查,因此虽然本书在某些局部作了一些这方面的尝试,但总的说来,本书的重点主要还是在描写,理论的探讨有待今后进一步展开。

刘勰在《文心雕龙·隐秀》说:

> 夫心术之动远矣,文情之变深矣,源奥而派生,根盛而颖峻,是以文之英蕤,有秀有隐。隐也者,文外之重旨者也;秀也者,篇中之独拔者也。隐以复意为工,秀以卓绝为巧。斯乃旧章之懿绩,才情之嘉会也。

语典词所体现的,正是中古时期的文人们在文学创作的内容与形式方面的这种精心追求。先贤们的这种对典雅蕴藉的不懈追求成就了传统文化中富有民族特色的内容,给我们留下了足以自豪的精神财富。笔者作为后人,愿在今后的研究中,以《周易·大畜》中的象辞自勉:

> 君子以多识前言往行,以畜其德。

主要参考文献

一、专著

陈炳迢. 辞书编纂学概论. 上海：复旦大学出版社，1991.
陈建民. 语言文化社会新探. 上海：上海教育出版社，1989.
陈望道. 修辞书发凡. 上海：上海教育出版社，2002.
程湘清. 汉语史专书复音词研究. 北京：商务印书馆，2003.
程湘清主编. 先秦汉语研究. 济南：山东教育出版社，1994.
程湘清主编. 两汉汉语研究. 济南：山东教育出版社，1994.
程湘清主编. 魏晋南北朝汉语研究. 济南：山东教育出版社，1994.
董秀芳. 词汇化：汉语双音词的衍生和发展. 成都：四川民族出版社，2000.
方一新. 东汉魏晋南北朝史书词语笺释. 合肥：黄山书社，1997.
方一新，王云路. 中古汉语语词例释. 长春：吉林教育出版社，1992.
冯胜利. 汉语的韵律、词法与句法. 北京：北京大学出版社，1997.
符淮清. 现代汉语词汇. 北京：北京大学出版社，1985.
符淮清. 汉语词汇学史. 合肥：安徽教育出版社，1996.
高明. 中古史书词汇研究. 上海：复旦大学博士学位论

文,2000.

郭良夫. 词汇. 北京：商务印书馆,1985.
郭良夫. 词汇与词典. 北京：商务印书馆,1999.
郭在贻. 郭在贻文集. 北京：中华书局,2000.
何九盈. 中国古代语言学史. 开封：河南人民出版社,1985.
何乐士. 古汉语语法研究论文集. 北京：商务印书馆,2000.
姜昆武. 诗书成词考释. 济南：齐鲁书社,1989.
江蓝生. 魏晋南北朝小说词语汇释. 北京：语文出版社,1988.
蒋绍愚. 古汉语词汇纲要. 北京：北京大学出版社,1989.
蒋绍愚. 汉语词汇语法史论文集. 北京：商务印书馆,2000.
李维琦. 修辞学. 长沙：湖南人民出版社,1986.
刘百顺. 东汉魏晋南北朝史书语词札记. 西安：陕西师范大学出版社,1993.
刘叔新. 汉语描写词汇学. 北京：商务印书馆,2005.
刘勰. 文心雕龙. 北京：中华书局,1986.
罗常培. 语言与文化. 北京：语文出版社,1989.
吕叔湘. 吕叔湘文集. 北京：商务印书馆,1992.
潘允中. 汉语词汇史概要. 上海：上海古籍出版社,1989.
钱大昕. 嘉定钱大昕全集. 南京：江苏古籍出版社,1997.
钱钟书. 管锥编. 北京：中华书局,1986.
任学良. 汉语造词法. 北京：中国社会科学出版社,1981.
史存直. 汉语词汇史纲要. 上海：华东师大出版社,1989.
苏宝荣. 词义研究与辞书释义. 北京：商务印书馆,2000.
唐子恒. 汉语典故词散论. 济南：齐鲁书社,2008.
汪维辉. 东汉—隋常用词演变研究. 南京：南京大学出版社,2000.
王艾录等. 汉语的语词理据. 北京：商务印书馆,2001.

王德春. 词汇学研究. 济南：山东人民出版社，1983.
王国维. 观堂集林. 北京：中华书局，1956.
王力. 汉语史稿. 北京：中华书局，1980.
王力. 王力语言学论文集. 北京：商务印书馆，2000.
吴金华. 三国志校诂. 南京：江苏古籍出版社，1990.
吴金华. 世说新语考释. 合肥：安徽教育出版社，1994.
吴金华. 古文献研究丛稿. 南京：江苏教育出版社，1995.
吴金华. 三国志丛考. 上海：上海古籍出版社，2000.
吴金华. 古文献整理与古汉语研究. 南京：江苏古籍出版社，2001.
伍崇文. 先秦汉语复音词研究. 成都：巴蜀书社，2001.
向熹. 简明汉语史. 北京：高等教育出版社，1998.
徐朝华. 上古汉语词汇史. 北京：商务印书馆，2003.
徐复. 徐复语言文字学论稿. 南京：江苏教育出版社，1996.
许威汉. 汉语词汇学引论. 北京：商务印书馆，1992.
许威汉. 二十世纪的汉语词汇学. 太原：书海出版社，2000.
杨文全. 近百年的中国汉语语文辞书. 成都：巴蜀书社，2001.
虞万里. 榆枋斋学术论集. 南京：江苏古籍出版社，2001.
张联荣. 古汉语词义论. 北京：北京大学出版社，2000.
张联荣. 汉语词汇的流变. 郑州：大象出版社，1997.
张相. 诗词曲语辞汇释. 北京：中华书局，1953.
张永言. 词汇学简论. 武汉：华中工学院出版社，1982.
张永言. 语文学论集. 北京：语文出版社，1999.
志村良治. 中国中世语法史研究. 北京：中华书局，1995.
周荐. 汉语词汇研究史纲. 北京：语文出版社，1998.
周一良. 魏晋南北朝史札记. 北京：中华书局，1985.
周祖谟. 文字音韵训诂论集. 北京：北京大学出版社，2000.

朱广祁. 〈诗经〉双音词论稿. 郑州：河南人民出版社，1985.
朱起凤. 辞通. 上海：上海古籍出版社，1993.
赵克勤. 古汉语词汇问题. 郑州：中州书画社，1980.
赵克勤. 古汉语修辞常识. 郑州：河南人民出版社，1984.
赵克勤. 古代汉语词汇学. 北京：商务印书馆，2005.
郑奠、谭全基. 古汉语修辞学资料汇编. 北京：商务印书馆，1980.
郑子瑜. 中国修辞学史稿. 上海：上海教育出版社，1984.

二、论文

董志翘. 试论《洛阳伽蓝记》在中古汉语词汇史研究上的语料价值. 古汉语研究，1998，2.

方一新. 六朝词语考释漫记. 古汉语研究，2002，1.

方一新. 从中古词汇的特点看汉语史的分期. 汉语史学报，2004，4.

高明. 中古史书词汇研究. 复旦大学博士学位论文，2000.

黄志强等. 试论汉语词汇双音节化的原因. 复旦大学学报，1990，1.

蒋绍愚. 关于汉语词汇系统及其变化的几点想法. 中国语文，1989，1.

李思明. 中古汉语并列合成词中决定词素次序诸因素考察. 安庆师专社会科学学报，1997，1.

刘叔新. 论词汇体系问题. 中国语文，1964，3.

刘叔新. 复合词结构的词汇属性——兼论语法学、词汇学同构词法的关系. 中国语文，1990，4.

骆晓平. 魏晋六朝汉语词汇双音化倾向三题. 古汉语研究，1990，4.

马真. 先秦复音词初探. 北京大学学报，1980，5. 1981，1.

盛九畴. 汉语由单音词渐变为复音词的发展规律. 学术论坛, 1983, 5.

苏新春. 汉语双音词化的根据和动因. 广州师范学报, 1990, 4.

孙雍长. 古汉语词义渗透. 中国语文, 1985, 3.

唐超群. 义项、义位、概念. 辞书研究, 1985, 6.

万久富. 《宋书》复音词研究. 复旦大学博士学位论文, 2002.

王光汉. 论典故词的词义特征. 古汉语研究, 1997, 4.

王华宝. 汉魏六朝语词研究考论. 南京师大学报, 1999, 4.

王建莉. 修辞在双音化中的作用. 广播电视大学学报, 1999, 4.

王忻. 从《颜氏家训》管窥魏晋时期汉语词汇复音化的发展. 古汉语研究, 1998, 3.

吴晓露. 从《论语》、《孟子》看战国时期的双音词. 南京大学学报, 1984, 2.

伍铁平. 词义的感染. 语文研究. 1984, 3.

向熹. 〈诗经〉里的复音词. 语言学论丛, 1980, 第6辑.

姚尧. 《公羊传》语言研究. 复旦大学博士学位论文, 2010.

殷孟伦. 谈谈汉语词汇研究的断代问题. 文史哲, 1981, 2.

陈克炯. 〈左传〉复音词初探. 华书师院学报, 1978, 4.

周洪波. 修辞现象的词汇化——新词语产生的重要途径. 语言文字应用, 1994, 1.

周祖谟. 汉语骈列的词语和四声. 北京大学学报, 1985, 3.

后　记

　　2004年9月,我辞去高校工作,离开故乡常熟,前往复旦大学古籍整理研究所,跟随先师吴金华先生学习汉语言文字学。
　　由于在之前的中国古典文献学硕士研究生学习阶段,我曾经做过一点校勘的工作,发现有一些语词的讹误,缘于后人不明用典,当时对这一类词作过一些局部的调查,得到了一些初步的认识,因此在吴先生的鼓励下,决定对此类词展开较为系统的研究,以此作为博士研究生阶段的研究目标。这一研究的初步结果,是我2007年6月通过答辩的以《中古汉语雅言词研究》为名的博士学位论文。本书便是在这篇论文的基础上加以修订完成的。
　　吴先生的老师是南京师范大学的徐复先生,徐老在学术上重视发现发明,将其视作学术研究的灵魂所在。吴先生恪遵师训,不仅身体力行,也竭力以此要求自己的学生,学生只要有一点哪怕再小的发现,先生总会大加鼓励。记得2004年的冬天,有一次我与先生谈起对这类词的认识,觉得这一类词的产生,主要由于是作家们对典雅修辞的追求(这也是后来将这类词暂时取名为雅言词的原因)。先生听了以后,立刻用在我看来甚至有点夸张的神态和语调,称赞不已,说这是一个"发明",是发现了一点带有规律性的东西,比一般个别具体的"发现"还要不容易。我记得其后的一段时间里,无论是给学生上课,还是参加学术研讨会,吴先生曾多次夸奖季某有这么一个"发明"。其实这哪里算得上什么发明,我在感到惭愧的同时,觉得吴先生那么做,无非是鼓励自己的学生从事有所进取的研究而已。在复旦大学古籍整理研究所学习与工作的过程中，能时不时得到他的这种鼓励，我一直很感激。我之所以说这些，只是想说明，正是这种鼓励，逐渐培养了我从事学术研究的兴趣。

不敏如我者，所能理解的老师的恩惠，莫大于此，尤其是当今年6月初老师因病突然去世后，更能深切地体会到这一点。平时与老师的交流，大多限于学问，因此，这样的感激一直没有明确地说出来，天堂那边的老师，应该会原谅学生的木讷的。

吴先生曾答应要为本书写一篇序，因为近年来他研究徐陵的文章，发现其中有大量这一类的词，所以他想把徐陵集调查完以后，找出最典型的例子，来谈这类词对于汉语史描写及古籍整理的意义。在我今年4月前往日本京都立命馆大学访学前夕，他还为尚未完成此序向我表示歉意，如今，这篇序是永远也等不来了。

幸运的是，吴先生曾向南京大学的鲁国尧先生介绍了我的研究，并请鲁先生为本书赐序，得到了鲁先生的慨然应允。鲁先生的序，洋溢着先生一如既往的对传统文化的深厚感情以及对后学的不遗余力的扶持鼓励。在序的结尾，鲁先生以设问的方式提出编写断代语典词典的建议。对于这一设问，我有一些不成熟的想法，在这里大胆说出来向鲁先生请教。

如果要编写断代的语典词典，有一些不易回避的问题。一个问题是，很难确定某个语典词产生的具体年代。因为说有易，说无难。比如要说某个词唐代以前没有，首先要对现存的唐代以前的文献作充分的调查，这绝不是轻而易举的事情，而且，即使调查完了现有的先唐文献，实际上我们仍不能肯定该词在唐代以前没有用例，因为先唐文献的大部分已经佚亡，还有相当数量的则尚未见天日，难保这些文献中就没有该词的用例。还有一个问题是，从已有的调查来看，东汉以来有大量的语典词突破了时代的限制，一直沿用到了两宋，如果要编写断代的语典词典，如何避免重复，这也是一个令人头痛的事情。

  我揣测鲁先生建议的精神，恐怕是希望这样的词典不仅仅作为工具书做训释语典词之用，同时也能体现一定的汉语词汇史研究方面的学术价值。我原有编写一部语典词典的打算，也积累了一些材料。现在看来，如何在词典的材料搜集与体例设计等方面体现上述两方面的追求，还需要作更多充分全面的考虑。

  本书修订时，曾蒙本所刘晓南教授审读并惠赐修改意见。

  在我求学的过程中，得到过很多无私的帮助。师母张敏文女史在生活方面时常赐予慈母般的关怀；老师如复旦大学的吴格、陈正宏诸教授，朋友如常熟的张鸿斌、邹国铭、沈潜、夏建军以及复旦的同学同事张宪光、王亮、邹波、倪永明、萧瑜、崔泰勋、王建伟、刘秀、杨丽莹、柳向春诸君，在我困难时，他们总能雪中送炭，在道义或物质上主动施以援手。

  师友恩德，非一二言语堪作报答，谨书此以志不忘之意。

季忠平

2013 年 8 月书于京都北高桥町 47 番地

www.ingramcontent.com/pod-product-compliance
Lightning Source LLC
Chambersburg PA
CBHW070755230426
43665CB00017B/2372